新 闻 理 论

雷跃捷 著

中国传媒大学出版社

·北京·

图书在版编目(CIP)数据

新闻理论/雷跃捷著.--北京:中国传媒大学出版社,2000.06
(2020.7 重印)
ISBN 978-7-81004-745-6

Ⅰ.①新… Ⅱ.①雷… Ⅲ.①新闻学 Ⅳ.①G210

中国版本图书馆 CIP 数据核字(2000)第 61042 号

新闻理论
XINWEN LILUN

著　　者　雷跃捷
责任编辑　杨田村
装帧设计　任　名
责任印制　李志鹏

出版发行　中国传媒大学出版社
社　　址　北京市朝阳区定福庄东街 1 号　　邮编:100024
电　　话　86-10-65450528　65450532　　传真:65779405
网　　址　http://cucp.cuc.edu.cn
经　　销　全国新华书店

印　　刷　三河市东方印刷有限公司
开　　本　850mm×1168mm　1/32
印　　张　10.25
字　　数　226 千字
版　　次　2000 年 6 月第 1 版
印　　次　2020 年 7 月第 20 次印刷

书　　号　ISBN 978-7-81004-745-6/K・745　　定　价　18.50 元

目 录

上 编

绪论……………………………………………………………(3)

第一节 信息传播活动对人类社会发展的影响…………(3)

第二节 信息与新闻的关系 ……………………………(13)

第三节 新闻学的研究对象及内容 ……………………(18)

第四节 新闻学的历史演变 ……………………………(22)

第一章 新闻传播活动的起源与发展 …………………(40)

第一节 原始社会的信息传播活动 ……………………(41)

第二节 中国封建社会的报纸 …………………………(42)

第三节 资本主义的萌芽与现代新闻事业的诞生 ……(48)

第四节 两种新闻起源观之批评 ………………………(54)

第五节 当代中国的广播电视 …………………………(58)

第二章 新闻的定义 ……………………………………(65)

第一节 关于新闻定义的讨论情况综述 ………………(65)

第二节 对各类新闻定义的分析批评 …………………(68)

第三节 新闻是新近或正在发生的事实的报道 ………(71)

第三章　新闻价值 ……………………………………………（74）

第一节　新闻价值的由来 ……………………………………（74）
第二节　新闻价值借用了哲学涵义上的价值概念 ……（76）
第三节　我国新闻界关于新闻价值概念的争论 ………（78）
第四节　新闻价值定义探析 …………………………………（84）

第四章　新闻的真实性 …………………………………………（90）

第一节　真实是新闻的生命 …………………………………（90）
第二节　新闻真实是具体真实与总体真实的统一 ……（93）

中　编

第五章　新闻事业的性质与功能……………………………（109）

第一节　新闻事业性质的二重性…………………………（109）
第二节　新闻事业的阶级性………………………………（111）
第三节　新闻事业的功能…………………………………（119）
第四节　社会主义新闻事业的性质、地位和任务 ……（131）

第六章　新闻自由………………………………………………（144）

第一节　“新闻自由”口号的由来…………………………（145）
第二节　资本主义制度下新闻自由的实质………………（149）
第三节　新闻自由的本质…………………………………（163）
第四节　社会主义新闻自由的特点………………………（167）

第七章　社会主义新闻事业的党性原则……………………（170）

第一节　社会主义新闻事业党性原则的历史继承……（171）

第二节　社会主义新闻事业党性原则的内涵…………（180）
第三节　社会主义新闻事业党性原则对
新闻实践的要求…………（188）

第八章　新闻职业道德…………（193）

第一节　新闻职业道德的本质特征…………（193）
第二节　新闻职业道德的由来与发展…………（197）
第三节　资产阶级新闻职业道德的
主要内容及评价…………（202）
第四节　社会主义新闻职业道德规范…………（210）

下　编

第九章　新闻舆论…………（223）

第一节　舆论界说…………（223）
第二节　新闻舆论…………（229）
第三节　舆论引导…………（243）
第四节　舆论监督…………（250）

第十章　媒介批评…………（265）

第一节　媒介批评的对象和特性…………（266）
第二节　媒介批评的标准和类别…………（269）
第三节　媒介批评的内容和方法…………（279）
第四节　国外媒介批评理论简介…………（283）
第五节　建设有中国特色的社会主义
媒介批评理论…………（291）
附录：媒介分析实例…………（296）

上　编

绪 论

当我们把新闻学当作一门学科来学习和研究时，我们首先会面临诸如此类的问题：

一、为什么说新闻学是一门学问?

二、现代人天天接触的新闻是怎样产生和发展起来的?

三、新闻和信息究竟是什么关系?

四、信息传播活动对人类社会的发展发生了什么影响? 等等。为了叙述的方便，在本书的开头，我们首先讨论第四个问题。

第一节 信息传播活动对人类社会发展的影响

人类学会自觉地运用信息来进行交流和沟通，是长期的劳动使得人类不断得以进化的结果。

大约在一百七十万年前，我国已经有了远古的人类活动。这些原始人生活在恶劣的环境里，个人的力量不足以抵御自然灾害和猛兽的袭击。为了生存，他们需要进行思想交流，传播消息，用以协调行动。譬如发现猛兽，就呼叫伙伴前来围猎或者及时躲避。于是，人类在共同的劳动生活实践中逐步产生语言，并用于交流信息，沟通思想。

关于语言产生于人类的劳动，恩格斯有过精辟的论述："随着手的发展，随着劳动而开始的人对自然的统治，随着每一新的进步又扩大了人的眼界。他们在自然对象中不断地发现新的、以往所不知道的属性。另一方面，劳动的发展必然促使社会成员更紧密地互相结合起来，因为宣传互相支持和共同协作的场合增多了，并且使每个人都清楚地意识到这种共同协作的好处。一句话，这些正在生成的人，已经达到彼此间不得不说什么的地步了。"①

人类在早期的原始社会所进行的比较完整的信息传播活动，是通过口头语言的方式从两个方面传播出去的。一是横的方面，一传十，十传百，传向四面八方；二是纵的方面，一代一代的人口耳相传。例如：有巢氏发明"构木为巢"；燧人氏钻木取火，学会熟食；伏羲氏教人结网捕兽，驯养牲畜；神农氏尝百草，发明医药；以及黄帝战胜蚩尤，大禹治理洪水，尧、舜、禹实行"禅让制"等等，这些神话传说故事都是经过长期的口耳相传后记上古籍的。它们的真实性虽然尚待研究考证，但是，这些口头传播，无疑向我们传递了极其珍贵的中华民族祖先早期的信息。

西方研究信息传播活动的学者们是如何看待人类早期新闻信息传播活动这个问题？我们可以摘录一段美国著名传播学者威尔伯·施拉姆、威廉·波特合著的《传播学概论》一书的开头：

> "当我在写这几行字的时候，把视线从纸上移开，抬头就可以看见夏威夷那犬牙交错郁郁葱葱的群山。如果向水天相接的海岸线望去，可以看到可能是第一批岛民登岸的地方。他们从石器时代走出来，在一千二百年前乘着用最简陋的工具制作的独木舟到达这里。他们从东南亚出发，带着信奉的神、孩子和食物，在浩瀚的大洋上，从一个岛屿飘泊到另一个岛屿，以我们今天无法想象的生存能力与风、水和泥土的自然环境相适应，似乎经历了令人难以置信的五千年漫长岁月的旅程于一千

① 《马克思恩格斯选集》第四卷第376页，人民出版社1995年6月第2版。

二百年前来到夏威夷。他们在这个熔岩的岛上登陆，撒下他们的种子，播下他们的文化，把这块土地据为己有。

那些最初的夏威夷人已经是灵巧的传播者。他们能够看懂天空中和海浪中的信息，利用这种信息来航海。他们已有发展得很好的语言，他们利用口语作为有力的工具，用口说的语言建立了一个有效的政府和美满的家庭生活。"①

威尔伯·施拉姆用他的丰富的想象力为我们描绘了一幅远古先民们利用传播来生存、迁徙、繁衍的情景。类似于威尔伯·施拉姆笔下的这种情景，在远古的希腊神话和我国的"尚书"、"诗经"中，也得以描述。人类原始时期，开始学会利用信息传播来交流思想，传递情报，与残酷的自然环境作斗争，以求得自身的生存和发展。

人类早期的信息传播活动是通过口头语言的方式进行的。最为典型的例证就是古希腊的神话传说。人类文明史上的一颗璀璨文化明珠——荷马史诗，就是以艺人口口相传的方式进行传播而得以流传至今的。

原始社会人们通过口头描述来交流信息，以抵御自然灾害，求得生存，并传播生产知识，改进生产工具，提高生产力水平。这些通过口头传播而保留下来的神话传说，对于我们今天来研究古代社会的历史，提供了十分珍贵的信息资料。我们从这些神话传说中，可以了解当时人类所处的社会形态中。例如：从古希腊神话关于宙斯诞生的神话中，我们可以分析当时所反映的社会形态。在古希腊神话中，宙斯是第二代神王克罗诺斯和王后瑞亚之子。克罗诺斯预知将来会有一个儿女要把他推翻，因此把所生的

① 《传播学概论》，威尔伯·施拉姆、威廉·波特著，陈亮等译，新华出版社出版。

儿女都吞进肚里。宙斯出生后，瑞亚为救他，就用布包了一块石头给克罗诺斯吞下。瑞亚则把宙斯藏在克里特的山洞里。宙斯长大后，迫使父亲克罗诺斯把儿女吐出来，然后他又和这些兄妹联合起来向父亲挑战，最后夺取了权力，作了第三代神王。宙斯儿女众多，他和他的姐姐赫拉结婚，生了战神阿瑞斯，还和凡人结合生了许多半神半人的英雄和美人。引起特洛耶大战的绝代美人海伦就是他和凡人所生。宙斯诞生的神话至少给我们传播了当时古希腊产生这个神话的社会形态的信息。这时期，古希腊已进入父系氏族部落社会；这种社会形态的婚姻制度还是群婚制。而我们再看看荷马史诗中的“奥德赛记”时，就会发现奥德赛在特洛耶战争结束后，历经十年磨难，终于回到自己的国家伊大卡时，妻子贝涅罗巴摆脱众多求婚者的纠缠，仍然在苦苦等待着奥德赛的到来。而奥德赛的忠实的奴隶，牧猪人欧迈俄斯仍一如既往，还在为奥德赛放牧。这说明，发生在公元前 1200 年左右的特洛耶战争，其性质“已经开始蜕变为在陆上和海上为攫夺家畜、奴隶和财宝而不断进行的抢劫”，[①] 表明当时的希腊文明已进入奴隶制，私有财产已是神圣不可侵犯了。

以神话传说为代表的这种远古时代信息传播活动，对人类社会的发展具有巨大的认识作用。这种神话传说经过口头相传，艺术加工，具有极高的文学艺术价值。马克思指出：希腊的神话和史诗是发展得最完美的人类童年的产物，具有永久的魅力。[②] 这种魅力，除了艺术的魅力之外，还具有人类站在今天的成年时代，来观察自己童年时代的巨大认识作用。这种认识作用，是和古代人们利用口头传播将其流传下来分不开的。

---

① 《马克思恩格斯选集》第 4 卷第 104 页。

② 参看马克思：《〈政治经济学批判〉导言》，《马克思恩格斯选集》第 2 卷第 114 页。

早期人类的基本要求是生存条件的满足。所以，有关生存条件的信息是人类传播活动的基本内容。早期的信息传播总是同生产活动紧紧联系在一起的。这就是说，信息传播活动和生产力的发展是互动的关系。生产力的发展带动了传播活动的进步和扩大，信息传播的进步和扩大，又反作用于生产力，促进生产力的发展。古代罗马，信息传播活动广泛，社会经济发达，文化繁荣，作为报纸雏型的《每日新闻》最早出现在公元前60年的恺撒时代便是一个例证。

人类传播史上，在经历了漫长的口头传播的时间长河后，文字产生了。“由于文字的发明及其应用于文献记录而过渡到文明时代”。[①] 借助于文字和冶炼术的进步，人类信息传播活动的发展比以往所有阶段加在一起还要多。它为传播活动提供了所需要的能超越时空限制的物质载体。

后来，“最伟大的发明”——印刷术问世了。这无疑开辟了人类信息传播的崭新局面。印刷术的发明，带来了我国最早的报纸——邸报的问世。但是由于封建统治在新闻信息传播方面实行高度禁锢的专制统治，邸报未能具备现代报刊的特征。印刷术从我国传入欧洲后，15世纪中叶德国人古腾堡又发明了欧式印刷机，这时恰逢文艺复兴运动在欧洲兴起，世界交往开始形成。印刷术推进了这种交往。它在传播史和其它领域内带来的巨大变革至少体现在这几个方面：

一、印刷术的发明，打破了以往信息传播依靠口头和手抄文字的方式的限制，在时间和空间上扩大了信息传播的范围。

二、印刷术的发明带来了文化的普及。恩格斯在论及印刷术的发明时写道：“印刷术的发明以及商业发展的迫切需要，不仅改变了只有僧侣才能读书写字的状况，而且也改变了只有僧侣才

① 《马克思恩格斯全集》第21卷第37页。

能受较高级的教育的状况。在知识领域中也出现劳动分工了。新出现的法学家把僧侣们从一系列很有势力的职位中排挤出去了。僧侣从此也就多半变成了多余的人。”①

三、印刷术本身作为科学的力量成为推动生产力发展的动力之一。当大型印刷机出现以后，它和其他工业革命带来的巨大生产力一起形成一种联合的力量，在现代史上演出了一幕幕显示人类力量的壮剧。恩格斯对此作了精辟的论述：“在这个时代里，蒸汽和风力、电力和印刷机、大炮和金矿的联合作用在一年当中引起的变化和革命要多过以往整整一个世纪。”② 这种力量使得历史在总体上不可能倒退，恩格斯继续说：“这种历史倒退是完全不可能的。蒸汽机、机械化的纺织机和织布机、蒸汽犁和蒸汽脱粒机、铁路和电报、现代化的蒸汽印刷机使得这种荒唐的倒退已经成为不可能的事情。”③

马克思概括了印刷术发明的意义：“而印刷术则变成新教的工具，总的来说变成科学复兴的手段，变成对精神发展创造必要前提的最强大的杠杆。”④

现代印刷机的发明与应用，带来了现代报刊的诞生。作为现代传播媒介的最早形式，现代报刊在现代社会扮演了以下的角色：

一、报刊“是把个人同国家和整个世界联系起来的有声的纽带，自由的出版物是变物质斗争为精神斗争，而且是把斗争的粗糙物质形式理想化的获得体现的文化”。⑤ 马克思生活的年代，恰逢现代报刊蓬勃兴起的年代，他对报刊的这种纽带作用作了进

① 《马克思恩格斯全集》第 7 卷第 391 页。
② 《马克思恩格斯全集》第 9 卷第 37 页。
③ 《马克思恩格斯全集》第 16 卷第 77 页。
④ 《马克思恩格斯全集》第 47 卷第 427 页。
⑤ 《马克思恩格斯全集》第 1 卷第 74 页。

一步的阐述。认为报刊“家家户户都只消付出比用煤气灯还少的花费就可以取得。它无所不及，无处不在，无所不知。它是从真正的现实中不断涌出而又以累增的精神财富汹涌澎湃地流回现实去的思想世界。”①

二、“报刊是作为社会舆论的纸币流通的。”报刊自它诞生那天起，就承担着反映舆论、引导舆论的责任。任何个人在报刊上发表意见，读者就有权评论。从这个意义上看，个人精神的私人财产，一旦在报刊上发表出来，就变成了公共财产。恩格斯在谈到货币时，也有类似的情况。他说：“只是由于用货币作媒介，个人的财富才实现为社会的财富。这个财富的社会性质，就体现在货币这个东西上。”②

三、报刊还是人民参政议政的重要工具。

报刊作为现代新闻事业的一个重要职能，就是发挥社会交流和沟通的作用。这一作用带来的另一种可能性，就是人民群众有可能通过报刊参与国家的政治事务，而在近现代报刊诞生之前和报刊发展很弱小的时候，人们“只是凭道听途说才知道自己的国家的。”马克思在谈到德国现代报刊的任务时，明确指出了报刊协助人民参与国家事务的作用，他说：报刊“使德国和普鲁士成为德国和普鲁士居民注意的中心，把国家由神秘的僧侣式的东西变成公开的个个了解人人有关的现世界的东西，迫使国家和自己的公民建立起血肉般关系。”③ 在资本主义社会，人民通过报刊对国家事务的参与虽然比专制社会有所扩大，但在资本主义制度下所存在着的生产资料私有制与生产的社会化这一难以调和的矛盾面前，劳动人民被剥夺了物质和精神生产资料，因而对国家事

① 《马克思恩格斯全集》第1卷第75页。

② 《马克思恩格斯全集》第25卷第649页。

③ 《马克思恩格斯全集》第1卷第194页。

务的参与是有限的，现代报刊的这种社会作用，只有在消除了阶级剥削和压迫，广大人民群众当家作主，并且建立在生产资料公有制基础之上的社会主义制度下，才能得到较为充分的实现。

四、由于报刊具有时效性的特征，因而它们又是一种现实的或时代的精神交往媒介。马克思说：人们读报是为了在“报纸上去寻找当代的精神，时代的精神”。[①]

当代社会以广播、电视、计算机、通讯卫星等电子传播手段为代表的新闻信息传播活动，给人类社会带来了自工业革命后的第三次浪潮。这次浪潮正如美国未来学家托夫勒所展示的那样，是以信息革命为其标志而立于时代潮头的。从英国工业革命以来的人类第二次浪潮，即以机械化为代表的工业革命时代，人们通过印刷品来获取大量的外界信息，这种以印刷品为主要传播媒介的信息传播方式已经受到了迅猛发展的广播电视、计算机网络等电子传播媒介的强烈冲击。特别是近十几年来，随着通信卫星用于广播电视节目的传输，给人类信息传播带来了革命性的变化。在当代高科技中，卫星、光纤通信和计算机网络技术结合引起的信息革命，对各国在内政、外交、军事上的主权及其控制和实施的权力，都提出了挑战。其一，在政治方面：信息技术急剧增大了国际事务的透明度，从而使国家政府的传统权力明显减弱。在许多国家，不仅某些军事和外交行动受到国际社会的约束（如波黑战争、海湾战争），就连政治家们的隐私也往往被传媒暴露于光天化日之下，这证明信息手段的效用几乎遍及国家政治的每个层面。

其二，在经济方面：本世纪 70 年代在全球范围内蓬勃兴起

---

① 《马克思恩格斯全集》第 1 卷第 38 页。

的新技术革命[①]，是以信息技术为核心作用和先导技术的。在新技术革命的推动下，世界经济从工业化阶段进入信息化阶段，人们把这一阶段的经济特点概括为信息经济。所谓信息经济，是指产品中所包含的信息比重最大限度地增加，而物质比重最大限度地减少。信息知识在产品设计、管理、维修、运行、销售、市场等各个环节上得到广泛地应用，并为产品增加新的价值的经济。信息经济与工业化经济的不同点，就在于工业化经济是以物质生产为主，信息经济则是把物质生产和知识生产结合起来，充分利用知识和信息资源，大幅度提高产品的知识含量和高附加值，提高劳动生产率和经济集约化程度。具体说，信息经济具有如下一些特点：（一）在信息经济时代，信息的贮存量和流动周转量呈几何级数增长。据美国科技史专家普赖斯估计，1750 年全世界只有科学期刊 10 种左右，19 世纪中叶达到 1000 种，20 世纪初突破 10000 种，到 1965 年已突破 10 万种。现在，全世界科学期刊仍以每年 1500 种的速度增加着，每年出版文献 300 万篇，论文 500 万篇，专利说明书 40 万件，科学新书 10 万多种，信息总量正以几何级数增长。在经济活动中的信息总量增长更是惊人。据不完全统计，原苏联国民经济各部门周转的信息量，相当于 2500 万本五百页书的信息，美国每年使用电话 10000 亿次以上，传真 19 亿次，传递信件 5000 亿件，全部文件达 700 亿份之多。[②]随着科学技术的发展，信息传递手段除了印刷物媒介外，电子及激光等最新科学技术的媒介手段发挥了突出的作用，从而使信息传递手段日益多样化、现代化、迅速化、全球化。现在全世界平均每一分钟就出版一种书籍。跨国公司的总经理利用电子计算机

① 新技术革命是指以信息技术、生物技术、空间技术、新材料技术、新能源技术等的崛起和发展。

② 引自李国群：《办公室自动化》（OA）第 6 页，上海科技情报所文献。

信息管理系统坐在办公室里就能了解世界市场行情并作出经营决策。信息给人类的经济带来的有形和无形的效益，已成为人类经济活动中最为突出的因素。据专家们估计，美国通过地球资源技术卫星获得的信息，仅应用于减少洪水造成的损失，改造油田勘探与预测世界小麦收成等方面，每年获益10亿美元以上。而发射一颗这样的卫星的费用则在1亿美元以下，这是在新技术革命条件下信息经济的一个典型事例。[①]（二）在信息经济中，科学技术含量或所占比重不断增加。据统计和测算，本世纪初，工业化国家科学技术在国民经济增长和劳动生产率提高中所占的比例仅为5—10%，而今天发达国家已达到60—80%。美国在1988年的国民生产总值中，仅信息产业及附加值已占到40—60%，而农业只占2%，工业占24.3%。这说明在信息经济中，以科技业、咨询业和信息业为内容的第四产业占有十分重要的地位。（三）信息产业的发展还促使就业结构发生了很大的变化。据统计，70年代美国新增加的近2000万就业人口中的90%都集中在知识信息服务业上。美国的知识信息业就业人数超过总就业人数的50%左右，日本约占40%，均超过一、二产业就业人数。[②]

进入90年代以后，由美国总统克林顿在其经济发展战略中率先提出修筑“信息高速公路”的设想，不仅在美国，同时在世界范围内引起了强烈的反响。如今修筑“信息高速公路”的主要干道——计算机国际互联网络（Internet）已在全世界范围内开设。到1996年，据估计已有186个国家和地区的1200万台电脑连接入网，互联网络用户已达到6000万人。这个数字正以每月12%的惊人速度发展，IBM公司估计，到2000年，将有1亿台

① 引自张仲礼：《10新经济学科》第654页，重庆出版社1988年出版。
② 参见罗贵权：《信息经济学》第5页，中国广播电视出版社出版。

电脑入网，互联网络用户可能增至5亿![1] 一个全新的计算机信息“网络社会”正在形成。1997年1月30日，在瑞士达沃斯举行的世界经济论坛第二十七届年会上，“建立网络社会”被当作年会的中心议题。围绕互联网络，一大批新兴的高科技信息产业蓬勃发展；利用互联网络，许多极具新意的新兴产业已经出现。一个新的名词扑面而来，这就是“网络经济”。这无疑是信息时代出现的新机遇和新挑战。

其三，在军事方面：由于先进的遥感技术和光纤通信技术以及间谍卫星，使得某些国家能看到别国境内的任何露天目标，现今地理边界的重要性确实面临着无形侵袭的威胁。一旦科技落后或者防范松懈，主权和安全保障就会倍受损失。

其四，在文化方面：由于通信卫星等高科技带来的信息革命步伐加快，传统的时空观念已被打破。世界变成了“地球村”。现代信息传播技术把世界编织成了一个密集的“网络”，任何国家和地区都不能置身其外。当代人类社会面临着的共同问题：环境污染、资源保护与开发、人口控制、局部的战争冲突、饥荒灾祸等等，已成为世界各国人们共同关注和焦虑的问题。人们的视野已开始越过传统的疆界限制，民族传统文化受到了外来文化的强烈冲击。

综上所述，当人类站在21世纪门槛前，回首往事，展望未来，我们看到了过去、现在和未来信息传播在人类发展中所起到的巨大作用。

第二节　信息与新闻的关系

如前所述，我们的时代已进入信息时代。当前，信息和物

① 参见何刚“‘网络经济’正在兴起”一文，《人民日报》1997年2月2日。

质、能量一起，已经成为现代人类社会生活的三大支柱。信息传播活动正在深刻地改变着人们的生活方式和思维习惯，“信息”这一词汇本身，也就成了时下人们使用得最为频繁的一个名词。

一、什么是信息

“信息”一词由来已久，古今中外都曾使用过它。但迄今为止，还没有为人们公认的信息定义。据不完全统计，关于信息的成文的定义至少有上百种之多。我们试举几种具有代表性的定义：

日本出版的《现代用语基础知识》把信息解释为：信息是生活主体同外部客体之间有关情况的消息。

信息论的奠基者、美国著名数学家申农认为：凡是在一种情况下能减少不确定性的任何事物都叫做信息。

控制论的创始人维纳从控制论角度研究了信息在人与社会环境相互交换中的传通作用。他认为：信息这个名称的内容就是我们对外界进行调节并使我们的调节为外界所了解时而与外界交换来的东西。

传播学家威尔伯·施拉姆则认为：信息是一种传播材料。

1994 年 4 月 15 日我国的《信息周报》对信息一词的解释为：信息是事物运动的状态和特征，它普遍存在于自然界、人类社会以及人们的认识与思维过程之中。

由于人们从不同的角度去认识和理解信息的定义，因此，造成了对信息的不同解释。

虽然信息的定义五花八门，但信息的一些基本特点，却是为大多数人所承认。首先，信息来源于物质，但它又不是物质本身。而是事物存在的方式或运动的状态以及这种存在方式和运动状态的表征和陈述。其次，信息就其性质划分，可以分为自然信息和社会信息。凡是那些反映自然界物质普遍属性的信息称为自然信息，“一唱雄鸡天下白”、“春江水暖鸭先知”，“鸡鸣”、“水温”这些自然信息揭示了和“天将破晓”、“春意盎然”这些自然现象的内在联系。

而经过人类用表情、体态、语言、文字、图像、图表、数据等符号加工过的自然信息，包括知识情报、著作、艺术、科学技术、政策法令等，称为社会信息。

第三，信息还具有以下共同的特征：

（1）客观性

信息虽然不像材料资源和能源资源那样是一种看得见、摸得着的物质的东西，但它也不是一种完全主观臆生的东西。它是客观事物存在的方式或运动的状态以及这种存在方式和运动状态的表征和反映。是先有了客观物质世界的存在及其运动变化的事实，尔后才有了关于这些事物的存在及其运动变化情况的信息。从这个意义上讲，信息具有客观性。

（2）共享性

信息作为最重要的资源，可以为一切人所共享。只要善于收集和利用它，信息就会为人们服务。

（3）转化性

信息在一定条件下可以转化为财富。这正是世界各国都重视信息资源的主要原因。

（4）无限性

无论是自然信息还是社会信息，都没有穷尽，因而信息是无限的。

（5）传递性

任何信息都必须借助一定的载体，经过传递就可以被人们接受和利用。

（6）度量性

信息与物质、能量一样，具有可度量性。任何信息都可采用基本的二进制度量单位（比特）进行度量，并以此进行编码。

(7) 存储性

信息可以通过系统的物质或能量状态的某种变化来进行存储。人脑可存储100万亿至1000万亿比特的信息。除此之外，人们还用文字、书籍、录音、录像、缩微以及计算机存储等多种信息存储方式。

(8) 再生性

信息经过处理后，可以其他形式再生。如自然信息经过人工处理后，可以用语言或图形等方式再生成信息，输入计算机的各种数据文字等信息，可用显示、打印、绘图等方式再生成信息。

(9) 压缩性

信息可按着一定的规则或方法进行压缩，以用最少的信息量来描述一事物。压缩的信息量可处理后还原。

(10) 利用性

信息都具有可利用性，一方面它可消除人们对某一事物的不确定度，另一方面可对人们的行为产生影响。一般来说，信息的可利用性只对特定的接受者才能显示出来。如哑语所传递的信息，只对懂得哑语的人才有效用，而对不懂哑语的人则效用甚微。

二、新闻是一种具备新闻特性的信息

新闻是一种信息，但信息并不等于新闻，两者既有联系，又有区别，不能等同。

但是在很多情况下，人们常常将两者混同起来。比如古代人就是将信息和新闻混用的。唐诗中有“荡子江湖信息稀，疲兵关寒肌肤裂”，“梦断美人沉信息，目穿长路倚楼台”的诗句，里面用的“信息”，相当于今人的音讯、消息的意思。也有“故人不见五春风，异地相逢岳影中；旧业久抛耕钓侣，新闻多说战争功”一诗中用的新闻，同样有音讯、消息的含义。而在《红楼梦》中，有时用新闻，如第一回：“当下雨村见了士隐，忙施礼赔笑道：‘老先生倚门伫望，敢问街上有甚新闻?’”；有时又用信息，如第四十七回：“邢夫人犹不知贾母已知鸳鸯之事，正还要来打听信息……”，在曹雪芹的笔下，信息和新闻简直就没有区别，都是指新情况和新动向。

除了古代人出现将信息和新闻混同的情况外，现代人也常常有将两者混同的情况。如一些辞书在给“信息”一词释义时，常常和新闻、消息等同起来。例如1976年修订再版的《新编简明牛津辞典》，在解释“信息”（information）这一词条时，就是用“News”（新闻）、“knowledge”（知识）等概念来做释文的。

为什么会出现将“信息”和“新闻”混同的情况呢？这和新闻传播是从信息传播衍化而来有关系。远从人类社会还没有出现，到迄今的信息时代，整个客观世界是由物质、能量和信息三大要素组成的。人类为生存的需要，很早开始认识和利用物质和能量，并且同时进行简单的信息传递。只是那时候传递的方式十分简陋，诸如体姿示意、结绳记事、烽火传信、击鼓为号。

随着人类社会生产力的不断提高，科学技术的日益进步，人类进行信息传播的方式和手段进入到利用光导纤维、通信卫星的时代。同时，由于人们随着生产活动和生活活动社会化的加强，对信息需求的强度和广度增大了。这种社会化长足进步的结果，要求对信息进行有效的筛选，即从大量的信息中挑选人们最为迫切需要的部分，运用日益先进的手段，以最快的速度向最广泛的区域传播。这就导致从一般的信息传播进入新闻传播。

既然说新闻传播是从信息传播中衍化出来的，那么新闻和信息是否无差别呢？答案应该是否定的。首先，我们承认新闻是从信息中衍化过来的，但在浩如烟海的信息中，新闻只是信息海洋中的具有新闻价值的那部分信息，或者说，在信息的大家族中，新闻只是具有新闻特性的那一部分，也就是说，是具有新鲜性、及时性、真实性、公开性等基本特性，并具有新闻价值的那部分信息，用一个逻辑术语来概括两者的这一关系则是：信息是属概念，新闻是种概念。

其次，由于新闻是一种具有新闻特性的信息，因此，新闻所具有的许多特点，是一般信息所不强调甚至是所不具备的。例如：新闻特别重视真实性原则，把真实性当作生命。出现失实新闻被视为有违新闻职业道德，这被视为各国新闻界共同恪守的惯例。信息传播也讲求真实，但是在特殊的时空场合，虚假信息的出现和流通都是必要的。如踢球时运动员的假动作，战争中部队运用的伪装等等。

第三，新闻和信息都具有客观性的特征，但二者所具有的客观属性有差异。信息既然能够消除人们的不确定因素，说明了信息是客观事物运动的表征或对这种表征的描述，因而信息的客观性具有本质的意义。而新闻则不同。一般说，新闻具有传播信息和反映舆论的双重功能。也就是说，新闻传播既有归于信息传播的领域，具有客观的属性，又有经过人们的大脑的加工——认识和评价，来反映人们的主观动机。一条表面上看起来几乎相当客观的新闻，也莫不反映记者的主观立场和感情色彩。因此，新闻通过对新闻信息的选择和加工，完全可以表达某个观点，宣传某种思想，完全可以在传递信息的同时，巧妙地、恰如其分地宣传自己的立场和观点，即可以实现"信息"、"宣传"两副担子一肩挑，一身两任。这是新闻和一般信息所不同的主要之处。

第三节　新闻学的研究对象及内容

自从人类社会的信息传播中衍化出新闻传播活动后，新闻传播活动，就随着人类生产力水平的不断提高，社会形态不断地由低级向高级阶段的发展，而越来越成为人类社会的一种普遍存在的现象。既然新闻活动成为人类社会的一种普遍现象，人们就需要利用它，掌握它的规律，用以改造自然和社会。认识和掌握自然和社会中各种现象的规律，用以为人类服务，这是我们人类区别于其它一切生物的重要标志。自然和社会中有不同的现象，各种不同的现象有自己内在的规律，研究不同的自然现象和社会现象，就产生出不同的自然学科和社会学科。譬方说，研究自然界中的各种物体的不同属性，这就是物理学的范畴，研究各种物体在一定的条件下发生的质的变化，这是化学的范畴。以人与自然界的关系，人的世界观、方法论等等为研究对象，这就是哲学的本源。因此，我们说，任何一门学科都是以客观世界（包括人类社会和自然界）的某一特定现象作为自己的研究对象。新闻学的研究对象是什么？新闻学是研究新闻传播活动和新闻事业客观规律的一门学科。它是以人类社会客观存在的新闻传播现象作为自己的研究对象，研究的重点是新闻传播活动的基本规律以及新闻传播事业与人类社会的关系，探索新闻事业的产生和发展的特殊规律、新闻事业的性质、任务、特征、作用以及新闻工作的原则和方法。

新闻学分为广义新闻学和狭义新闻学。广义新闻学包括三个部分：

（一）理论新闻学——新闻学原理、新闻理论、新闻概论、新闻传播学、新闻广播电视概论等。

（二）历史新闻学——中国新闻事业史、外国新闻事业史、广播电视史等。

（三）应用新闻学——新闻采访写作、新闻编辑、新闻摄影、音响报道、新闻评论、广播电视新闻节目制作、电视新闻摄影、摄影美学、新闻节目的播音与主持等等。

由理论新闻学、历史新闻学、应用新闻学三部分构成的广义新闻学是一个有机的、完整的新闻学科整体，即：以历史新闻学作为基础，丰富的新闻史料是总结和概括新闻理论不可缺少的条件，也是新闻业务研究重要的借鉴内容；以理论新闻学作为核心，理论新闻学的主要任务之一是为新闻学这门新兴学科奠定学理基础，使之避免流于技能应用与操作性的层面；以应用新闻学作为归宿，历史新闻学和理论新闻学的研究目的和归宿都是为新闻业务实践提供指导和借鉴，服务于新闻实践。但三个分支学科又有自己相对独立的研究内容。

1. 理论新闻学

理论新闻学主要研究新闻的本质特征和新闻传播活动的基本规律，探讨和揭示新闻事业在社会生活中的地位和作用，它的社会功能和特点，它的工作原则、方法和一般规律。

2. 历史新闻学

历史新闻学主要研究中外新闻事业产生和发展的历史以及中外新闻界名人史。它要探寻人类最早的信息传播活动是怎样产生的？是什么力量在推动着人类新闻传播活动的发展？新闻传播媒介是怎样从低级形式向高级形式演进的？它与社会生产力的发展有什么联系？

3. 应用新闻学

应用新闻学主要研究新闻业务方面的应用知识。它探讨的是新闻采、写、编、摄、录及经营管理等方面的技能方法和一般规律。

新闻学是一门独立的学科，但它又与其它一些社会科学学科存在着许多相互交叉的研究领域。这些学科有政治学、经济学、社会学、统计学、心理学、伦理学、语言学、法制学、传播学、美学等等，新闻学与它们交叉所产生的边缘学科也属于新闻学研究的内容。

狭义的新闻学，指的是理论新闻学，即新闻理论、新闻传播学概论、新闻学原理等。

新闻学是一门年轻的、正在建设中的新学科。理论新闻学作为新闻学科体系中的核心部分，其性质是为了探讨和掌握新闻传播活动的基本规律，以启发人们从事新闻传播活动时遵循新闻传播规律的自觉意识。理论新闻学，是对新闻学这门学科的一个理论概括，是对具体的新闻传播活动现象的一个抽象，是对在纷繁复杂的新闻传播活动现象中披沙拣金、去芜存精、探索规律、发现真理的艰苦的理论和学术探索的表述，是培养新闻工作者树立正确的新闻价值观、业务观的一门带有总结性、指导性、前瞻性的理论学科。

理论新闻学研究的内容主要分为三个方面：一、新闻传播事业的现状及其发展趋势；二、新闻传播活动的基本规律，这部分内容主要包括新闻舆论的传播形态、新闻时效性、新闻价值、新闻真实性等；三、新闻传播与社会的关系。这部分内容主要包括：新闻自由问题，新闻政策问题，宣传价值，新闻伦理道德等等。

学习和研究新闻理论，要求我们学习和运用辩证唯物主义和历史唯物主义的立场、观点和方法，对新闻传播现象作唯物主义的解释。当新闻传播活动被人们利用报纸这一媒介有组织、大规模地进行时，人类社会已进入了资本主义社会。在阶级社会中，新闻传播活动除了有其自身的固有规律之外，更显著的是因不同阶级的意识形态、不同阶级的意志给新闻事业带来了不同的属性，无产阶级公开申明自己的新闻事业具有鲜明的无产阶级党性，而资产阶级却讳言自己的新闻事业所具有的阶级属性，极力鼓吹它们的新闻事业是“超阶级”、“无党派”的传播工具，以其来掩盖传播对象的大众化和传播媒介资源私人占有这一资本主义制度的基本矛盾在新闻传播领域内的反映这一矛盾。对于资产阶级新闻学的这些糟粕，我们应该以马克思主义作为思想武器，对其进行揭露和批判。

学习和研究新闻理论，还要求我们树立和巩固马克思主义新闻观，增强在新闻领域内抵制错误思想的能力。马克思主义新闻学是无产阶级关于新闻工作基本观点的理论体系，是为无产阶级的根本利益服务的，是社会主义新闻工作的理论基础。它的个别结论，随着历史的前进而变成过时的东西。但是，它的许多基本观点是辩证唯物主义和历史唯物主义在新闻实践中的体现，是在同资产阶级新闻事业、机会主义办报倾向的斗争中形成的，至今仍然具有强烈的战斗性和指导性。学习和研究马克思主义新闻学，有助于我们从理论上分清什么是真理，什么是谬误，以增强在新闻传播领域内识别错误思想的能力。特别是在当前，国际上的反动势力，企图利用新闻信息传播工具，对我实行“西化”、“分化”的形势下，我们更要打好马克思主义新闻学理论根底，保证在严峻的现实面前不迷失方向。

第四节　新闻学的历史演变

新闻学是随着新闻事业的大规模发展，适应培养新闻从业人员的需要而产生和发展的。

自从 1450 年，德国人约翰·谷腾堡（Johann Gutenberg 1400—1468）运用铅活字印刷术，排版印刷了《四十二行圣经》，在人类传播史上欧洲开始进入到印刷时代始，到 1660 年成为世界上最早的印刷日报德国《莱比锡新闻》的出版（1663 年改为日报），其间经过了漫长的 200 年历史。但是一旦新闻传播所需的技术条件和新的媒介形式（如日报）一经具备和成形，其发展的速度却是惊人的。从《莱比锡新闻》出版后，世界主要资本主义国家，如英、法、美、荷兰、丹麦等纷纷也出现了周刊和周报。到1830年，在美国的费城，竟出现了大众化廉价报纸《一分钱报》(Penny Paper)。在仅仅只有30万人口的纽约市每日销数不少于7万份，约瑟夫·普利策（1847—1911）和伦道夫·赫斯特（1863—1951）领导的报纸，每份售价只有一美分，这说明，在美国这样的资本主义国家，报纸已发展到大众化的兴盛时期。

报业的大量发展，推动了新闻事业的向前发展，新闻学也因此由“术”开始向“学”的方向演进。由于近代报纸最早在德国出现，德国的新闻事业最先发展起来，新闻学也首先在德国诞生。17世纪末，德国的一些大学里有人以报业为研究对象撰写学位论文。1845年，德国学者普尔兹出版了《德国新闻事业史》，这是世界上最早的新闻史专著。1895年德国科赫（Koch）教授在海德堡设立了最早的新闻学研究所，这标志着新闻学在欧洲的兴起。接着，英国在1896年由路透社的创始人保罗·朱利叶斯·路透创办了新闻学校；1902年在爱尔兰设立了新闻课，1916年在伦敦大学设立了新闻课。美国于1897年在宾夕法尼亚大学设立新闻学讲座，于1903年在密苏里大学创办了美国第一座新闻学院。这些都表明在19世纪末至20世纪的头20年，世界上一些主要资本主义国家都出现了重视新闻职业教育的势头。西方早期的新闻学研究，形成两大派别，一派是以德国为代表的理论派，另一派是以美国为代表的实用派，第二次世界大战后，新闻学的研究中心转向了美国。

一、西方新闻传播学研究的主要内容

西方国家的新闻界，在相当长的一段时间内，对于新闻学的研究重“术”轻“学”，微观的研究重于宏观的研究，因此，有关新闻理论方面的专著不多。比较有代表性的著作，在本世纪20年代有李普曼的《舆论学》和约斯特的《新闻学原理》。50年代，美国报刊自由委员会为研究公众通讯工具的社会责任而编写的一本有着广泛影响的新闻理论著作：《报刊的四种理论》。作者根据资产阶级政治学和社会学的基本原理，从新闻事业和政治制度的关系上较为全面地阐述了他们的理论观点，着重讨论了在不同的社会政治制度下对新闻媒介的控制和新闻自由问题。此书将西方不同历史时期的新闻思想归结为集权主义理论、自由主义理论和社会责任理论，并对以苏联为代表的共产主义理论进行了诋毁和攻击。《报刊的四种理论》作为美国新闻理论的一本代表作，反映了资产阶级新闻学的基本观点，也表明了新闻学研究受不同社会制度下的意识形态影响和控制的特点。

本世纪 40 年代开始，在西方新闻学研究领域，异军突起，诞生了一门新学科——大众传播学。大众传播学一经问世，引起了广泛性的影响，并迅速发展成为世界上普遍流行的多科性学科——传播学。

大众传播学于 40 年代诞生于美国，有其媒介背景和学科背景。

如果说，新闻学是近代报纸的产物，大众传播学则是广播电视的产物。

二战后，广播电视这个崭新的电子传播工具，首先在美国得到发展和普及。美国在一九五〇年开始发展彩色电视，一九六二年首先利用通信卫星进行电视转播，拥有电视机的家庭在五十年代急剧增加，到五十年代末期已达到约占总户数的 95%。在美国，每个成年人平均每天收看电视三小时，家庭妇女、老年人和儿童每天看电视的时间更多。看电视，已成为人们日常生活的一部分。电视机的普及和电视业的发展，导致出现了一些新情况和一系列的新问题。

A：由于广播电视的问世和迅猛发展，结束了以往以报纸、刊物和书籍作为主要传播手段的一统天下的局面。这个时效性强、声画兼备、感染力强的高科技电子怪物的出现，导致了电视与广播电台、与报刊之间的剧烈的竞争，也导致了各个电视公司之间的剧烈竞争。这个竞争的主要内容就是为争取传播对象和商业广告。于是收视率的研究也应运而生，并越来越得以重视。

B：由于电视在传播效果上的强大威力，这个工具的重要性，被政党、商界、军界和知识界所认识。政府利用它来作为国内外政策宣传的工具。资产阶级政党在竞选时，把电视作为主要的竞选工具。商业大亨们利用它来作为推销商品的重要手段。军界则利用电视作为战争宣传的最佳手段。（大众传播学对军界的作用是非常大的。一些著名的传播学者或者出身于军界，或者在军队供职。如美国著名的传播学家韦尔伯·施拉姆，就曾任美国新闻总署、美国之音、国务院、国防部等机构的顾问。二次大战期间，他直接参与过战争宣传的设计工作。）知识界则利用电视来进行教育和传播科技文化知识，来宣传本国的生活方式、道德规范和价值观念。

C：电视的兴起，还促成了电视节目和广告制作等新行业的产生和发展，使人们的择业观有了很大的改变。

综合以上各种因素，紧随着带来一系列的问题，即：电视、广播和报刊这些新闻媒介的特性、发展前途和社会功能，各种新闻媒介的相互关系，它们的传播对象的组成，传播如何产生效果和产生了怎样的效果等问题，都成了研究的课题。美国传播学者威廉·艾林在《大众传播研究》一书中曾作了这样的概括："广告商和舆论测验者都对大众传播媒介的传播对象的组成与反应感到兴趣，前者是要判定新闻媒介对消费者购买行为的影响，后者要判定新闻媒介对于选民的投票决定的影响。因为对大众传播媒介感兴趣的人甚为广泛，如市场研究人员、社会学家、心理学家、新闻教育家、民意测验者以及广告、广播电视杂志和报纸从业人员，所有这方面的人，都把他们的调查研究叫做大众传播研究。""大众传播研究是时代的产物，是以科学分析为特点的二十世纪前半期的产物，由于把科学实验的调查研究方法广泛应用于前人所未曾探索的自然生物和社会现象，这就产生了大众传播研究。”

学科背景——传播学作为一门学科存在，有两个学科渊源：

20 世纪 20 年代以来的物理及通信科学的发展，主要是奈奎斯特和哈特莱对信息通道（在传播学中谓之为媒介）的作用和信息量测度之研究。1924 年奈奎斯特发表《影响电报速度的某些因素》一文，提出信息通道频带宽度影响电信信号的传输速度，并认为二者之间存在比例关系。哈特莱 1928 年发表《信息传递》一文，提出用对数作为信息量的测量度问题，他认为消息是信息的载体，信息是被包含在各种具体消息中的抽象量；并提出用消息出现的概率的对数来度量其中所包含的信息。两个人的研究工作为后来申农的信息理论奠定了基础。1948 年申农发表《通信的数学理论》一文，1949 年发表《在噪音中的通信》一文，提出了信息熵的数学公式和信息量概念，他为信息传递所设计的通讯系统被誉为古典传递模型。[①]在与申农差不多相同的时间里，1948 年和 1949 年维纳连续发表了《控制论》和《平稳时间序列的外推、内插和平滑化》著作，从系统的自动控制的角度研究了信号被噪音干扰时信号处理的问题，建立起“滤波理论”，所要解决的问题是，尽量滤除干扰，从获得信息中分离出期待信息。不久，又发表了著名的《人当作人来使用》一书，进一步明确信息量的概念，测量信息量的数学公式。维纳研究问题的视角更广

① 申农的通讯系统模型如下：

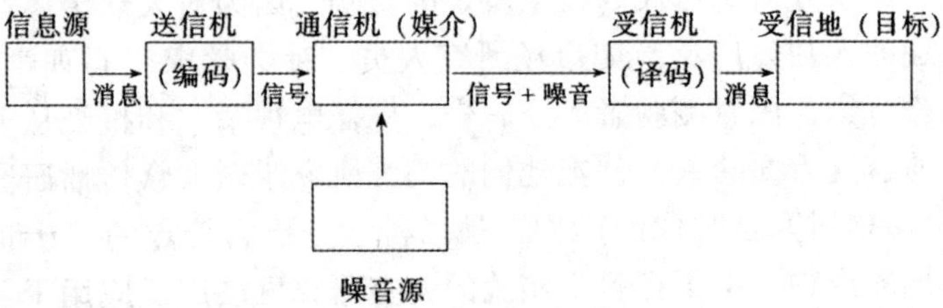

些，是从更广更高的控制论上提出信息概念的问题，把关于信息的理论推向一个虽然引起诸多争议却是具有学科意义的新阶段。

成为传播学准备时期另一个渊源的是本世纪20年代以来发展起来的新闻学。1922年，美国著名的政治问题新闻专栏作家李普曼发表的《舆论》一书，被誉为大众传播效果研究的经典文献。他在第一章外部世界与头脑中的影像中精彩地论述了大众传播所起到的环境作用，并认为这是在人和他的外部环境之间插进的“拟态环境”。40年代的中后期是大众传播研究的高峰年代，对大众传播的发展历史、结构和功能、过程和效果、社会控制与社会责任等问题，都有较多的研究。1949年，施拉姆将当时著名学者的著名著作加以整理、选择和分类，编出《大众传播》(论文集）一书，以作为当时美国大众传播学者研究人员和专业学生的“入门读本”曾畅销一时。随着电子计算机的发展和普遍应用，不仅生产和流通领域，而且社会生活的各个方面都受到其很大影响，它也给自然科学和社会科学的发展带来了巨大变化，促使学科间重新组合。信息科学的出现和发展，是这种组合的结果，并被称之为超越传统“纵式”学科的“横式学科”。1963年，由施拉姆主编，11位著名学者参加的《传播学》一书出版，正式将传播学作为一门学科提了出来。施拉姆认为，传播几乎是社会的基本过程，实际上，正是由于我们有着超出物理性接触水平以上的高水平相互交涉，才有可能获得名为社会的诸关系。假如可以使用一个比喻的话，那么，传播与社会的关系如同血液或神经系统与人体的关系。这是从社会传播学角度对传播现象的考察，揭示了传播的社会作用，同时揭示出社会传播同生物信息传递的类似性。

从50年代末，大约1958年以后，几个经济发达国家进入新的科技革命时期，即号称“信息化社会”、“后工业化社会”或“第三次浪潮”。在学科领域，则是信息科学以崭新的面貌出现，它一方面同40年代末产生50年代初兴起的行为科学密切结合，同时又带动了认知科学、知识工程学、传播学等诸学科的进一步发展。

被包容在信息科学中的传播学，随着自然科学和社会科学相结合的强大发展趋势，而愈益成为一门边缘学科。

从新闻学到大众传播学，西方新闻学研究的发展经历了从内容到方法的巨大变化。从内容上来看，已经从单纯的报纸研究，进而扩展到其他媒介，到研究一切社会传播行为。从方法上来看，由传统的人文科学定性研究法为主改变为行为科学实验型定量研究法。1957年，美国著名的传播学家韦尔伯·施拉姆分类整理了从1937年到1956年《新闻学》季刊的内容，指出了新闻学发展的四个趋势。

(1) 从定性分析到定量分析。

(2) 从人文科学方法到行为科学方法。传统报学是以哲学、文学为基础，而大众传播学属行为科学之一支，它是以社会学、心理学、统计学为基础，走向实验的阶段。

(3) 从伟人研究到过程与结构的研究。传统新闻学只以文学方法对报业经营者作传记性描述，而大众传播受牵制的因素变化多端，以致形成环境相连、交错复杂的因果关系。

(4) 从区域性角度到国际性角度。由于国际传播的发展，新闻学的研究范围已不能局限于一国或一个区域，它必须伸展至国际范围。①

如前所述，西方资产阶级新闻学经历了由传统新闻学向大众传播学的发展过程。但是，和西方资产阶级新闻理论一样，资产阶级大众传播学的阶级属性以及它为资本主义服务的政治目的是不能忽视的。然而，传播学作为人类社会共同的精神财富，其独

① 转引自沙莲香主编《传播学——以人为主体的图像世界之谜》第37页。

特的研究方法，丰硕的研究成果，反映了人类认知信息传播活动一般规律的智慧，这些都值得我们结合自己国情和新闻工作的实际情况，认真地加以学习和研究。

总之，对待资产阶级新闻学，我们要按照马克思主义的观点和方法，实事求是地加以具体分析。既不是全盘照搬，盲目崇拜，也不是不加分析地一概排斥，盲目否定。这是我们在研究新闻理论时，应当采取的正确的、科学的态度。

二、中国新闻学的历史和现状

（一）历史的概述

中国的新闻学研究起于近代报业出现以后。1873 年，上海的《申报》刊登《论中国京报异于外国新报》；1874 年，著名的近代报刊政论家王韬发表文章《论日报渐行于中土》，以这些文章为起点，中国人开始了研究新闻学的历史。1895 年康有为提出“设报达聪”的主张，认为创办报刊能使“为官咸通敌情，皇上可周知四海”。第二年，梁启超提出“去塞求通”论，认为国家的强弱在于通塞，报刊能通上下左右，所以“报馆有益于国事”。这些是早期主要的新闻主张。1918 年蔡元培先生创立北京大学新闻学研究会，这是中国第一个新闻学研究团体。该研究会由刚从美国留学回国的校长室秘书徐宝璜主持会务，出版《新闻周刊》。该研究会“以研究新闻学理，增长新闻经验，以谋新闻事业之发展为宗旨”，研究的主要项目是“新闻学之根本知识”。1919 年，徐宝璜出版了中国人写的第一本完整的新闻学著作《新闻学》。20 年代，中国出现了一批研究新闻学的团体，如中国新闻学会，上海报学社等，创办了一些新闻学刊物，如《新闻学刊》（北京）、《纽斯》（天津）、《报学杂志》（上海）等。

从 20 年代起，马克思主义的报刊理论开始在中国传播。到 1942 年“延安整风”时期，中国共产党开始了它的比较有系统的新闻学研究。50 年代，中国的新闻学较多地受到了苏联新闻模式的影响。“文化大革命”中，新闻学研究几乎停顿。1978 年底，中国共产党十一届三中全会标志着中国进入改革、开放的新时期，新闻学在这个新起点上，取得了突飞猛进的发展。新闻研究队伍迅速壮大。过去新闻学研究仅依赖于大学的新闻学教授、讲师和少量热心新闻学的新闻从业人员，自 70 年代末，出现一个具有相当规模的新闻学研究网络。1978 年建立的中国社会科学院新闻研究所，是国家第一个专门的新闻学研究机构，此后大部分省、市、自治区都建立了新闻研究所（室）。几乎所有省、部的新闻机构都出版了新闻研究刊物。中国新闻学会联合会及各省、各行业新闻学会纷纷建立，开展了各种新闻学术活动。新闻方面的书籍出版很兴旺，根据不完全统计，1979 年至 1989 年 10 年间，全国共出版各种新闻书籍 1080 种，这是 1949 年至 1978 年 30 年间所出版的新闻书籍的 10 倍。1990 年以来，差不多每年出版 100 本左右。

近十几年来中国的新闻学研究可分为几个发展阶段。第一阶段是清理“文化大革命”对新闻学的破坏和干扰。“文化大革命”中，新闻学的许多基本原理和范畴，都被斥为资产阶级新闻学观点。那时新闻学的“理论体系”为描述为“五性一统”（阶级性、思想性、指导性、群众性、战斗性。这五性统一在无产阶级专政的工具这一新闻事业的性质之下）。人们不得不从“什么是新闻”开始，对新闻学的基本原理进行拨乱反正式的讨论，澄清一些常识性问题，如新闻定义、新闻六要素、新闻价值等等。这一阶段大体在 1984 年结束。以后，研究进入较高层次，许多新的方法论被运用到新闻学研究中；一系列为建设有中国特色的新闻学的研究项目，陆续提上日程；各种新闻学术会议接连召开；新闻学书籍的出版速度明显加快；新闻教育事业也蓬勃开展。1992 年，邓小平同志南巡讲话和党的十四大提出发展社会主义市场经济以后，新闻学研究进入第三个发展阶段。这个阶段虽然才开始不久，但已经提出了许多研究课题，出现了一批论文，并开始出版了研究专著。随着研究的进展，会给传统的新闻学带来较大程度的革新。

(二) 现阶段新闻传播学主要研究领域的进展

近十几年来，中国新闻学和传播学研究取得明显进展，以下对几个主要研究领域作简述：

1. 新闻理论研究

改革开放以来，随着经济发展和社会进步，中国的新闻传播事业有了长足的拓展，新闻理论的研究工作也相应有了巨大进展，主要表现在：

(1) 参与理论研究的人员日益增多，研究园地不断开拓。目前有各种新闻学会和新闻研究所、室近200个，公开出版的全国与地方性新闻学术报刊达几百余家，内部印发交流的学术刊物则更多。

(2) 新闻传播学术研究领域向纵深扩展，学术研究成果成倍递增。十几年来，以新闻学和传播学基本原理为主题，渐次延伸到近30个相关学科，一批新闻边缘学科正在建立。近十几年来，出版的新闻理论与传播理论著作不下百种。以新闻理论为例，其中较有代表性的有：中国人民大学的《新闻理论基础》、《新闻理论教程》、《马克思主义新闻思想史稿》、复旦大学的《新闻学概论》、《新闻学基础》、北京广播学院的《新闻概论》、《新闻广播电视概论》、《新闻理论教程》、《毛泽东新闻思想研究》、武汉大学的《新闻学基本原理》、杭州大学的《新闻传播学》、20所院校的《当代新闻学》，中国社会科学院新闻研究所的《新闻学基本知识讲座》、《新闻理论探讨》、《新闻学新论》、《新闻学再探》、中国新闻学院的《新闻学导论》等，比起1949～1980年全国几乎无一本公开出版的新闻理论专著来，其进步是巨大的。

(3) 开始重视新闻传播学研究方法的改进。过去，中国所进行的新闻传播学研究的主要方法是定性研究和阶级分析法，近年来，有越来越多的研究者受传播学研究方法的启发，开始将定量分析法、文献分析法、社会调查法、实证研究法、比较研究法等方法引入新闻传播学研究，并因此而拓展了理论研究的广度和深度，提高了研究成果的科学性与有效性。

(4) 新闻传播基本理论科学正在形成。十几年来，在克服过去极左思潮影响下形成的“五性一统论”基础上，新闻学研究工作者一方面坚持中国传统文化与传统理论中富有生命力的精神财富，另一方面又凭籍着改革开放之风吸收借鉴海外新闻学传播学研究的有益成果，努力探索具有中国特色的新闻传播学理论科学。

2. 新闻史研究

自1978年到现在，是新闻史研究空前繁荣的时期，出现了一大批研究成果。其中有通史、断代史、专史，也有新闻界人物的传记，多达40余种，主要的有方汉奇的《中国近代报刊史》、黄卓明的《中国古代报纸探源》、梁家禄、赵玉明等的《中国新闻业史》、李龙牧的《中国新闻业史稿》、丁淦林主编的《中国新闻事业史》、14所高等院校合编的《中国新闻史》、张涛的《中华人民共和国新闻史》、韩辛茹的《新华日报史》、张友鸾等的《世界日报兴衰史》、方蒙的《范长江传》、王必胜的《邓拓评传》、丁守和主编的《辛亥革命时期期刊介绍》等。由方汉奇教授主编、40多人参加撰写的《中国新闻事业通史》，是中国新闻史研究的最大工程，3卷本，25章，180万字。上限起于公元前二三世纪，下限止于1990年，内容宏富。

另外，专门史的研究亦取得重大成果。赵玉明的《现代中国广播简史》，是国内研究广播史的第一部专著，另外，《中国解放区广播史》、《中国电视史》等著作为广播电视史研究作了重要贡献。

世界新闻史的研究也取得一些成果，主要有张隆栋、傅显明的《外国新闻事业史简编》、陈力丹的《世界新闻史纲》、宁新的《七国新闻传播事业》。

与此同时，新闻史料刊物全国出版有很多种。其中由中国社会科学院新闻研究所主编的《新闻研究资料》，从1979年创刊到1993年终刊，共出版61期，发表了1000多篇新闻史方面的文章和资料。

近年来，各地还在抓地方志的编写，由国家组织编写《当代中国的新闻事业》，《当代中国》大型丛书的各地方、各部门分册也都有新闻、出版的篇章。因此大量新闻史料在汇集，使得各地编写地方新闻史、专业报刊史，以及个别报纸、刊物、通讯社和新闻界人物历史的活动，得到更加便利的条件。

3. 新闻实务研究。这是指对新闻生产、流通和消费领域的研究，特别是对新闻的采、写、编的研究。目前我国地、市级以上的新闻媒介几乎都有自己的新闻期刊，仅省、部的新闻单位创办的新闻期刊就有60余种，这些期刊发表新闻实务方面的研究成果较多。在我国出版的新闻学术书籍中，大多数属于新闻实务研究。据不完全统计，仅1979年至1992年期间，编辑出版的新闻业务研究的专著、译著、编著以及论文、作品集约1200种。

4. 传播学研究。50年代，复旦大学新闻系主编的《新闻学译丛》，曾介绍过大众传播学的内容。但是，真正开始传播学的研究是在1978年以后的事情。1982年由中国社会科学院新闻研究所倡议，在北京召开了第一次全国传播学讨论会，讨论了西方传播学产生的历史背景、社会条件、研究对象、研究内容、研究方法等，议定了对待西方传播学的16字方针。系统了解，认真研究，批判吸收，自主创造。其后，第一本介绍西方传播学的论文集《传播学（简介）》问世。1985年、1986年、1993年、

1997年都召开过全国性的传播学研讨会，这些会议标志着传播学在中国大陆经历着译介——研究——自创的过程。

一批传播学研究的专著相继问世。其中主要有戴元光等人的《传播学原理与应用》，范东生的《传播学原理》、李彬的《传播学引论》、张隆栋的《大众传播学总论》、邵培仁主编的《经济传播学》、《政治传播学》、《教育传播学》、《艺术传播学》、段京肃的《大众传播学概论》、另外，一些专著正在出版或准备出版中。如胡正荣的《传播学总论》。

近几年，我国的学者逐渐重视传播学研究的中国化，从中国文化中发掘思想和素材，来丰富和扩充现有的传播学。沙莲香主编的《传播学——以人为主的图像世界之谜》，就不是照搬西方传播学的体系，而是以中国文化为背景而编写的。尹韵公的《中国明代新闻传播史》是大陆传播史研究方面的第一本断代史著作。1993年5月在厦门召开的中国传统文化中传的探索研讨会，把这种研究推向新的阶段。现有的研究已经显示，中国古代和近代的思想、文化、政治、经济等领域的传播，以及体现思辨艺术的说服传播，都有许多中华民族自己的特色。这些研究深入进行下去，使得中国学者将来有可能写出熔中西方文化精华于一炉的高水准的传播学著作。

5. 广播电视研究。广播电视研究是涉及多学科的综合性科学研究，但人们一般将它分为新闻传播研究和科学技术研究两部分。我们在这里将要阐述的是关于广播电视新闻传播研究的部分。

新中国的广播电视新闻传播研究是随着中华人民共和国的诞生而开始的。1949年11月3日，刚刚成立的中央广播事业局建立了地方台编播研究部，这是广播系统的第一个业务研究机构。当时，广播机构刚刚从新华社分出来，广播工作者边工作，边学习，边研究，不断总结经验，努力提高业务水平。1954年中国广播代表团访问苏联，系统地考察了苏联广播工作，回国后整理出版了《苏联广播工作经验》一书，对当时的研究工作起了积极作用。1956年8月，第四次全国广播工作会议讨论了广播研究工作，要求成立宣传业务研究机构。1957年6月25日，中央广播事业局成立了研究室。1959年北京广播学院正式成立后研究室划归学院。1960年1月研究室又回广播事业局。后在精简中撤销。1955年10月创办了全国性理论业务刊物《广播业务》。1964年3月中央广播事业局提出的《宣传业务整改草案（提纲)》是这一时期研究工作的重要成果。“文化大革命”时期，广播电视研究工作和研究机构被中断和取消。1978年以后，经过思想上、政治上的拨乱反正，解除了“左”的精神枷锁，广播电视研究工作又逐渐活跃起来。比较早地开展研究工作的是北京广播学院。学院确定的“以教学带科研，以科研促教学”的方针，组织教学人员开展多方面的研究活动。同时建立新闻研究所，创办了学术刊物。一些省、自治区、直辖市广播电视机构和省辖市电台也相继成立了研究所、研究室或研究小组，开展宣传业务研究活动。1982年广播电视部成立了政策研究室。中央人民广播电台、中央电视台、中国国际广播电台相继成立或恢复了研究室。广播电视研究工作引起了新闻界和社会有关方面的重视，中国社会科学院新闻研究所成立了广播电视研究室，首都新闻学会成立了广播电视研究组，各省、自治区、直辖市新闻学会也开始研究广播电视新闻理论和业务。广播电视新闻学已成为整个新闻学的重要组成部分。

在社会主义现代化建设和改革开放的新时期，中国广播电视研究有了重大的发展，科研工作进入繁荣期。1986年中国广播电视学会成立标志着广播电视研究已经成为全行业关注的事业。近10年来研究机构大量建立，研究活动十分活跃，到1992年底，省以上的研究机构近30个，中国广播电视学会的团体会员、单位会员及直属专业研究委员会共80多个，广播电视系统探讨广播电视学术问题和交流业务经验的期刊共60多家，其中省级刊物达40余家。[①] 当前，我国广播电视研究集中在两个重要的基地上，一是中国广播电视学会，另一个就是集科研、教学于一体的北京广播学院。

中国广播电视学会成立后，主要在抓好学术研究、创办《中国广播电视学刊》并提高其质量、开展广播电视节目评奖、培训广播电视人才和组织视听评议等五个方面开展工作。组织力量编写出版了《中国广播电视学》，组织了四届全国广播电视学术论文评奖，组织了“什么是中国特色的社会主义广播电视学”的大型学术讨论会。并运用学刊加强对全国有较大影响的节目（栏目）及获奖作品的介绍、评议，并注重世界广播电视发展态势的介绍。

北京广播学院作为研究广播电视的重要基地，十几年来，在对广播电视新闻、文艺、语言、技术等领域的研究有长足的进展和重大突破，特别是对广播电视新闻的研究，成果累累，已初步建立起广播电视新闻学的学科体系。其主要研究方向包括：(1) 新闻理论。包括新闻学概论，广播电视概论，马列新闻思想研究，新闻心理学，舆论学，广播电视传播理论，国际新闻传播理论等。(2) 广播电视史。包括中国广播电视史，外国广播电视史等。(3) 广播电视新闻业务。包括广播电视新闻采访，广播电视新闻写作，广播电视新闻编辑，广播电视新闻评论，广播电视新闻节目，广播电视节目制作，广播电视主持人节目，音响报道，电视新闻摄影，英语新闻采写、编辑、新闻播音，广播电视新闻改革研究，国外广播电视新闻发展动向与趋势研究等。(4) 广告

① 所引数据请参阅“广播电视学术研究概况”一文，载于《中国广播电视年鉴》1992—1993年版。

学。包括广告学基础理论，广告策划，广告调查，广告设计，广播影视广告制作，广告摄影，广告管理，市场调查与统计，消费行为及市场研究，公共关系等。(5) 大众传播学。包括大众传播原理与方法，大众传播效果研究，中国特色大众传播学理论体系研究等。

自 90 年代以来，北京广播学院新闻学科总共承担了国家级、省部级科研项目 22 项，其中国家社科基金项目 6 项，中宣部项目 2 项，国家教委项目 7 项，广电部项目 7 项。主要有：《卫星直播对我国的影响及对策》、《中国广播电视通史》、《电视的跨国传播对民族文化的影响》、《广播电视宣传热点问题研究》、《社会主义市场经济条件下的广播电视管理研究》、《广播电视节目规范化研究》等。出版的专著主要有：《新闻广播学研究》、《广播学基础》、《新闻舆论学要略》、《新闻广播电视概论》、《北美传播研究》、《中国现代广播简史》、《中国广播电视史文集》、《中国解放区广播史》、《中国电视史》、《外国广播电视史》、《广播电视新闻学系列教材》(10 本)、《应用广播学》、《中国应用电视学》、《电视编辑艺术》、《电视传播的艺术》、《电视媒介研究》、《电视新闻学》、《电视功能新解》、《电视教育节目新论》、《广播电视新闻英语》、《中国广告活动实证分析》、《现代广告通论》、《传媒经济》、《中国广告表现透视》、《朗读学》、《播音发声学》、《播音基础》、《中国播音学》等。

另外，广播电视史志研究形成了较为完整的体系。由北京广播学院编辑出版的《中国广播电视年鉴》，已成为研究广播电视的重要工具书和对外交流的学术窗口。各地建立了广播电视史志编纂机构，出版了大量广播电视史志书籍。国家还组织力量编写出版了《当代中国的广播电视》丛书。

6. 相关学科的研究

与新闻传播相关的各边缘学科、交叉学科的研究，近 10 年来进展较快。其中主要有：

（1）新闻心理学。自1986年以来已有著作10本左右。较早的有张骏德、刘海贵的《新闻心理学》和虞达文的《新闻读者心理学导论》。另外，刘京林的《新闻心理学概论》，也具有较大影响。运用社会心理学、认知心理学等学科的原理，来解释新闻传播领域中的心理问题，是这类著作的特点。

（2）新闻文化学。1985年以后，我国新闻理论研究中出现一些以文化角度分析新闻现象的论文，这是伴随着前些年学术界的文化研究热出现的。最早一本著作是刘智的《新闻文化论》。1991年成立了中国新闻文化研究会，促进了这项研究。一些有关新闻文化研究的专著面世。如方延明的《新闻文化导论》。

（3）舆论学。80年代以来，我国对舆论学的研究蓬勃兴起。其中有代表性的有：刘建明的《基础舆论学》，《当代舆论学》，康荫的《新闻舆论学要略》，康荫、雷跃捷的《社会主义市场经济与新闻舆论》，孟小平的《舆论学》，项德生的《舆论与信息》，马乾乐主编的《舆论学概论》等。

（4）宣传学。自1980年以来已出现了五六本著作，大致分两种类型，一种是以介绍政党宣传的理论和总结宣传经验的形式出现，如《宣传学概论》（上下册），另一种是从传播学的角度阐述的，如李良荣的《宣传学导论》、戴元光主编的《现代宣传学概论》，裘正义的《世界宣传史》等。

（5）公共关系学。80年代以前，公共关系学作为一门学科在我国尚未被认识。1984年后，公共关系学逐渐被译介到我国大陆，并得以迅速传播。由中国社会科学院新闻研究所组成的公共关系学研究课题组，编写出版了《公共关系概论》，随后，中山大学王乐夫、廖为建的《公共关系学》、复旦大学居延安的《公共关系导论》相继问世，初步奠定了大陆公共关系理论的基础。近年来，由于各部门、各单位都在不同程度地重视公关，所以公共关系著作出版较多，已达200多种。

（6）广告学。我国广告学研究的兴旺是和改革开放，建立社会主义市场经济体制的大背景联系起来的。1981年以来，随着广告业的恢复和发展，先后有近百种广告学著作问世。另外，广告学作为一个学科专业方向，在一些高等院校纷纷开办上马。北京广播学院在原广告学专业的基础上，于1993年成立广告学系，并于当年招收广告学硕士研究生。并出版广告学系列教材，和日本、美国等国家的大广告公司及广告教育联合办学，成绩斐然。

第一章 新闻传播活动的起源与发展

新闻传播活动是如何起源的?

对于这个问题，有两种不同的解释。

一是单纯从人类的好奇心理甚至生理需要去解释，该观点认为，人总是对外界充满了好奇心理。长着两只耳朵就爱打听新闻，长着一张嘴巴就爱传播新闻。正是这种好奇心，产生了新闻传播活动。“对于事物的好奇心和兴趣，是新闻欲的源泉”，[①]“形成报刊的最根本的条件是好奇本能和群居本能”。[②] 正是这种好奇心，产生了新闻传播活动。日本新闻学者杉村广太郎认为：“由欲知道的欲望产生读者；由欲使人知道的欲望产生报纸；由欲被人知道的欲望产生广告”。[③] 上述观点，试图从人的心理或生理上去寻找新闻产生的根源。用人类对于事物的好奇心和兴趣，或人的欲望本能来解释新闻这一意识形态的物质根源，显然，这些都不是科学的结论。既然新闻传播活动不是源于人们的欲望本能，那么新闻传播活动究竟是怎样产生的呢？我们不妨运用历史唯物主义的观点和方法，结合新闻传播活动在人类历史发展中的作用，作出回答。

---

① 〔美〕约斯特：《新闻学原理》，转引自王珏《新闻广播电视概论》第35页。

② 〔日本〕小野秀雄：《新闻学原理》，同上。

③ 〔日本〕杉村广太郎：《新闻概论》，转引自何光先《现代新闻学》第240页。

第一节　原始社会的信息传播活动

原始人究竟怎样从事信息传播活动，当时并无记载。但从人类学家、探险家对十八、十九世纪尚残存的原始部落的考察中，我们可以推想远古原始人的信息传播活动。

比方说，南部非洲的土著部落什门人往往集合二、三百人的队伍来协同狩猎，狩猎完毕以后，队伍就分散成一些小的群体。但分散以后，并未断绝相互的联系。他们经常用火作信号，彼此通报周围的情况，发现大的猎群或敌情，就迅速地重新集合起来。达尔文在他的《研究日志》中也说到，火地岛上的土著居民(原始人)同样用火传递情况，相互联系。这是借助一定的信号(火)在从事信息传播活动的例证。

普列汉诺夫在《没有地址的信》中，用不少事例证明：绘画在原始人那里首先服务于纯粹实际的、功利的目的——向同伴传递消息。在澳大利亚内地，水源奇缺。原始部落人在水溪周围一带的岩石上画上袋鼠和人的胳膊，告诉经过此地的同伴，随近有水源，人和动物在此饮过水。巴西的原始部落人在一条河岸的岩石上画了一条鱼，以此向同伴通报：此河出产什么鱼。这是借助于一定的符号从事信息传播活动的例证。

人类的信息传播活动起源于原始社会，那么原始人为什么要从事信息传播活动呢?

人类一产生，就聚群而居，结成最简单的生产关系面向自然界。这是因为原始人凭借最简陋的工具，无法在自然界单个生存下去。采集植物、猎取动物和为争夺生活资源而进行的氏族间、部落间的战争构成了原始人生活的两大部分。原始人的采集、狩猎和战争从一开始就是社会性的，是许多人一起协同的行动。

在原始社会，为了寻找食物，躲避灾害，原始人群不断地迁徙，随时可能和其他原始群发生遭遇战或受到袭击。客观世界的这一系列变动，直接关系到原始人的生存。他们必须随时随地了解外界的变化，并且相互传递情况，以便商量对策。协调一致采取行动。没有协调一致的集体行动，原始人只能饿死或被其他部落杀死。由此可见，在原始社会，新闻信息的传播活动并不是为了满足某种精神上的需要，或出于政治上的考虑，而纯粹服从人类的生存斗争。

由此，我们从原始社会的信息传播活动中可以得出这样的结论：

客观世界的变动关系到人类的生存，人类的社会性的生产和社会性的生活决定了人类从事信息传播活动的需要；人类从一开始从事信息传播活动的目的就是为了了解客观世界，以使人类自身适应外界客观世界和改造客观世界。

第二节　中国封建社会的报纸

“中国是世界上最先有报纸的国家，也是世界上最先有新闻事业的国家。中国从远古时代起，就有广义的新闻传播活动。秦以前，主要以口头的方式从事新闻传播；汉以后，逐渐转为以书面的方式从事新闻传播；唐代中期，又开始出现了报纸。中国早期的报纸，主要是流传于封建官僚和士大夫阶层中的官报。宋以后，又开始有了民办的报纸，出现了官报和民办报纸并存的局面。这一局面一直维持到 19 世纪初叶中国近代化报刊诞生的前夕。”①

新闻史学者勾勒的这一中国古代新闻事业发展的轨迹，与中国封建制度由盛及衰的历史演变是十分吻合的。

---

①　方汉奇主编《中国新闻事业通史》第 1 卷第 18 页。

东周末年，王室渐衰，经过春秋五霸、战国七雄的连年征伐，终于由秦始皇吞并六国，建立大一统的封建主义制度。秦始皇实行“书同文，车同轨”，使全国各地交通和通讯变得发达和通畅。到汉代，我国的封建主义开始步入辉煌时期。四大发明之一的造纸术，就是在东汉时，约公元105年，由湖南桂阳郡人蔡伦发明的。造纸术的发明，为发明和利用报纸作为新闻传播的媒介提供了物质上的准备。隋朝时（约公元600年）又有了“四大发明”之一的“印刷术”，这样，中国的“四大发明”，其中两项就是和新闻传播事业有密切关系的。宋仁宗庆历年间（公元1041—1048年），毕升发明了活字印刷。造纸术和印刷术的发明和运用，为新闻的传播媒介——报纸，提供了物质和技术上的准备。

如前所述，中国古代报纸是以两种类型出现的。一是官方的报纸，称为官报或邸报，一是民间的报纸，称为小报。

邸报正式出现的朝代，据新闻史专家方汉奇先生考证，始于唐朝。唐朝是我国封建社会时期空前繁荣强大的一个朝代。唐代的驿运制度比较完备，全国驿站的总数达1643所，内陆驿1297所，水驿260所，兼有水陆两驿的86所。唐代的造纸、印刷工艺和前几个朝代比较起来，也有较大进展。这些，都为报纸的诞生，提供了必要的条件。

唐代报纸的孕育和发展，是和唐代邸务和藩镇制度的发展紧密联系的。汉以后的各王朝，也和汉代一样，允许地方在首都设邸。唐代中期，开始在一些边疆地方建立潘镇，设置节度使。随着藩镇势力的日益发展，各节度使纷纷在京都设邸，这些邸，除了作为居停的馆舍之外，还兼有藩镇们派驻朝廷的办事机构的作用。称呼上也由一般的邸，改称为上都知进奏院，简称进奏院，有时也被简称为留邸或邸。

邸报，又称进奏院状、朝报、边报。据方汉奇先生考证，目前，被发现的我国最早的邸报，是保存在英国伦敦不列颠图书馆和法国巴黎国立图书馆的两份“敦煌邸报”。藏于伦敦不列颠图书馆的“敦煌邸报”，约二千多字，记述了唐朝沙洲（即今天的甘肃敦煌）归义军节度使张淮深于唐僖宗光启三年（公元887年），派遣使臣赴朝廷请求赐给旌节的经过。“‘敦煌邸报’是目前我国，同时也是世界上仅存的、年份最早的两份原始状态的报纸了”。[①]

插图1 现藏伦敦不列颠图书馆的敦煌进奏院状

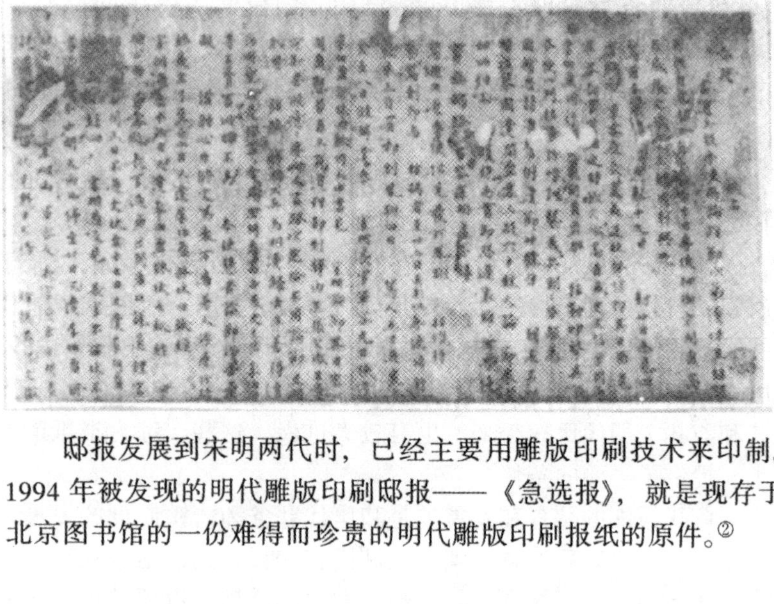

邸报发展到宋明两代时，已经主要用雕版印刷技术来印制。1994年被发现的明代雕版印刷邸报——《急选报》，就是现存于北京图书馆的一份难得而珍贵的明代雕版印刷报纸的原件。[②]

① 方汉奇主编《中国新闻事业通史》第1卷第58页。

② 详见尹韵公：《急选报：明代雕版印刷报纸》，载于《新闻与传播研究》1994年1期。

万历八年四月二十二日急选报一册

北京图书馆藏万历刻本

不著编者名氏

按：是编载有“吏部一本，急选官员事。奉圣旨开：张拱极陕西三水人，蜀府长史司右长史”等文，盖此即为邸报之一种，草草板刷，以供传阅者。邸报制为刊本，便于流传，已不始于天启时矣。

谢国桢《增订晚明史籍考》第 82 页

左图：《急选报》封面书影

下图：正文第 1 页书影

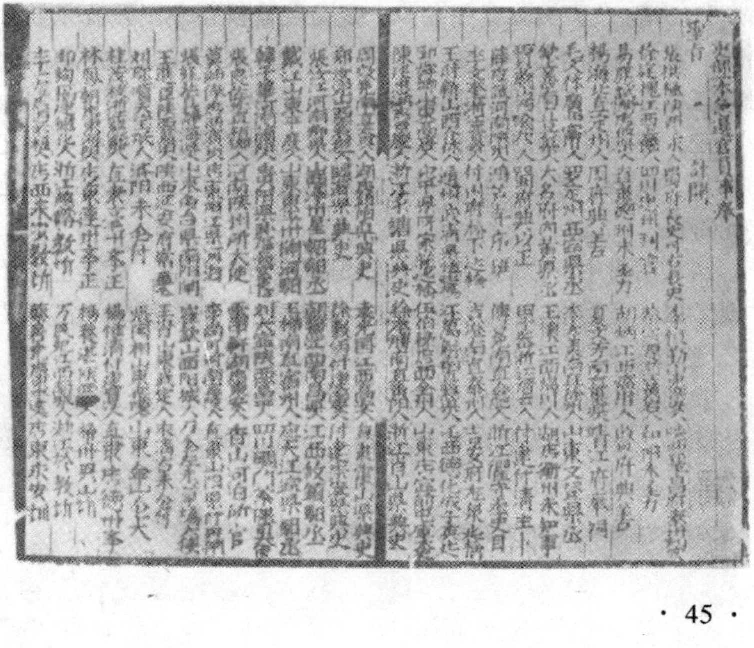

邸报具有以下特征：

一、邸报是中国新闻史上最先出现的有较大权威的中央封建官报。这种封建官报既为读者们提供朝廷的政事信息，也向读者们教忠教孝，灌输封建纲常思想。它们的办报目的很明确：一是，“庶几朝廷命令之出，天下通知”；[①] 二是，“欲以迁授、降黜、手赏功罪，勉励天下之为吏者”。[②] 可见这种官报从问世的第一天起，就是封建统治者的喉舌和在统治阶级内部传递政治信息的御用传播工具，是为巩固封建统治秩序和维护封建统治阶级的利益服务的。

二、邸报作为中国最早的报纸，发展到宋朝，它已经成为当时社会上传播朝廷政事信息的重要载体。它的读者已经不像唐代进奏院状那样，只限于少数藩镇长官，而是逐渐扩展到京朝官、地方各级行政官员和广大的士大夫知识分子。信息量逐渐加大，新闻的时效性也有所加强。宋代诗人苏东坡就记录过他读邸报的情景和心情：“青泥赤日午相烘，走访船窗柳影中。辍我东坡无限睡，赏君南浦不赀风。坐观邸报谈迂叟，闲说滁山忆醉翁。此去澄江三万顷，只应明月照还空。”

三、邸报发展到宋朝以后，开始定期连续发行。并且有一定的采集、编辑、整理、审定和发行的制度。具有了现代报纸的更多的特征。

四、明代中叶以后，民间的报房获准公开营业，社会上开始出现了以“送邸报为业”的人和以办报博锱铢之利的“报房贾儿”，抄报行成为北京市面上的一百三十二行之一。

我国封建社会的报纸产生于唐朝，到宋、明进入鼎盛时期。自宋朝始，不仅有大量的官报发行，而且出现了在一定程度上反

---

① 转引自方汉奇主编《中国新闻事业通史》第1卷第73页。

② 同上。

映人民愿望和要求的民间小报。

小报大都是民间办的。内容除了摘要刊登在邸报上刊载过的要闻之外，还刊发邸报没有刊载的消息。比如说刺探朝廷的内幕，发布最新的战争消息，散布和封建朝廷统治者相悖离的舆论等等。小报比较接近人民，如在宋朝遭受金人侵略的时候，就刊登过不少要求抗金保国的新闻。在中原动荡、外侮频仍、民族矛盾成为社会主要矛盾的时期，小报往往被统治阶级中的主战派和各阶层爱国人士，利用来刊载主张抵御外侮、收复失地、惩治汉奸的大臣奏疏等消息，成为主战派人士与得到朝廷支持的主和派一方进行斗争的重要宣传武器。由于小报的这些别于官报的鲜明特点，当然为封建统治者所不容。他们给小报定性为："撰造浮言，诳惑群听，乱有传播"，① 并对小报实行了严厉的查禁，"事不宜传播而辄漏泄者，杖一百"，② "妄传小报，许人告首，根究得实，断罪追赏，务在必行"，③ "今后有私撰小报，唱说事端，许人告首，赏钱三百贯文，犯人编管五百里。"④

宋代小报的出现，在中国古代新闻事业史上具有重要意义。

小报的出版和发行，与封建社会劳动人民争取新闻言论自由的斗争紧密联系在一起，具有打破封建王朝垄断报纸的重要作用，揭开了中国民间办报历史的第一页。

小报的出版和发行，在党争激烈的情况下，还曾被在野的一

① 《宋会要辑稿》165 册，刑法二之五二，中华书局影印本，第 6521 页。转引自方汉奇《中国新闻事业通史》第 1 卷第 100 页。

② 谢深甫：《庆元条法事类》卷八，职制门第五。转引自方汉奇《中国新闻事业通史》第 1 卷第 110 页。

③ 《宋会要辑稿》166 册，刑法二之一二四，中华书局影印本，第 6557 页。转引自方汉奇《中国新闻事业通史》第 1 卷第 109 页。

④ 《宋会要辑稿》166 册，刑法二之一二五，中华书局影印本，第 6558 页。转引自方汉奇《中国新闻事业通史》第 1 卷第 109 页。

派利用来作为和当权派进行斗争的宣传工具，这无疑反映了人们已经开始认识，并且掌握了报纸不仅是传播消息，而且是表达舆论的载体这一功能，这为后世人们认识新闻传媒的特性提供了可资借鉴的作用。

小报的出版和发行，使报纸开始成为一种有利可图的商品，特别是到了明朝，办报已成为一种可参与市场交换的独立经营事业，这是明末出现的资本主义经济萌芽状态在新闻传播领域中的表现。因此，有人认为：小报的出现，使我国古代新闻事业，进入了一个新的阶段。

第三节　资本主义的萌芽与现代新闻事业的诞生

近、现代新闻事业，是资本主义商品经济的产物。

为什么在中国漫长的封建社会，在西欧漫长的中世纪，未能产生近代和现代的报纸、通讯社、乃至电报、电话、广播、电视等新闻事业或信息传输手段呢?

解答这个问题的方法，还是要从辩证唯物主义和历史唯物主义出发，即，从物质生产、精神生产和社会历史的状况这三者相互作用、互为影响的关系中去寻找答案。

马克思告诉我们："要研究精神生产和物质生产之间的关系，首先必须把这种物质生产本身不是当做一般范畴来考察，而是从一定的历史的形式来考察。例如，与资本主义生产方式相适应的精神生产，就和与中世纪生产方式相适应的精神生产不同。如果物质生产本身不从它的特殊的历史的形式来看，那就不可能理解与它相适应的精神生产的特征以及这两种生产的相互作用。"[①] 新闻事业的产生和发展，首先归结于人类生产力水平的提高和科

① 《马克思恩格斯全集》第26卷第1册296页。

学技术水平的不断进步。其次，新闻事业本身作为精神交往、信息传播的媒介，又是精神生产的工具。当人类生产力水平、科学技术水平、精神交往的需要达到一定阶段时，产生一种崭新的新闻信息交流工具，就成为历史的必然。那么，当资本主义商品经济产生和发展之后，为何必然会产生近代或现代意义上的新闻事业？还是让我们首先对资本主义商品经济产生的社会形态作一番简要的考察。

一、近代自然科学技术的进步是摧毁封建堡垒的有力武器

从科学发展史来看，一般把十五世纪开始到十九世纪末叶称为近代科学发展时期。

近代自然科学是同资产阶级一起伴生的。恩格斯曾指出："现代自然科学……是和封建主义被市民阶级所粉碎的那个伟大时代一起开始的。"①

资本主义生产方式最早是在意大利发展起来的。在十四、十五世纪，意大利的手工业技术已有较高的水平，家庭手工业转化为工场手工业。这时，不仅有了经过改良的纺车和织布机，毛织业中已有了梳毛、洗手、弹毛的分工。这时的造船技术也较发达，由于有了用水力驱动的动力锤和开始使用起重机，可以锻造较重的船锚，加上其他加工技术的进步，已能制造坚固的大型帆船，更促进了海外贸易的发展。意大利威尼斯的各造船场每年能制造上千艘船只，并且有了纵横于地中海上的商业船队。

城市工商业的发展，是促进研究实证知识的重要因素。在经济比较发达的英国，出现了注重实验的先进思想家罗哲尔·培根(1214—1294年)。培根尖锐地批判封建神学的经院哲学，主张用实验的方法研究自然界，说只有通过"经验才能够认识现象的

① 恩格斯：《自然辩证法》，第172页。

原因”。[①] 培根进行许多有价值的物理和化学的观察，论述过火药及其在军事上的应用，考虑过眼镜、望远镜和显微镜的结构，甚至还幻想过自动的车船、飞行的机器等。

这种崇尚实验科学的精神用于科学技术的研究和发明方面，“产生了很多力学上的（纺织、钟表制造、磨坊）、化学上的（染色、冶金、酿酒）、以及物理上的（眼镜）新事实”，[②] 它直接推动了纺织、造纸、印刷、造船、采矿、冶金、金属加工等工业技术的进步，为资本主义经济所必需的工场，提供了大规模发展的前提条件。

西欧资本主义的发展与新航路的开辟密切相关。跨国贸易直接作了商品经济的催产婆。另外，远航探险和地理大发现使资产阶级获得了大量廉价的劳动力和广阔的市场，大大加速了西欧资本主义关系的形成和发展。“美洲的发现，绕过非洲的航行，给新兴的资产阶级开辟了新的活动场所。东印度和中国的市场，美洲的殖民化，对殖民地的贸易，交换手段和一般商品的增加，使商业、航海业和工业空前高涨，因而使正在崩溃的封建社会内部的革命因素迅速发展。”[③]

中国的三大发明传入欧洲并推广应用，是西欧资本主义生产方式产生的极为重要条件。在 12 世纪以后，中国的造纸术、雕版印刷和活字印刷术先后传入埃及、阿拉伯和欧洲。1450 年德国人约翰·古腾堡使用了铅活字印刷术。并用此方法来印刷书籍，印刷机促成了思想革命的成功。

总之，手工业时期生产力的发展和技术进步，火药、指南针和印刷术的应用，动摇了封建统治的基础，加速了资产阶级革命

① 转引自朱寰主编《世界通史》中古部分，第 213 页。

② 恩格斯《自然辩证法》第 163 页。

③ 《马克思恩格斯选集》第 1 卷，第 252 页。

的进程。“火药、指南针、印刷术——这是预告资产阶级社会到来的三大发明。火药把骑士阶层炸得粉碎，指南针打开了世界市场并建立了殖民地，而印刷术则变成新教的工具，总的来说变成科学复兴的手段，变成对精神发展创造必要前提的最强大的杠杆。”①

二、文艺复兴运动为新兴的资产阶级登上历史舞台吹响了精神的号角

近代的自然科学技术带来了资本主义生产方式的形成，瓦解了中世纪封建领主的森严堡垒，但新兴资产阶级并不是轻而易举地登上历史舞台的。封建贵族的君权和封建教会、宗教神学和经院哲学、宗法观念和陈规陋习都阻碍着资本主义生产方式的发展。在十四、五世纪，西欧资产阶级在意识形态领域发动了一场反封建的新文化运动——文艺复兴运动。在这一场源于意大利，后扩展至整个欧洲的思想解放运动中，一大批具有反封建思想的先进知识分子，举起了资产阶级的人文主义旗帜，为封建主义敲响了丧钟，为新兴的资本主义摇旗呐喊。这段时期，是西方资产阶级处于上升、进步的时期，也是人才辈出、群星灿烂的时期，莎士比亚的戏剧，拉伯雷的小说，但丁的诗歌，米开朗其罗的雕塑，达·芬奇的绘画等等，无不体现了反对封建的禁欲主义，提倡纵欲主义；反对神学、提倡科学；反对人身依附、提倡自由解放的人文主义精神。人文主义思想反映了一个新兴阶级的要求，它在当时是进步的思想，表现了新兴资产阶级朝气蓬勃、满怀信心的乐观精神和巨大的创造性，它为新兴的资产阶级登上历史舞台吹响了嘹亮的精神号角，它是以后资产阶级革命的最初思想准备，正是在这样的“人类从来没有经历过的最伟大的、进步的变

① 《马克思恩格斯全集》第47卷第427页。

革”[①] 时期，产生了人类近、现代新闻事业。

三、近代新闻事业的产生

欧洲近代报刊的产生和兴盛，标志着近代新闻事业的兴起。

从十六世纪至十八世纪，报纸的产生大致经历了三个阶段：

第一阶段：手抄新闻的出现和盛行时期

手抄新闻最早在意大利的威尼斯兴起。十四至十五世纪，意大利由于处于和近东贸易有利的地理位置上，成为欧洲资本主义商品经济最早萌芽、最发达的地区。威尼斯处于意大利的东北部，濒临爱琴海，特别优越的地理位置，使它成为西欧最大的商业都会和海上强国。它几乎垄断了和近东的贸易。还有发达的航海、造船和丝织业，各国商人云集，成为西欧、近东各国注目的中心。世界各地的政客、商人需要了解威尼斯的情况，这就促使威尼斯逐步地产生出一批专门代客打听、供应新闻来谋生的人。这批人自己去收集新闻，自己抄写，自己发行。这些新闻大多是手抄的，俗称手抄新闻。因为它发源于威尼斯，又称为“威尼斯公报”。

由于社会对信息的需求，手抄新闻很快从威尼斯流行到各地。罗马、巴黎、里斯本、里昂、布鲁塞尔、伦敦等地都有手抄新闻发行。十七世纪初叶达到高潮。到十七世纪末逐渐消亡。

手抄新闻集采、编、写、发行于一人，这些人是名副其实的个体劳动者，但他们是世界上第一批真正靠新闻为生的职业新闻工作者，是新闻事业的开山祖师爷。

第二阶段：新闻书的出现

新闻书的发行周期比手抄新闻长，但它沿用了古代印刷书籍的办法，用铅字印刷，可以大量地发行。据现有资料，最早的新

① 恩格斯对文艺复兴运动的评价，见《马克思恩格斯选集》第3卷第445页。

衣、食、住以及其他东西。因此第一个历史活动就是生产满足这些需要的资料，即生产物质生活本身”[①] 人类在太初时期，面对自然界，凭籍着十分简陋的工具索取自己能生存延续的食物，在长期的劳动中，人们认识到只有齐心协力，合作结成社会关系来共同对付恶劣的自然环境，生存才能得到保障。正是在劳动的相互交往中产生了新闻传播活动。巴西的原始人在河边的岩石上画上一条鱼，这一活动的性质并不仅仅是原始人的个人精神创造，而是一种社会行为，一种信息传播活动。马克思、恩格斯在论述人类原始时代的精神交往的特征时，指出：“思想、观念、意识的生产最初是直接与人们的物质活动，与人们的物质交往、与现实生活的语言交织在一起的。人们的想象、思想、精神交往在这里还是人们物质活动的直接产物”。[②] 这说明，人并不是一开始就具有纯粹的精神交往意识的。那种认为新闻起源于人类的某种心理或心理欲望说，恰恰忽视了“物质生活的生产方式制约着整个社会生活、政治生活和精神生活的过程”。[③] 这一基本事实，把新闻活动的产生这样一种社会现象，归结于人的本能、兴趣和欲望，这种新闻起源观颠倒了物质与精神的关系，从而陷入了唯心主义的不可知论的泥潭。

将新闻起源归结于“群居本能”、“生理、心理欲望”的观点，难以解释为何在人类社会不同发展的历史阶段，会产生不同的新闻传播活动这一历史现象。比如，在封建生产方式的土壤中，尽管已具有印刷报纸的物质手段，（如中国封建社会已于11世纪就已发明了活字印刷、汉代发明了造纸，秦朝就有了四通八达的邮驿），但并没有产生面向社会大众的报纸。而只有到15世

① 《马克思恩格斯选集》第1卷第32页。
② 《马克思恩格斯全集》第3卷第39页。
③ 《马克思恩格斯全集》第13卷第8页。

纪初，欧洲出现资本主义商品经济萌芽并逐渐壮大之后，才诞生现代的新闻事业。如果说，原始人尚且具有懂得运用口头语言、绘画、象形文字、烽火等当时生产力水平可能提供的传播手段进行新闻信息交流的欲望和本能，怎么到了封建社会之后，在已经具备更先进的传播手段后，人们的这种新闻欲望的本能为何又突然消失了呢？我们认为，要解释清楚这一现象，还是需要从物质生产和精神生产在特殊的历史形式中的相互作用去分析，而不是仅仅从人的所谓纯“精神活动”中，更不是从人的“本能”中去解释。我们以中国封建社会的情况为例加以说明。

中国封建社会是以地主经济为基础的中央集权制，整个社会以自给自足的小农经济为支柱。这种自给自足的小农经济造成了：一、社会长期停滞，几乎凝固不变。马克思作过这样的论述：“这些自给自足的公社不断地按照同一形式把自己再生产出来，当他们偶然遭到破坏时，会在同一地点以同一名称再建立起来，这种公社的简单的生产机体，为揭示下面这个秘密提供了一把钥匙：亚洲各国不断瓦解、不断重建和经常改朝换代，与此截然相反，亚洲的社会却没有变化。这种社会的基本经济要素的结构，不为政治领域中的风暴所触动。”① 中国二千多年的封建制度长期不变，就是由于这种自给自足的小农经济的支撑。二、处在自给自足经济中的农民，和外界的联系很少。一个村庄或几个村庄，就组成一个小社会，一个农民一辈子的活动范围可以不超过几十里，甚至可以足不出村。在这样一个狭小的圈子里，只需要口头来传递消息就足够了。农民和外界的联系，主要是向政府交赋纳税以及为交换少量的产品而了解附近的市场贸易情况。农民对于王朝的解体或分裂没有悬念，只要村庄能保持完整，基本生活可以维持下去，他们决不计较自己所属的村庄隶属于何种权

① 《资本论》第1卷第396—397页。

力。只有当横征暴敛迫使农民无法生存下去时，他们才或是逃亡，或是暴动。三、封建统治阶级推行的愚民政策，对民间小报的高压措施，迫使农民不敢过问政治，和无力过问政治，更缺少了解新闻，获得信息的渠道。

处在这样情况下，从战国到清朝前期，中国社会虽然在发展，但发展的节奏极其缓慢。在数百年间常常变化不大，秦锄汉犁，持续二千来年。变动产生新闻，既然社会的发展节奏慢、变动少，那么这种社会中的新闻也必定很少；社会的变动少，那么人们就很少有必要费心去打听新闻。同时，由于广大农民和外界的联系少，一个一个的村落，像一盘散沙，外界的变动对农民的影响也极小。关系决定需要，松散的关系使农民对新闻的需求量很小。

上述种种情况说明，封建社会没有产生具有现代意义的新闻事业，其主要的原因是经济和政治两方面的原因。而在这两个原因中，经济的原因（也可以说生产方式的原因）是起决定作用的因素。经济上联系少，经济信息的需求必然小，这就使新闻事业的产生缺乏经济上的动力。没有经济上的动力，新闻事业就从根本上缺乏赖以生存的基础。另外，封建统治阶级对新闻舆论的传播所采取的禁锢和限制，是封建社会未能产生现代意义的报纸和通讯社的政治原因。

由上述可见，决定新闻传播活动规模的大小，新闻传播活动的有无，是人类的社会实践和物质生产方式。新闻是随着人类劳动生产而产生和发展的。人类在劳动实践中结成不以人的意志为转移的相互依存的社会关系，相互交流新情况、新经验、新事物，从而不断地、能动地改造世界。这种相互交流新情况、新经验、新事物的社会活动就是新闻传播活动。当这种新闻传播活动发展到有一定的规模、组织、系统之后，它就从一般的信息传播活动中分化独立出来。促进新闻传播活动独立存在的基本原因是近代以来商品经济向全世界的拓展，现代新闻传播事业是资本主义商品经济的产物。

资产阶级新闻学在新闻起源问题上的“欲望说”、“好奇本能”说，颠倒了物质和意识的关系，混淆了人与动物的本质区别，利用“本能”、“欲望”这种自然属性的东西来解释新闻的本源，这不仅仅掩盖了新闻事业受社会生产方式制约的阶级属性，而且还否定了新闻的本源是客观事实。因此，它是资产阶级新闻学的唯心主义思想体系在新闻起源观的反映。

第五节　当代中国的广播电视

一、我国广播电视事业的现状

20世纪90年代，由高科技发展带来的信息革命浪潮滚滚而来。挟带这股信息浪潮的标志之一——现代广播电视传播业，在高科技发展的推动下，以日新月异的速度变化和进步，并成为当今社会人们接受新闻信息时不可或缺的重要媒介。

近几年，在以经济建设为中心，加快改革开放步伐的背景下，我国的广播电视事业出现前所未有的发展速度和建设规模。以下是1995年的统计数据：

1. 广播事业

年份	广播电台（座）	调频发射台和转播台（座）	广播人口覆盖率（%）	对国内广播节目套数	对国外广播使用语言	平均每天播音时间（小时）	平均每天自办节目时间（小时）
1994	1107	1321	77.5	1296	43	12374	9439

年份	广播电台(座)	调频发射台和转播台(座)	广播人口覆盖率(%)	对国内广播节目套数	对国外广播使用语言	平均每天播音时间(小时)	平均每天自办节目时间(小时)
1995	1202	1553	78.7	1414	43	13736	10499
1996	1244	1730	84.2	1481	43	14676	11237
1997	1363	2134	86	1616	43	16131	12193
1997年比1996年增长量	119	404	1.8	135	0	1455	956
1997年比1996年增长率(%)	9.6	23.35		9.12	0	9.91	8.51

2. 电视事业

年份	电视台(座)	电视发射台和转播台(座)	电视人口覆盖率(%)	平均每百人拥有电视机(架)	电视机社会拥有量(亿台)	卫星电视地面站(座)	电视节目套数(套)	全年制作电视节目(小时)	其中新闻节目(小时)	平均每周播出时间(小时)
1994	766	38917	83.4	23	2.75	73337	848	280841	65118	39878
1995	837	40987	84.5	24	2.86	96528	932	383513	80800	46916
1996	880	40886	86.2			133634	983	550738	101570	55518

年份	电视台（座）	电视发射台和转播台（座）	电视人口覆盖率（%）	平均每百人拥有电视机（架）	电视机社会拥有量（亿台）	卫星电视地面站（座）	电视节目套数（套）	全年制作电视节目（小时）	其中新闻节目（小时）	平均每周播出时间（小时）
1997	923	41205	87.6			149962	1032	616437	116953	59892
1997年比1996年增长量	43	319	1.4			16328	49	65699	15383	4374
1997年比1996年增长率（%）	4.89	0.78				12.22	4.98	11.93	15.15	7.88

①

从以上统计可以得出这样的结论，改革开放为我国广播电视事业的发展提供了良好的契机，广播电视事业取得了令人瞩目的成就。

广播电视事业的迅速发展，给新闻传播方式也带来巨大的变化。首先谈谈广播的情况。八十年代中期广播在冷落了一段时间后，开始复苏，并展示了强劲的生命力。广播呈现出如下的态

① 以上统计数据均来源《中国广播电视年鉴》。

势：

(1) 改革开放、经济发展给广播电视体制带来变革，广播电视事业从建台、办节目、搞多种经营、创收等一系列运行机制上，打破了计划经济体制下陈旧的模式，朝着适应社会主义市场经济和满足受众多方需求的方向转化。具体表现为：在认识到广播电视不仅仅是新闻传播工具的同时，还把广播电视当作信息产业去经营。如近年来在专业电台中一枝独秀的交通广播电台，目前在大陆约有二十多家。这些大小交通台的编制和财政收支，绝大多数是预算外编制，实行“自收自支，自负盈亏”的企业化财务管理。走的是一条“自我积累，自我发展”的办台路子。

(2) 近几年来，“专业台”、“系列台”如雨后春笋般涌现，表明广播界对“现代广播”这一传播媒介的功能和属性有了新的认识。系列台由“广播”向“窄播”发展，向专业化发展，如新闻台、音乐台、交通台、经济台、儿童台等等。这一引起全社会强烈关注的“广播热”现象，有其深刻的社会背景。它是市场经济的竞争机制引入传播业，打破计划经济传统的“大而全”模式在广播传播业上的反映。广播具有的多元属性和功能，如传播信息、提供知识、服务、娱乐等等，不再由某一、两家大台来统一提供和承担，而是由众多专业台、系列台来共同完成。因此，从具体的系列台、专业台来看，由于听众的特定性，传播内容的专门性，广播似乎变成了“窄播”，但从整体来看，它又构成了一个完整的、有机的广播体系，是一种“大广播”现象，这就是构成现代广播的辩证关系，也是现代广播内涵的一大特征。

(3) 竞争机制引入传播业，给广播的复苏带来了内驱动力。目前，广播为使自己在媒体竞争中立于不败的地位，千方百计挖掘其传播信息快捷，制作节目简便的潜能。利用移动式无线手持电话，对突发性事件进行现场同步采访和现场直播。

(4) 信息传播新技术的发明与应用，给现代广播的传播方式也带来深刻变化。按传统观念广播是一种大众传播工具，但由于移动式电话、越洋电话和家庭电话的普及，人们开始认识到广播还具有独特的人际传播功能。表现在广播的实践上则是点歌热、热线电话热、谈话节目（talking show）热的势头劲猛，节目主持人和受众共同参与广播节目的趋势方兴未艾。

(5) 我国的广播技术将同世界广播新技术进一步接轨。在日本，由于高科技的发展，于1992年开始起用通信卫星广播。这一高科技技术投入到广播，对扩大广播的覆盖率，提高广播的质量无疑有积极作用。我国目前也开始在一些省市实行广播电视共星共缆传输，出现了有线电视与有线广播相继入户，并蒂开花的局面。另外，发达国家研制开发的数字化广播技术和图文广播电视技术，已开始被我国一些地方采用。一些沿海发达的省市，开始在电台建立音频工作站，北京人民广播电台和北京电视台已分别利用调频副载波播出股市行情和传送经济信息的图文电视。

(6) 美欧提出和正在加紧实施的"信息高速公路"工程，在我国引起了反响。为了与世界的"信息高速公路"接轨，邮电部率先提出实施"金卡、金桥、金关"的"三金工程"，构建信息高速公路的主要科技手段——计算机交互网络 internet 和多媒体，也开始叩响了我国广播电视信息传输的大门。山西省广播电视厅计划筹建的广播电视信息数据中心正在酝酿和建设中，一些省市的电台，已开始与有线电视联合，搞广播电视一体化。另外，利用计算机终端，开办广播电视信息多媒体传播的设想，随着家用电脑的日益普及，将会加快其实施的步伐。

90年代我国的电视传播业，集中在两个热点问题上。一是出现境内电视频道的多样化倾向和省级电视台争相将节目送上卫星转播的竞赛局面。以北京地区为例，几年前还只能收看到中央电视台、北京电视台和教育台的节目，如今还可以收看到山东、浙江、四川、西藏、云南、贵州、新疆、河北等十余家省级卫视节目。在“东方红”三号卫星上天后，还将有十几个省级电视台的节目上卫星。到那时，频道竞赛的局面会更为激烈。由这种竞赛带来的结果是电视频道的多样化，以满足观众选择适合自己观看的需要。以中央电视台为例：目前已有8个频道的节目供观众选择。其中1频道的新闻节目、5频道的体育节目和6频道的电影节目，受到大多数观众的喜爱。其次是中国电视的国际化构想。当前我们面临着海外电视争夺电视市场的严峻挑战。目前海外卫星电视有几十个频道覆盖中国大陆境内。它们主要是：美国特纳广播系统的CNN；美国广播公司经营的“娱乐体育电视网”(ESPN)；时代－华纳公司经营的“家庭影院电视网”（HBO)；英国“发现”传播公司的“发现频道”(Discovery Channel）和美国专门制作音乐电视节目的Viacom这“五大集团”。另外，澳大利亚广播公司（ABC)，英国广播公司（BBC）等正合力挤进亚洲的卫星电视市场。二是海外大量的电视录像片涌进大陆，在市、县电视台大量播放，和我们争夺电视节目市场。面对这种挑战，我国在80年代初就开始采取对策。1984年5月，我国的通信卫星上天，开创了我国广播电视节目传输的新纪元。1991年7月，和美国主流社会电视台合作的“中国黄河电视台”在山西省正式成立。并向美国SCOLA电视台提供新闻节目。今年4月3日，中央电视台与美国泛美卫星公司签署协议确定：中央电视台(CCTV）租用美国泛美卫星公司三颗卫星上的转发器，把中央电视台（CCTV）的节目信号传送到世界各地。这标志着中央电视台（CCTV）的节目已走出亚洲，进入世界。建立覆盖全球的中国电视是中国电视发展战略的重要内容，这一内容大体分为三个发展阶段：1．建立中文频道覆盖全球，为中国在全世界各地的近5000万华人华侨服务，为懂华语的外国人服务。此阶段已实现。2．建立英语频道，使中国电视进入外国主流社会。3．发展多语种对外频道，对不讲英语的国家利用他们的母语播出，这一计划预计在本世纪末完成。和海外电视进行竞争的第二个对策，就是逐步在世界各地建立录像节目销售网络。把我国的录像节目播向全球。目前，在广播电影电视部的支持下，已成立“中国电视节目代销公司”，我国的电视录像节目通过这个网络发行，现在在世界各地都有了自己的销售发行网点。由卫星电视的大发展带来的电视国际化趋势，给我国的电视传播业带来了新的机遇和挑战。怎样把节目办好，使之既具有传统的民族特色，又有鲜明的时代特点，特别是电视节目的主体——新闻节目怎么办好，这是我国电视界目前和今后都要认真考虑的重要问题。

第二章 新闻的定义

新闻学研究已走过了一百多年的路程。这期间，许许多多的新闻学者和新闻工作者对什么是新闻这个问题作了研究探讨，提出了数以百计的新闻定义。这些各式各样的新闻定义，有的大同小异，有的迥然不同，有的针锋相对，它们反映了人们对新闻这一社会现象的不同认识，也体现了研究者的不同的新闻观。由于“新闻”这个概念是新闻学中的一个最基本的概念，因此我们有必要对这一概念的定义作一番研究。

第一节 关于新闻定义的讨论情况综述

对于新闻定义，长期以来一直是中外新闻界关心的问题，有过各种观点和说法。在新闻学研究方面，德、美、日曾经是走在世界前列的国家，但对于新闻定义，他们并没有拿出一个统一的说法来。较早的众所周知的定义是十九世纪美国《太阳报》采访部主任博加特的说法：“狗咬人不是新闻，人咬狗才是新闻”。因为他说得比较通俗、风趣、诙谐，人们后来常常引用它。但这个定义在我国五十年代后期，曾引起了一场大争论，被当作典型的资产阶级新闻观加以批判。其实，它并不是西方新闻定义的正规说法。当时他们比较正规的、流行的说法是：反常的事件是新闻。像博加特的顶头上司、《太阳报》主编德纳的说法是：“只有那些正在发生的、有人情味、足以吸引公众、至少是相当一部分人的事实，才能构成新闻。”

美国这种对新闻定义众说不一的情况，一直持续到现在，未拿出一个统一的说法。美国威斯康星新闻学院白来耶教授的说法是："新闻是最近发生的、能引人兴趣的事实。能引起最大多数读者的最大兴趣的新闻就是好的新闻。"美国新闻学者约斯特的说法是："新闻是已经发生或正在发生的事实的报道。"美国《现代新闻报道》的作者华连的说法是："新闻就是能唤起读者、唤起人们的关心，进而教诲他们、鼓舞他们并使他们能够得到乐趣的一种对于人们活动的最适时的记录。"美国《宣传与新闻》一书的作者阿维因的说法是："新闻就是同读者的常态的、司空见惯的观念相差悬殊的一种事件的报道。"如此等等，各说不一。美国有一家杂志曾征求关于新闻的定义，结果十个报馆的主笔各写了一个，均各不相同，这说明他们在新闻定义的问题上也是议论纷纷，只能求得个大同小异。

德国是世界上第一张近代印刷报纸、第一张现代日报和最早发起新闻学研究的国家，但对于新闻定义的说法也尚未取得完全一致。比较有代表性的说法，是德国柏林大学道比法特教授的观点："新闻就是把最新的现实现象在最短的时间间距内连续介绍给最广泛的公众。"

在日本，一些有名望的新闻学者对新闻定义都有自己的看法。日本东京大学新闻研究所首任所长小野秀雄认为："新闻是根据自己的使命对具有现实性的事实的报道和批判，是用最短时距的有规律的连续出现来进行广泛传播的经济范围内的东西。"日本《新闻概论》的作者杉村广太郎，则把他认为的新闻价值的条件又当作构成新闻定义的因素来看待，列举了九条：①依据读者数量多少；②得其时；③近距离；④趣味相投；⑤异常事件；⑥刺激人们竞争心；⑦人与人之间的关系；⑧关于幼儿、动物的事；⑨关于嗜好及得意之事。

如此种种，从中可以看出，他们在新闻定义中主要强调的是反常、新奇、刺激、兴趣和人情味，总的反映了他们的唯心主义世界观的倾向，这也是资本主义私有制的新闻业的现状在新闻定义上的反映。同时，不可否认，他们也道出了新闻定义中某些符合规律性的因素。

在我国，对于新闻学的研究起步较晚，但对于新闻定义的探讨却比外国新闻学者有了更进一步的认识。作为我国第一部新闻学代表作的《新闻学纲要》的作者徐宝璜教授，在这本书中提出："新闻者，是最近时间内发生的新发现与人类生存有关联的事实与现象。"前国民党中央日报社副社长钱震也说："新闻是某些事物新近而正确的报道。"这些观点，都道出了新闻的两个本质特征：①新闻是事实的报道，不是理论的抽象，更不是假设或幻想；②新闻是新近发生或发现的，不是世人尽知的旧闻。正是这种近似科学的概括，后来被陆定一同志改造并"移植"进了我们马克思主义新闻学领域，形成为我们马克思主义新闻学中新闻定义的一种看法，即"新闻的定义，就是新近发生的事实的报道。"这说明新闻学也像其它科学一样，有它不同的历史发展阶段，有各个不同发展阶段的成就和学说，有着继承与发展的关系。

党的十一届三中全会以来的路线、方针、政策，给我国马克思主义新闻学的研究带来了春天，曾经被扼杀的新闻学研究工作又生机勃勃地开展起来了，对于新闻定义的探讨尤为热烈。无论是从事新闻理论研究的同志，还是从事新闻教育、新闻实践的同志，甚至包括新闻爱好者，都参加到这个问题的探讨中来了。他们在陆定一同志四十一年前提出的定义："新闻是新近发生的事实的报道"的基础上，又提出了许多新的观点，现择其比较有代表性的一些解释：

"新闻是报纸、通讯社、广播电台、电视台等新闻机构对当前政治事件或社会事件所作的报道。"

“新闻是报道或评述最新的重要事实以影响舆论的特殊手段。”

“新闻是新近变动的事实的传播。”

“新闻是最近发生的，人民大众关心的重要的事实的报道。”

“新闻是及时公开传播的非指令性信息。”

第二节 对各类新闻定义的分析批评

综观国内外有关新闻定义的解释，由于角度不同、方法不同以及对新闻的性质认识不同等诸种原因，因此存在着许多差异。分析起来，大约有以下几个方面的类型。

一是将新闻的某个属性或某些属性，如趣味性、反常性、人情味等夸大成新闻的本质属性。以这种观点来解释新闻定义是资产阶级新闻学的主要倾向。这种类型的新闻定义主要有：

“狗咬人不是新闻，人咬狗才是新闻。”（博加特，美国《纽约太阳报》采访部主任）。

“凡是有趣味的事情，都是新闻。”（美国伦道夫·赫斯特和约瑟夫·普利策）

“新闻就是同读者的常态的、司空见惯的观念相差悬殊的一种事件的报道。”（阿维因，美国《宣传与新闻》作者）

“常人＋不寻常的成就或冒险＝新闻。”

“一名歌剧女演员＋一名银行行长－10万美元（指贪污巨款）＝新闻。”

“能让女人喊一声‘啊哟，我的天呀”的东西，就是新闻。”（爱德华，美国堪萨斯州《阿契生市环球报》故主笔）。

构成新闻的事实，确实具有趣味性、反常性、显著性等等属性。但新闻事实所具有的趣味性、反常性因素，只是构成新闻的诸多因素中的一种，而且是非本质因素属性。在选择新闻事实时，或者说新闻工作者在对事实作新闻价值判断时，要作综合因素的考察。比如首先要判断这一事实是否具备新鲜性（新鲜性包括时间新近、是新近或正在发生的事实，这才是构成新闻的本质属性的因素）。抛开新闻事实所应包含的综合因素，特别是抛开构成新闻事实的本质属性的因素，来突出和强调新闻事实中的某些非本质的属性，并将其夸大为新闻的本质属性，这样的新闻定义，不仅不能准确地揭示新闻的本质特征，反而走向了片面、极端的泥坑。这种类型的新闻定义是资产阶级的新闻实践在理论上的反映。综观西方新闻史，以美国为代表，从十九世纪开始出现，后来泛滥成灾的黄色新闻，恰恰是上述新闻观点的形象注解。

二是把新闻工作者的主观意志当作新闻的本质属性。这种类型的新闻定义主要有：

“新闻就是编辑说是就是的一切事物。”（美国威廉·梅茨：《怎样写新闻》）。

“东西一进入报业就是新闻。其他未进入的就不是新闻。”（加拿大传播学者麦克鲁汉《传播工具新论》）。

这一类型的新闻定义，是主观唯心主义的新闻观在新闻定义问题上的反映。其谬误之处，就在于把新闻完全看成按新闻从业者主观意志随心所欲解释的东西。编辑说是新闻就是新闻，编辑的认识改变了，说不是新闻就不是新闻。这样，新闻的本源和根据就不是客观存在的事实，而是编辑、记者的主观意志。这种新闻观在理论上是谬误的，在实践中是有害的。按照这类新闻定义的理论去指导新闻实践，这无疑给新闻失实，甚至给造谣、说谎提供了理论上的依据。

三是将新闻的某种职能、某种作用，当成新闻的本质特征，用来给新闻定义作解释。这一类型的新闻定义有：

“新闻是报道或评述最新的重要事实以影响舆论的特殊手

段。”

“新闻是现实生活中发生的，对大多数人有一新耳目的启发、指导作用的事实的报道。”

新闻具有多种职能，能起多种作用。如传播信息、表达舆论、引导舆论、指导工作、传播知识、提供服务等等。但不宜将其中某一两种职能、某一两种作用看作是新闻的基本属性，当成新闻的定义。因为，新闻的某些职能、作用，并非新闻所特有。与新闻报道相近的文艺作品、理论文章，同样可以起宣传工具、舆论手段的职能，起影响社会生活的作用。把新闻的某个职能、作用，作为新闻定义，不能把新闻同文艺等其它社会现象从根本上区分开来。再则，新闻的某些职能和作用，是特定条件下的新闻所应承担的。如新闻的指导作用，引导舆论的作用，一般是指那些重大的、带有政治性的新闻，而一些关于自然景观、珍闻轶事的新闻报道，主要是向人们提供信息、陶冶人们情操，并不具备反映舆论、引导舆论的作用，但我们并不因其不担负上述作用，就否认对这类事物所进行的报道也是新闻。作为新闻的定义，它需要说明新闻的最基本的属性，这个基本属性要能够指出新闻的本质特征，并具有最广泛的外延，能够涵盖新闻的全部含义。因此，以新闻定义所应具备的稳定性、广泛性要求来看，以新闻的某一两种职能或作用来作为新闻定义，带有片面性，不能科学地回答新闻定义是什么这个问题。

四是认为新闻就是事实。例如：

“新闻乃多数阅者所注意之最近事实。”

“新闻，就是广大群众欲知、应知而未知的重要事实。”

“新闻是一种新的重要事实。”

“新闻是最近发生的，能引人兴趣的事实。”

这种类型的新闻定义，未能正确认识和揭示新闻与事实的关系。事实是新闻的来源，但是事实并不等于新闻，新闻是对客观事物的主观反应，对事实的报道才是新闻。客观事实不论多么有新闻价值，也不论多么新鲜，如果没有人去认识、反映、报道和传播，也不能成为新闻。

第三节　新闻是新近或正在发生的事实的报道

在分析研究了上述四大类型的新闻定义后，我们认为：陆定一同志在《我们对于新闻学的基本观点》一文中，提出的新闻定义："新闻是新近发生的事实的报道"，较为接近新闻这一概念的科学解释。其理由是：

一、科学

"新闻是新近发生的事实的报道"，这一定义坚持了事实是新闻的本源，新闻是对客观事实的反映这一辩证唯物主义的基本观点。揭示了作为观念形态的新闻是物质性与意识性统一这一辩证关系，这无疑廓清了笼罩在形形色色的新闻定义上的唯心主义迷雾，揭示了新闻定义的辩证唯物主义面目。陆定一同志在明确提出新闻定义的前后，还讲了许多重要观点，其中主要是：

"唯物论者认为，新闻的本源乃是物质的东西，乃是事实，就是人类在与自然斗争中和在社会斗争中所发生的事实。因此，新闻的定义，就是新近发生的事实的报道。""新闻是事实的报道，事实是第一性的，新闻是第二性的，事实在先，新闻（报道）在后。"

"事实决定新闻的'性质'，而不是'性质'对于客观事实或新闻（事实的报道）有什么决定作用。"

"事实与新闻政治性，二者之间的关系，万万颠倒不得。一定要认识事实是第一性的，一切'性质'，包括'政治性'在内，与事实比起来都是派生的、被决定的、第二性的。”①

这些论述，科学地揭示了新闻报道与事实的关系，科学地揭示了事实与新闻的许多属性的关系，这就把新闻报道置于客观事实的基础之上，为新闻如实地反映客观事实奠定了理论基础。

二、准确

这个定义准确地指明了新闻的本质属性和特性。把新闻和其他社会现象区分开来。

“新闻是新近发生的事实的报道”，这里揭示了新闻三个最基本的特性。一是真实性。对事实的报道，要求真实准确，不容半点虚构和臆测。这和文学艺术创作划清了界限。二是及时性。对新近发生的事实进行报道，要求报道者迅速及时，要求被报道的事实新颖鲜活，这无疑和历史故事有了质的区别。三是公开性。“报道”，是指经过大众传播媒介的公开传播，而不是人际传播的方式传播，这和私人通讯、秘密情报泾渭分明。

三、普遍

由于这个定义将新闻最具本质属性的因素进行了高度地概括，因而避免了那些将新闻的某种功能或某一属性当作新闻定义的缺陷，对新闻定义的科学和准确的概括，使得这一定义适用于古今中外一切新闻现象，适用于不同时代、不同社会的新闻，具有普遍意义。

四、符合下定义的逻辑规则

所谓定义，是指事物的本质属性或概念的内涵和界限的确切的逻辑规定。任何事物的定义，都是由两个主要部分组成的：一

① 《中国共产党新闻工作文件汇编》下第188—191页。

个是被定义的概念，一个是定义的概念；定义的概念是被定义的对象最近的“属”加“种差”。如果用公式表示，可以是这样：概念＝属＋种差。新闻是新近发生的事实的报道，这个定义的“属”概念是“报道”。也有人对用“报道”作为新闻的属概念表示质疑，建议用“传播”代替“报道”，并提出了“新闻是新近发生或新近变动的事实的传播”这样的定义，这反映了人们对新闻定义的内涵与外延的限定上存在歧见。

将“新闻”的属概念落定在“报道”上，是从大众传播的角度来解释“新闻”这一社会现象的。按照“新闻是新近变动的事实的传播”这一定义来解释新闻的话，那么新闻就不仅仅限于大众传播的范畴，新近变动的事实通过人际传播（如街谈巷议、私人通信或秘密情报等），也都被看作是新闻，这样，“新闻”这一概念的外延就扩大到用所有的传播方式对新鲜事实进行传播的活动范围了。很显然，这种“新闻”不属于新闻学研究的对象。陆定一同志的这个定义将新闻的外延限定在大众传播的范围，这就为新闻学研究新闻定义时在逻辑起点上作了正确的规范。

但是陆定一同志的这个定义，从揭示时效性这一特征来看，还是局限在以报纸作为新闻传媒这一认识上。“新近发生的事实的报道”，对于报纸来说，是适用的。但在当前广播、电视等电子传播手段用于新闻传播时，对事实的报道，已不仅仅局限于“新近发生”的时效，而是可以同步地进行现场直播。鉴于这种情况，我们认为：“新闻是新近或正在发生的事实的报道”，可能更完整地揭示新闻定义的含义。

第三章　新闻价值

“新闻是新近或正在发生的事实的报道”。新闻定义告诉了人们什么是新闻，但并不是所有新近或正在发生的事实都可以被当作新闻来进行传播。那么，什么样的事实才有可能被选择作为新闻去进行传播呢？这个问题在新闻的定义中没有得到回答，因此，新闻学研究中的一个带有新闻本体意义上的概念——新闻价值，就要回答这样一些问题。从这个意义上说，新闻价值是新闻定义的继续和深化。

第一节　新闻价值的由来

新闻价值，作为新闻学中的一个基本概念，是在资本主义社会大众化报纸大量流行的时期提出来的。19世纪30年代，处于自由发展时期的西方资本主义报刊发生了重大变革，这就是大众化报纸即商业性报纸的兴起，并且逐渐代替了政党报纸的主导地位，成为资本主义报纸的主流。大众化报纸是随着资本主义生产关系普遍确立而出现的商业性报纸，它以平民为读者对象，价值低廉，新闻简短，文字通俗，销售方便，因此又被称为廉价报纸、“一分钱报纸”、“便士报”。

大众化报纸有以下一些特点：

1. 强调它是“独立舆论”。几乎所有的“便士报”，在关于办报方针的声明中都提出：“报纸不应是政党的奴仆”，“我们不支持任何政党，不做任何集团的机关报”，“我们采取独立的方针”，“不追随任何主张，只遵循自己的结论”。

2．强调“面向普通人”，以市民为读者对象。正像当时美国《家庭》杂志中的一篇文章所说的，“便士报”能够达到社会的最底层，它们能把我们高贵大报所接触不到的、下面的巨流搅动起来。1836年3月26日美国费城《公共日报》专门有一条消息记述了市民阅读“便士报”的情况：“在大街小巷、旅馆、酒店、银行、商店……到处可以看到报纸，几乎每个看门人和马车夫手里都有一份报纸。”

3．追求趣味性，大量刊登耸人听闻的题材。《血的洗礼》、《高呼饶命》、《爱情与毒药》……，这一类新闻充斥了“便士报”的版面。

为了追求趣味和刺激，扩大发行量，“便士报”甚至虚构新闻。1835年8月，《纽约太阳报》绘形绘色地报道：“用望远镜观察到月球上的人形蝙蝠的居民”，轰动一时，报纸销数猛增，结果是一场骗局。

4．价格低廉，用一便士一份零售的方法代替全年订阅，大幅刊登广告。在报纸的总收入中，广告占60％～70％。

5．文体简洁，以新闻报道为主而不是以评论为主，“观点纸”变成了“新闻纸”；在新闻写作上也力求轻松活泼，机智幽默，简洁明快。美国新闻学认为，以《纽约太阳报》为代表的大众化报纸开创了美国新闻写作体裁，与传统的英国体相抗衡，开一代报风。这种文体奠定了现代报纸新闻写作的基础，使报纸的面貌为之一新。

大众化报纸的兴起和发展，反映了资本主义生产关系的普遍确立，资本主义使报纸成为资本主义的企业。报纸和其他商品一样，私人所有，私人经营，可买可卖，精神产品完全商品化。通过办报获得利润，是报纸经营者的直接目的。报纸只有赢利才能生存。

资产阶级的新闻价值理论正是在新闻商品化这一客观过程中产生的。它反映了新闻商品化的现实，并且从理论上肯定了新闻的商品价值观念，为新闻的商品化服务。

新闻价值理论虽然是资产阶级新闻学者提出来的，但它强调从读者兴趣出发来判断和选择新闻以及它对新闻价值构成要素的分析等观点都是值得我们借鉴的。

我国新闻界过去很长一段时间将新闻价值理论完全当作资产阶级的有害东西加以批判。打倒“四人帮”之后，新闻界开始重视这一理论问题，承认新闻价值理论是客观存在于新闻理论与实践中的一个现实问题，并对它进行了较深入的研究，获得了不少研究成果。

第二节　新闻价值借用了哲学涵义上的“价值”概念

在探讨“新闻价值”这个概念的含义之前，我们有必要先研究一下“价值”的含义。

我们在学习政治经济学时，知道经济学中有“价值”的概念，是指体现在商品身上的二重性，“价值”和“使用价值”。作为经济学意义上的“价值”，是“体现在商品里的社会必要劳动”。显然，新闻价值不是借用经济学意义上的“价值”的概念。抛开经济学意义上的价值概念，价值的一般解释是“事物或方法所发挥的有利作用、效能”。新闻价值所借用的“价值”概念显然是指后一种解释。这种解释如果用哲学术语来表达的话，则是“客体在社会实践中所履行的功能或作用”。客体的这种功能或作用，乃是人们在实践活动过程中所赋予的。就是说，客体所具有的某种特性，诸如物理特性，化学特性，生物特性（这种特性只是自在之物）等等，只有通过人们的社会实践活动，如认识和评价才能使其具有某种功能。为了更清楚地说明问题，我们不妨举个例子。如颜料这种物质，具有作画的功能。但这种作画功能是通过艺术家的社会实践活动所赋予的。换句话说，颜料的作画功能，是通过美术作品的形式表现出来的。而一旦人们将颜料用于粉刷墙壁，颜料则具备了另一种不同于作画的功能，即着色、装饰的功能。在上述情况下，我们可以看到：就颜料的自然的意义来讲，它始终是客体，其物理特性和化学特性没有发生变化。但是，它在人们的社会实践中所履行的功能，却因场合的不同而不同。

我们这样研究“价值”，也许会引起人们的疑惑：“难道‘价值’是脱离客体的主观唯心之物吗?”当然不是的。价值既不是人的个体意识的产物，也不是先于客观物质世界而存在的“柏拉图”式的“理念”，价值来源于客观事物，来源于客观事物具有的特性，但它又不是客观事物自身，价值是人们的社会实践作用于客观事物之上的产物。在价值的身上，体现并凝聚了客观事物所存在着的社会关系，这种社会关系，用马克思的话来说：就是使“人的本质力量对象化”了[①]（本质力量，也有译为“生产力”）。价值是如此深刻地依赖于人的实践活动，以至于提醒我们有必要重温一下当年马克思、恩格斯在批评费尔巴哈庸俗唯物主义时所说的那番寓意深刻的话：“人们的这种活动，这种连续不断的感性劳动和创造，这种生产，是整个现存感性世界的非常深刻的基础，只要他哪怕停顿一年，费尔巴哈就会看到，不仅在自然界将发生巨大的变化，而且整个人类世界以及他（费尔巴哈）的直观能力，甚至他本身的存在也就没有了。”[②]

通过以上对“价值”所作的简要分析，我们对价值的含义可

① 马克思《1844年经济学哲学手稿》。

② 《马克思恩格斯全集》第3卷第50页。

作如以下概括：价值是客体在社会实践中所履行的功能；它是客观见之于主观的产物；价值是由价值源（客体的特性）、价值观、价值的实现（人们的社会实践）这三种内涵所组成的一个多义性概念。

第三节　我国新闻界关于新闻价值概念的争论

一、引起争论的原因

前面我们从哲学意义上分析了价值这个概念的含义。新闻价值所借用的“价值”概念，就是从哲学意义上来看待的。新闻价值也是一个由新闻价值源、新闻价值观和新闻价值实现等多种涵义所组成的综合的多义性概念。在这个概念里，既有包含了新闻特性的客观事实，又有新闻工作者选择衡量新闻事实的标准，还包含了受众根据经过长期的社会实践所形成的共同需要接受新闻的态度。对新闻价值概念的认识如果只取其一点，忽视另一点，都容易造成明显的片面性。以往对新闻价值这个概念的认识，之所以存在着各执一词的见解，主要原因就是人们往往只强调了新闻价值的某一种内涵，这是多年来，新闻学界对新闻价值这个概念争论异常激烈的主要缘故。

其次，由于新闻价值是一个多义性的复杂概念，这在客观上造成了人们对它进行语义界说的困难。人们在试图用一句简明扼要的话来对新闻价值进行概括的时候，常常会为这个概念的内涵过于复杂而感到力不从心。第三，在对概念下定义时，还必须遵守必要的逻辑规则。而有些新闻价值定义往往忽视了这一要求。基于以上三个方面的原因，目前新闻界已有的一些有代表性的新闻价值定义，大都存在着不同程度，不同方面的缺陷。

二、对各类不同新闻价值概念的评介

目前我国新闻界对新闻价值这一概念的认识，大体可分以下四种类型。

1．素质说：

认为新闻价值是指事实本身包含的足以构成新闻的特殊素质。这些“特殊素质”决定了新闻价值的大小。因而新闻价值与记者评判新闻事实的标准无关。

2．标准说：

认为新闻价值是记者、编辑衡量新闻的尺度和标准。

3．效果说：

认为新闻价值就是指新闻所产生的社会影响、作用和效果。

4．功能说：

认为新闻价值是新闻事实在传播过程中所履行的引起社会效果的功能。

以上四种对新闻价值概念的不同解释，是目前流行的有关新闻价值定义的解释。我们逐一进行分析。

1．素质说

比较典型的定义有：

①“新闻价值是指事实本身所包含的引起社会大众共同兴趣的素质”。这是复旦大学新闻系副教授陈韵昭的观点。

②“新闻价值是指一个事实所包含的足以构成新闻的特殊素质和各种素质的总和”。这是中国社会科学院新闻研究所陈祖声、张宗厚在《简明新闻学》中所提出的观点。

其它类似的定义我们不再例举。

“素质说”强调了新闻价值来源于客观事实，即强调了新闻价值的客观性，有其正确的一面。但是，它明显地忽视了体现在新闻事实之中的记者、受众的社会实践，忽视了组成新闻价值概念的另外两个有机的内涵，即新闻价值观和新闻价值的实现。“素质说”把新闻价值看作是一个“自在之物”，看作是客观事物所具有的某种特性：即“引起公众共同兴趣的素质”本身。把新闻工作者和受众的社会实践，即新闻工作者选择什么样的事实作为新闻报道的标准和受众接受和评价新闻的态度，被排除在外。因而，这样的“新闻价值”只能是“自然的原始形态”，难以实现。对新闻价值概念以“素质说”的解释，明显地带有机械唯物主义的缺陷。机械唯物主义的缺陷是什么呢？我们可借用马克思的话来作一个广义上的总结：“从前的一切唯物主义——包括费尔巴哈的唯物主义——的主要缺点是，对事物、现实、感性，只从客体的或者直观的形式去理解，而不是把它们当作人的感性活动，当作实践去理解，不是从主观方面去理解，所以结果竟是这样，客观的被丢掉了，而主观唯心主义却被完整地保留下来了。”所以，对新闻价值以“素质说”解释，带有明显的机械唯物主义影响。这是它的第一个缺陷。

第二，从语义表达的逻辑关系来看：“素质”与“价值”不相关。也就是说：“素质”不是“价值”的属概念。

第三，从“事实本身所包含的能引起社会大众共同兴趣的素质”这一定义来看，还存在着语义界说不周密严谨的缺陷。众所周知：新闻是新近发生的事实的报道，而上述的定义中，对“事实”没有加上“新近发生”的限制，这就容易引起人们的疑问：历史事实也同样包括有引起社会大众共同兴趣的素质，所以人们乐于听历史事故，看历史书籍。那么用这样的定义概念来解释新闻价值，是否解释得通呢？综上所述，“素质说”有其正确的一面，但缺陷不少。

2. 标准说

“标准说”在一些新闻学辞典上，常用来做新闻价值的定义。比较典型的有：

"新闻价值是记者选择和衡量新闻事实的客观标准"。

对新闻价值作标准说的解释，避免了"素质说"将新闻价值当作一个"自在之物"的缺陷，强调了记者的新闻价值观。但是"标准"说又因其主观色彩较浓受到了人们的质疑。

第一，刚才我们说了，"素质"这个概念不是"价值"的属概念，同样，"标准"亦不是"价值"的属概念。

第二，用"标准"作为"价值"的属概念，这除了违反了语义表达上的逻辑规则之外，还反映了"标准说"论者对新闻价值内涵认识上所存在的片面性。因为记者用什么样的标准来衡量和选择新闻事实（不管这种标准是客观的也好，还是主观的也好），都是指人对客体的一种评价，而这种评价，是人们对某种事物特性持何种看法和认识的价值观，人们的这种价值观还需经过实践的检验。抛开社会实践检验的标准，或者说价值观，是无法回答这样一个问题，那就是：是什么迫使人们对客观事物对象抱这种态度而不是那种态度？是主观"偏爱"兴趣？还是客观标准？如果是主观偏爱兴趣，那么又是什么规定着这种"偏爱兴趣"？"偏爱兴趣"是无法从人的个体意识中得到解释。因为它将导致主观唯心主义的结论。如果是客观标准，那么又是什么规定着这种标准？客观标准也是无法从个体意识中得到解释的。人们的价值观只能从人们长期的社会实践中来，从人们长期的社会实践中所形成的共同需要中得到解释。因此，记者的新闻价值观不等于新闻价值。事实上，在新闻实践中，我们也常常会遇到这样的情况，那就是记者们常常选择他们认为有价值的新闻事实经过传播后，受众并不认为有什么价值，相反，许多有重大新闻价值的事实，又常常因记者认为无甚价值而被他们轻易地放过了。

综上所述，这种忽视社会实践检验的"衡量新闻事实的'客观标准'"，事实上是不客观的。

3.“效果说”和“功能说”

由于“标准说”、“素质说”对新闻价值概念的解释存在着上述的片面性，不少研究者开始对“新闻价值”以“效果说”或“功能说”解释。“功能说”意识到了新闻价值是一个由主观与客观结合的产物，因而“功能说”比较全面地解释了“新闻价值”这个复杂的综合性概念。比起“素质说”、“标准说”在认识新闻价值方面，“功能说”取得了可喜的研究进展。

“功能说”主要有如下几种：

①新闻价值就是新闻机构发布的新闻在群众中受到重视的程度。也就是说，记者、编辑的辛勤劳动在群众中受到赞赏的程度，或者说我们发布的新闻在群众中发生影响的程度。

②新闻价值就是新闻影响读者并通过读者影响社会的功能。

③新闻价值是指新闻事实适应社会需要的功能。

④新闻价值就是包含特殊素质的新闻事实（即价值因素）在传播过程中以社会影响或社会效应方式（即价值表现）所反映出来的那种功能。

从以上所列举的四种有代表性的关于对新闻价值以“功能说”解释的定义中，我们可以发现，“功能说”正处在一个不断发展和完善的过程中。这些对新闻价值定义所作的如是解释，仍然存在着或这或那的缺陷，需要研究者继续进行探讨，以求对“新闻价值”这个多义性概念作出更为完整、准确、简洁、合乎科学的界说。

从上述的第一和第二种定义来看：研究者将新闻价值看作是新闻机构发布的新闻对社会生活的影响的作用。这仍然存在着明显的片面性。前面我们已经讲了，新闻价值是由价值源、价值观和价值实现等三种不同内涵组成的一个统一的多层次综合性概念。而把“新闻价值”单纯地看成是新闻所产生的社会影响，那只能说明新闻价值实现的程度这一个方面的问题，能够构成新闻的事实本身，具备了什么样的特性？新闻是如何从事实中转化过来的？这些包含在新闻价值内涵中最基本的问题未能得到解决。新闻所产生的社会影响，这是指受众接受新闻后，所作的判断和反应。而记者根据什么来判断新闻事实呢？根据“社会影响”吗？当然不是。须知，记者面对的不是新闻，而是事实。因此，忽视了新闻价值源和新闻价值观的新闻价值定义，也是不科学的。“新闻机构发布的新闻对社会生活的影响和作用”，只能作为新闻的“社会效果”这个概念的定义，而不是“新闻价值”的定义。由于对“新闻价值”以“效果说”的解释仍然摆脱不了认识上的片面性，近两年来，随着新闻学研究的兴旺和深入，人们开始借助于其它学科的成果来对新闻价值进行研究。上述的第三、第四种定义，明显看出了研究者借用哲学方法来研究新闻价值问题，因而取得了可喜的研究进展。在这两个定义中，我们可以看到，将新闻价值看作是客体在人们的社会实践中（即在新闻传播的实践中）所履行的功能，这比起前面所说的“素质说”、“标准说”、“效果说”，无论在逻辑界说上，还是在认识的全面性方面，都有了很大的进步。它已经初步地揭示了组成新闻价值这个多义性概念的三层涵义。但是，已有的“功能说”定义，在离完整、清晰、准确地给新闻价值概念作出解释仍有一段距离。它们的缺陷在于：怎样看待新闻价值观，即记者根据什么标准来对新闻事实作出判断评价，关于这个问题，“功能说”论者分歧颇大。例如上述第四个定义中，沿袭了“素质说”、“标准说”的观点，认为标准就是指“价值因素”，即“重要性、趣味性、接近性等等”。而第三个观点则不同意这种看法，认为“价值因素”存在于事物的变动之中。其次，对“社会影响”，大都只作现象的罗列和事实的叙述，何为社会影响或社会效应？缺乏必要的理论依据，不具有说服力。因而缺乏作为理论指导应有的普遍意义。“新闻事实适应社会需要”，这个定义，在把“社会需要”引入新闻价值定义中，已开始接触到了“新闻价值”的关键性问题，但是遗憾的是，对何为社会需要？仍缺乏系统明确的理论界说。以上这些，就是以往的“功能说”有待于进一步深入研究和完善的原因所在。

第四节 新闻价值定义探析

以上通过对“价值”所作的一般的哲学意义上的研究，以及对以往新闻界给新闻价值概念所作的种种解释的比较分析，我们可以看出：“功能说”是比较科学的界说。但以往的“功能说”的缺陷，仍然是对新闻价值观及新闻价值的表现形式阐释不清晰。如何正确认识新闻价值这个多义性概念中的新闻价值观和新闻价值的实现这两层涵义，这是解答新闻价值定义这个难题的关键。为了解决这个问题，我们仍然有必要再对价值作一般哲学意义上的分析。我们说“价值是客体在社会实践中所履行的功能”。这种“功能”，是“人化”的结果。反过来，作为“人化”结果的功能，又对人们起到某种作用。人们之所以能够改造自然，化“自在之物”为“为我之物”，这是因为人的有目的性的行动。而目的则和“需要”是分不开的。人们总是根据自己的“需要”来利用自然、改造自然的。离开了人的需要，自然客体无法引起人们的注意，更不用说去利用和改造了。因而，价值是作为需要的对象而表现着自己的。关于这一点，马克思曾作过深刻的论述：他指出“一定的外界物是为了满足已经生活在一定的社会联系中的人的需要服务的。”[①] 这就充分地说明了：价值之所以是客体在实践中所履行的某种功能，因为它能满足人们的某种特定的需要。比如说，体现在商品身上的价值和使用价值，就是以满足人

① 《马克思恩格斯全集》第19卷第405页。

们需要为目的的。商品的价值满足了人们进行产品交换的需要，而商品的使用价值则是商品的自然形态——产品或自然物体，能满足人们在社会生活中的某种具体的需要。再比如：我们说“鲜花美丽”，这是因为鲜花在人们的社会生活中满足了引起我们心境愉悦的审美需要。再比如，我们把水和食物看得很宝贵，这是因为水和食物满足了人们维系生命的需要。所以说，价值与需要是紧密联系在一起的。另外，价值与评价又是紧密相连的。就像刚才所说的“鲜花美丽”。这是人们对鲜花这种自然客体在社会实践中所起作用的评价。也就是说，鲜花的价值在人们的评价中得到了实现。评价则是以需要作为前提的。关于这一点，前捷克斯洛伐克著名的哲学家弗·布罗日克曾作过深刻的阐述：“创造价值是人在现实中对象化的过程，是将中性的、自然的存在改造成社会存在的过程。评价则是关于对象化的程度和本质的判断。评价是从主体的非常确定的社会需要出发的。因为需要给评价判断带来了期望的因素，即迫切要求在某种水平（主体认为合乎理想的水平）上满足这种需要的因素”。[①] 人们的“需要”在价值的实现中起了如此显著的重要作用，以至于如果我们对价值的定义作出如下修正：“价值乃是客体在社会实践中所履行的满足人们需要的功能”，这种修正，是丝毫也不会影响价值定义的正确性的。

这样，当我们将人们的需要引入新闻价值这个概念中时，我们就会发现：“满足人们经过长期的社会实践所形成的共同需要”，就会像一根红线，将新闻价值概念所包含的多种涵义贯穿起来，关于新闻价值的许多扑溯迷离的问题就容易在这“需要”面前得以解决。关于新闻价值的价值源问题，这是没有什么问题的。当然是新闻事实，是包含具备了新闻所需一切要素的事实。

---

① 《价值与评价》第47页，〔捷〕弗·布罗日克著，李志林译，知识出版社。

而新闻价值观及新闻价值的实现问题，即选择新闻事实的标准及新闻价值的表现问题，说到底，都是一个评价问题，新闻工作者根据什么来评价事实？受众根据什么来评价新闻？两者之间有什么共同的标准？我们说，其标准就是“人们的共同需要”。记者根据受众的共同需要选择事实作为新闻报道，受众根据自己的需要选择新闻来认识世界，改造现实。因此，我们认为：新闻价值的定义应该是这样的：即所谓新闻价值，是指新近发生的事实在传播过程中所履行的能满足人们知晓、认识、教育、审美等诸种需要的功能。

我们对新闻价值这一多义性概念所作的这一界说，是能够对它的多种涵义作出清晰的规定性的。首先，“新近发生的事实”这个客观的“自在之物”，是新闻价值的“价值源”。而这个“自在之物”，只有进入社会实践的过程中（即传播过程中），才有实现的可能。新闻工作者是根据人们具有知晓、认识、教育、审美的共同需要这一客观标准来选择和评价新闻事实，而受众则是根据新闻机构发布的新闻是否能满足上述需要来评价、衡量新闻的。这样，新闻工作者的动机和新闻所取得的社会效果得到了统一。新闻价值观与表现形式在这里具有了明确的、完整的界说。在这个定义中，我们还可以给新闻工作者和受众提供一个衡量评价新闻价值的标准。即对新闻事实和新闻作出价值判断时，是以满足上述“需要”的多少和程度作为标准的。换句话说，对“知晓、认识、教育、审美”等诸种需要满足的程度越高、越充分，价值就越大，如果能满足其中一种需要，我们就可以有充足的理由说明：这样的新闻事实，这样的新闻报道，是具有新闻价值的。

还需要进一步说明的问题是：满足人们知晓、认识、教育、审美需要，这是由新闻的特性所决定的。以下我们将对这四种需要作一番简要的阐释。

一、知晓需要

新闻事实在传播过程中能否满足人们的知晓需要，这是记者衡量评价新闻事实的首要标准，也是受众衡量评价新闻事实的首要依据。在社会生活中，人们总是有获取信息、沟通情况，增进了解的需要。能满足人们知晓需要的事实，是人们未知和欲知的事实。人们未知的事实，这构成了新闻的本体，即新近发生的事实，已经发生和被公众知道的事实，是无法再满足人们的知晓需要的。比如说，英国前首相撒切尔夫人决定辞职，世界舆论引起关注。这是因为人们预先未知的事实。如果记者时隔半年，在公众已知的情况下，再报道这一事实，当然就难以引起人们的注意了。所以说，人们未知的新鲜事实，能履行满足人们知晓需要的功能。人们欲知的事实，是人们共同关心、很想知道的事实。生活中会出现无数的新近发生的事实，但是类似于人人天天上班、吃饭、睡觉的琐事，是满足不了人们知晓需要的。哪些新近发生的事实能满足人们知晓需要呢？这就是含有“重要性、新鲜性、显著性、趣味性、接近性”等特殊因素的事实，才能具有满足人们知晓需要的功能。我们认为，这五要素，是评价判断新闻事实的标准之一。但不是唯一的标准。记者正是按照能满足人们知晓需要这一标准来衡量评价新闻事实，而受众同样是根据能否满足自己知晓需要来衡量评价新闻的。1986 年，中央电视台联播组对“新闻联播”作过一次受众调查，统计资料表明：人们把“了解国内外大事”当作收看新闻联播节目的主要目的。这就充分说明人们是把“满足知晓需要”当作判断新闻价值的首要依据。

二、认识需要

人们了解国内外新近发生的事件的目的，是为了认识世界、改造世界。掌握新知识，了解新事物，这是人们的认识需要。新闻事实如果能够履行满足人们认识需要的功能，那么它就具有新闻价值。在新闻实践中，我们可以看到，每天的报纸、电视、广播所播发的新闻，有许多是关于科学上的新发现，这给人们提供了认识科学前沿的成果提供了帮助。另外，随着社会分工的专业化程度越来越高，知识也越来越专门化，人们局限在各自的行业中，难以了解和掌握全面的知识。新闻报道不受政治、经济、农业、工业、教育的局限，上至天文，下至地理，无所不包。每天向人们传播各种知识。因此，有人称“新闻是生活中的百科全书”。人们接受新闻的另一个目的，就是为了满足获取知识、认识世界的需要。据《新闻战线》刊载，武汉市一位一百零二岁的老汉，每天坚持读报，人们问其缘故，他说是为了获得新的知识，不至于落后于时代。这说明，新闻事实能否满足人们认识需要，也是记者衡量新闻事实和受众评判新闻价值的另一个标准。

三、教育需要

人们不仅希望从新闻中了解新事物，获取新知识，而且还希望从新闻中受到教育，获得鼓舞，引起警醒。具备了上述功能的新闻事实，也就具备了新闻价值。50 年代的雷锋，60 年代的焦裕禄，80 年代的蒋筑英、罗建夫、张海迪，90 年代的徐洪刚，这些平凡的并非“新闻人物”的事迹，之所以具有重大的新闻价值，是因为在我们这样的社会主义国家里，人们需要接受共产主义和爱国主义等先进思想的教育。人们从雷锋、蒋筑英、张海迪等平凡人的身上，得到了先进思想的熏陶，受到了高尚品德的教育，获得了平凡人能做出不平凡业绩的启迪，受到了榜样力量的鼓舞。我们社会主义新闻事业所实行的以正面报道为主的方针和优良传统，正是这种融知识性、教育性于新闻报道中的体现。它给了亿万劳动人民以新鲜的、生动的教育，也鼓舞了一代又一代人为中华民族的奋起而拚搏不已。对不良社会风气和腐败现象进行揭露的新闻，则是对人们起一种警醒的教育功能。它告诫人们防微杜渐，不要重覆犯错误者的前辙。

四、审美需要

能满足人们审美需要的新闻事实，也具有新闻价值。除了美丽的自然景物、优秀的文化艺术，能满足陶冶人们情操，引起人们审美兴趣的需要外，人们还可以从先进的新闻人物身上，或典型的新闻事件上获得审美价值。从《刘胡兰慷慨就义》的新闻中，读者敬佩女英雄临死不屈的崇高；在电视转播第十一届亚运会的开幕式新闻中，观众可领略中华民族自强不息的雄壮；从北国冰雕到南国花卉的报道中，人们感受着大自然赐予的优美；在有关现实生活中的逸闻趣事的报道中，人们体会着生活中蕴藏着的无穷幽默。总之，审美需要，是人们普遍的需要，人们希望通过新闻报道来满足这一需求。就拿体育新闻热来说吧，也反映了人们从体育新闻中寻求满足自己审美需要的强烈愿望。人们如痴如狂地收看着体育新闻的电视转播，为体育健儿每一次打破世界记录的新闻所鼓舞狂欢，这不但因为体育新闻展示了人们时代的追求，也反映了人们对“美是自由的象征”的潜移默化的理解。当体育健儿一次又一次刷新世界记录时，人类为自己又一次挣脱束缚，向体育的自由王国迈向了新的一步而自豪。美无处不在，无时不在，人们通过接收具有审美价值的新闻，来寻求和欣赏美的事物。

第四章　新闻的真实性

新闻的真实性是新闻理论与实践的基石，是社会主义报纸、广播、电视新闻报道工作不可动摇的基本原则。研究新闻真实性的涵义，掌握新闻真实性的原则，对于我们从事新闻传播工作，具有重大的理论指导意义和实践的现实意义。

第一节　真实是新闻的生命

真实是新闻的生命，这实在是一个浅显的道理。我们每天都会通过读报、听广播、看电视，或者听别人说等途径，获得国内外新闻。假如有一天，当人们听到广播播送的新闻是假的，看到电视新闻是导演的，人们就会产生上当受骗的感觉。一定会对这家电台、电视台的信誉发生怀疑。而且对它们以后播送的新闻也会产生怀疑。新闻一旦成了假的，就像被拆穿了的西洋镜，人们不再理睬。这样新闻也就不成其为新闻了。我们说真实是新闻的生命，简单或浅显地说，就是这样一个道理。

既然真实性对于新闻报道的重要性是一个重要的、显而易见的原则，那么新闻界为何还要再三呼吁坚持新闻真实性原则？理论界为何还要坚持不懈地从理论和实践两方面深入研究这个问题呢？这是因为在我们的新闻报道中过去、现在仍有许多失实的新闻出现，这些失实的新闻造成的恶果，影响极坏，它直接破坏新闻媒界的信誉，引起观众、听众、读者的不满。因此，防止和消除失实这个长在新闻身上的毒瘤，是新闻界的一大心愿。如何防止和消除失实新闻，就需要我们从理论的角度来看待新闻真实性的问题。

真实性是无产阶级新闻理论的基本原则之一，是我们报纸、广播、电视新闻报道工作不可动摇的根本原则。这是新闻的性质所决定的。我们学习新闻的起源和新闻的定义知道，新闻是新近发生的事实的报道。这就是说：新闻的本源是客观事实。新闻只是对客观事实的如实的报道。我们说新闻要讲求真实，真实是新闻的生命，是指新闻在反映客观事实时，要按照客观事实的本来面貌去反映，不能随意更改、编造、杜撰。

我们先引述一条北平新华广播电台1949年4月24日播送的消息：

> **南京急电：** 国民党二十二年反革命中心南京，已在二十三号午夜为人民解放军解放。国民党反动统治宣告灭亡。人们解放军入城后，受到学生和市民的热烈欢迎，男女学生们纷纷向解放军献花致敬。人民解放军已布告安民，城内秩序安定，商店照常开门营业。在发起渡江作战后三天时间内，人民解放军便攻占这一全中国第一个大城，这说明解放军威力的强大，国民党匪军一触即溃，已无法进行有组织的抵抗。

这条新闻，忠实地报道了发生在东方的中外瞩目的一个重大事件：南京解放，国民党反动统治宣告灭亡。它告诉人们：国民党反动派天天鼓噪的“固若金汤”的南京城防，却被人民解放军“在发起渡江作战后三天时间内”所攻占。被国民党反动派污蔑为“杀人放火”、“共产共妻”的人民解放军入城后，“受到学生和市民的热烈欢迎，男女学生们纷纷向解放军献花致敬”，谣言不攻自破。国民党反动派统治了二十二年的反革命中心一旦解放，“城内秩序安定，商店照常开门营业”，表明人心所向，人心所归。新闻就是要用事实进行宣传鼓动。具体来说：

第一，事实是新闻的本源，没有事实就没有新闻，否认事实等于否认新闻这种手段，而无视客观事实的新闻“事实”，也必然是向壁虚构，无中生有，编造谎言。

第二，客观事实是不依赖于人的主观意志而独立存在的，就是说，社会生活是新闻的“源”，新闻是客观事物的“流”，是外部世界通过人们的选择、综合和分析的结果，是对客观事物的反映。

第三，新闻的基础是客观事实，事实是第一性的，而新闻是第二性的，是从事实中派生出来的，也就是事实在前，新闻在后，先有事实，后有新闻。这两者之间的关系，不能颠倒过去。

第四，新闻的事实具有物质性，而事实的报道具有意识性，物质是意识的基础，意识则是物质的反映，新闻就是物质性和意识性的统一。

第五，具有客观内容和观念形态的新闻报道，就要正确处理实践和认识、物质和意识、事实和报道的关系，这是新闻广播工作对待新闻事实的一个重要理论和实践问题。

事实和新闻谁是第一性，是新闻广播中的一个基本问题。这不是日常生活中“一”和“二”的问题，而是谁先谁后的问题；不是人们经常接触的数字等等问题，而是涉及到“源”和“流”的问题；也不是“第一”和“第二”的顺序问题，而是新闻广播跟客观世界的关系问题。我们的新闻广播机构如同加工厂，它要加工制作精神产品，而加工所用的原材料就是客观世界每日每时所发生和发展着的各种各样的新事物、新事件，新闻就是广播宣传机构对客观世界的种种事实经过选择和加工的产物。

讲事实、讲真话、讲真理，是革命导师关于新闻工作的一贯指导思想，是无产阶级新闻事业的优良传统。马克思恩格斯把报道千真万确的事实当作与敌人进行针锋相对斗争的锐利武器。1849 年，马克思在《〈新莱茵报〉审判案》的发言中，义正辞严地驳斥普鲁士官方指控《新莱茵报》犯有侮辱和诽谤罪时说：法庭对证人的讯问已经证明，我们“所报道的完全是千真万确的事实”。列宁在论述新闻真实性的重要性时说：“如果认为人民跟着布尔什维克走是因为布尔什维克的鼓动较为巧妙，那就可笑了。不是的，问题在于布尔什维克的鼓动内容是真实的。”①

我们党的新闻事业实事求是的优良传统是毛泽东等老一辈无产阶级革命家亲自实践和培育起来的，是在两条认识路线、两种采访作风的斗争中丰富和发展起来的。从党的新闻事业史上看，为坚持正确的思想路线和采访作风，维护新闻真实性原则，曾经历了四次集中学习和整顿：抗日战争时期以肃清王明机会主义路线影响，反对宣传工作中的主观主义及其表现形式党八股为中心内容的整风学习；解放战争期间的反“客里空”运动；60 年代初总结 1958 年“大跃进”中新闻宣传的浮夸风、片面性和瞎指挥风的经验教训；70 年代末，在新闻工作中拨乱反正，清算林彪、江青两个反革命集团假、大、空的腐朽反动文风。历史经验证明：维护党的新闻工作实事求是的传统，坚持新闻真实性原则，不是轻而易举的事情，必须花大气力，坚持不懈。

第二节　新闻真实是具体真实与总体真实的统一

一、新闻真实性应包含双重涵义

新闻要讲求真实，这是新闻的基本规律，也是为新闻界所公认的原则。但是新闻真实性的涵义是什么？这却是新闻界长期争论的一个问题。在 80 年代中期新闻理论界关于新闻真实性问题的讨论中，有人提出：新闻工作者不是哲学家、文学家、史学

① 《列宁全集》第 20 卷第 273 页。

家，只要采编新闻不向壁虚构，无中生有，真实地报道了具体客观事实，就算尽到了真实性的责任。持这种看法的同志认为：新闻真实性就是指新闻反映具体客观事实的真实，把一些哲学概念引入新闻真实性的涵义里，使新闻真实性这个概念负荷过重。[①]我们认为，这种将新闻真实性的涵义仅仅归结于报道具体客观事实真实的认识是片面的。新闻的真实，包含了双重涵义：即新闻的“具体真实”和“总体真实”。新闻的“具体真实”是指新闻报道对具体的客观事实所作的真实的反映。新闻的“总体真实”，则是指在“具体真实”的基础上，新闻报道真实地反映客观事物的运动变化过程和客观事物的普遍联系，揭示客观事物相互联系和发展中存在的内部规律性。二者的关系是：“具体真实”是基础。它对“总体真实”起制约作用；“总体真实”是在“具体真实”的基础上的升华，它对“具体真实”起指导作用。

我们先看看下面这个报道事例。

1985年6月27日，上海造漆厂发生了特大火灾（以下简称“6·27”火灾事件）。围绕“6·27”火灾事件，上海电视台共播发了14条新闻。

这14条新闻，从内容上可分为两部分：第一部分是反映灭火的，共13条。把灭火有功人员事迹，以及领导对灭火有功人员的关怀和表彰都反映到了。而分析起火原因的新闻，只有一条。这部分不仅量少，而且内容平淡，只是在解说词中谈到造漆厂领导总结的教训是：“厂房简陋，设备陈旧，存在不安全因素”。总之，这14条新闻把灭火英雄的事迹反映得比较具体、形象、详细、真实，而对火灾原因及危害则谈得笼统、模糊、简略。因而观众反映，看完这些电视新闻报道后，仍然弄不清火灾的直接原因究竟是什么？造成的经济损失究竟有多大？而这些，

① 详见《中国新闻年鉴》1985年版《新闻真实性讨论综述》一文。

又恰恰是人们在得知火灾扑灭后，最为关心的事实。[①]

从以上这则事件中我们可以看到，上海电视台对“6·27”火灾事件的报道，不能说不是在报道客观事实，因为这13条反映灭火英雄事迹的新闻，都是真实准确的。它是符合新闻反映具体客观事实真实这一标准的。可是，为什么观众在看完这些新闻报道后，仍然会感到不满意？仍然对整个火灾事件的前因后果缺乏全面的了解呢？总之，为什么观众在看完这些新闻后，仍然会发出我们常常听到的“不可信、不真实、不全面”的议论呢？这不能不引起我们对新闻真实性的涵义作进一步的思考。如果把新闻真实仅仅看作“不向壁虚构，不无中生有”，即把新闻真实性的涵义局限在报道具体客观事实的真实这样狭窄的认识上，那么类似报道“6·27”火灾事件这样的新闻，已经达到了上述要求，可是为何还会给观众留下“不可信”的印象呢？这恰恰从反面说明了将新闻真实性的涵义局限在报道具体客观事实真实的认识是片面的。

为了说明“6·27”火灾报道为什么会失之片面，我们还可以进一步分析一下这次报道失之片面的原因。按理说，上海造漆厂这次火灾事件，包括着火和灭火两部分事实。先烧起大火，才出现灭火行动，灭火及时得力，但还是造成损失。大火的起因和造成的损失，为减少损失而进行的灭火行动，这是构成整个火灾事件不可分割的两方面事实。无论忽视哪方面的事实，火灾新闻都不能算是客观完整的，也无法消除观众心目中的未知因素。组成“6·27”火灾事件的新闻报道，正是因为忽视了前一部分的事实，而过分强调了后一部分事实，将组成火灾事件的有机联系的两部分事实割裂开来。因此，虽然它的每篇新闻都是真实地报道了某

① 材料和数据均引自“对灾害性报道的深化和全面的认识”一文，《广播电视研究》1986年4期，上海市广播电视局、上海市广播电视学会编辑出版。

一具体客观事实，但是把这些新闻放到整个火灾事件面前衡量，它又是片面的，没有达到报道总体事实的真实。这就是“6·27”火灾事件新闻和类似的新闻报道失之于片面的原因所在。这种失之于片面的新闻报道所造成的社会效果也不好。据有关人员反映，由于对火灾原因没有引起足够的重视，就在“6·27”火灾事件发生过后的一个多月，上海造漆厂又出现了火灾险情。

由此看来，新闻真实性的涵义并不只是用报道具体客观事实真实就能概括得了的。我们认为，新闻真实性的涵义是双重的，它不但是指反映具体事实的真实，而且也包括在反映具体事实真实的基础上，达到对总体事实的反映真实。即新闻真实包含了“具体真实”与“总体真实”。

二、“具体真实”与“总体真实”是社会主义新闻真实性原则的要求

新闻真实应包含“具体真实”和“总体真实”双重涵义，它是社会主义新闻真实性原则的要求。这个看法是符合辩证唯物主义认识论的。

辩证唯物主义的认识论认为：在存在和意识之间，客观存在是社会意识的根据。这一基本认识说明：新闻的“具体真实”和“总体真实”，首先是建立在对客观事实真实反映的基础之上。具体来说，坚持新闻的“具体真实”与“总体真实”原则，就是要坚持“事实第一，新闻第二”，“事实是源，新闻是流”的观点。但是，客观事物并不是僵死的，一成不变的，它又呈现出不同的运动状态。我们所说的新闻“具体真实”，是指在反映客观事物处于运动的特殊状态之下——相对静止意义上的真实。正因为客观事物具有相对静止的属性，因此客观事物之间才有了区别，才有了千千万万不同事物的具体形态。这种具体形态构成了一个个具体客观事实。新闻在反映某个具体的事实时，必须做到完全真

实，也就是恩格斯所说的，对客观事物的本来面目作“朴素的了解，不附加任何外来的成分”，这是新闻“具体真实”的生命，也是构成新闻“总体真实”的基础。

辩证唯物主义认为：相对静止只是事物运动的一种特殊状态，而运动才是物质的根本属性。如果新闻只停留在对事物处于相对静止状态时的认识和反映，即停留在“具体真实”之上，而不是对客观事物运动发展过程作真实的反映，那么，这样的反映就会落后于事物的发展，只会是时过境迁的旧闻。因此，真实地反映客观事物的运动变化过程，这是新闻“总体真实”第一个层次上的要求。

辩证唯物主义还认为，客观事物之间存在着普遍的联系。揭示事物的普遍联系，这是唯物辩证法的总的特征。根据这一认识，真实地反映客观事物的普遍联系，揭示客观事物相互联系中所存在的内部规律性，这是新闻“总体真实”第二个层次上的要求。

“具体真实”和“总体真实”是社会主义新闻真实性原则的要求，这不但是以辩证唯物主义认识论作为理论依据的，而且也为我们新闻实践的正反经验教训所证明。

在我们的新闻报道中，存在许多失实现象。如果我们把这些失实新闻归纳起来，可以分为两大类型。第一类型的失实新闻比较常见，如1980年全国好新闻评选得奖作品中，有一篇《钱被风刮跑以后》，说的是这年1月20日的长春，一个农民老大爷被自行车撞倒后，手中的钱被风吹散，于是路人纷纷“抢”钱，但最后汇集到老人手里时竟多出一张五元的钞票。原来有人错把自己的钱也一块送上了。无独有偶，1987年11月，某家广播电台又播出一篇《钱被风刮跑以后》，其过程、情节、甚至连那张多出的钞票，都和前者如出一辙，不同的是地名、人物和钱数换了。据查证，前《钱》一文属向壁虚构，后《钱》一文则为抄袭作假，这才演出了两次“钱被风刮跑”的新闻失实的闹剧。[①]

造成第一类失实新闻的原因也较多，或捏造事实、向壁虚构；或导演制作、以假乱真；或道听途说、偏听偏信；或合理想象、混淆文学创作和新闻报道的界限等等。这类失实新闻的特征主要是违背了新闻在反映具体事实时必须完全真实的原则。因而，我们称之为“具体失实新闻”。

第二种类型的失实新闻与第一种类型的区别在于：这类失实新闻，虽然对某个具体客观事实的反映是真实的，但它和整个生活实际不符。由于这一类型的失实新闻危害性更大，原因也复杂。我们不妨从如下三个方面来分析：

（1）割裂客观事物内部因素的有机联系。用片面的观点看待和分析事物的原因，结果得出错误的结论，给实际工作带来危害。

1984 年，我国粮食产量超过历史最高水平，总产量达到 4000 亿公斤。到了 85 年，四川、江苏、安徽等地相继出现农民卖粮难的问题。许多新闻单位都作了大量报道，过多地渲染了粮食产量增加带来了卖粮难的问题，给各级领导和广大农民造成一个印象：好像国家粮食已经过剩，多得卖不出去了。而实际情况是：85 年粮食产量为 3800 亿公斤，86 年粮食产量为 3900 亿公斤，粮食产量比 1984 年下降了。另外，近几年，除了吃粮，人们对肉、奶、糕点、豆制品、啤酒的需求大幅度上升，而这些又都是以粮食为原料的。[②] 因此，粮食不是多了，而是一年比一年紧张，需求量一年比一年大。正如李鹏总理在一次讲话中指出：“今后如何促使农业生产有一个较大的发展，上升到一个新的台阶，满足社会对粮食不断增长的需要，已成为国民经济全局中一

① 见《人民日报》1987 年 11 月 18 日 1 版《钱又被风刮跑了》一文。

② 据《农民日报》内部资料提供的数据。

个十分突出问题和迫切任务。”①

局部地区卖粮难的现象是真实的，而从全国总体的范围来看，卖粮难以又是失实的。何以造成这种对具体事实报道的真实而在总体反映上的失实呢？各地出现的卖粮难一方面固然是由于局部地区粮食增产了，但更为重要的原因是由于农村贮藏粮食的能力（即粮仓）和运输粮食的能力（即交通）跟不上造成的。新闻单位一度过头地宣传“卖粮难”，再加之没有找出正确的原因，因而给各地造成“种粮无销路”的印象，挫伤了农民种粮的积极性，给实际工作带来了危害。

（2）不是站在全局的角度观察问题，而是用孤立的眼光看待某些具体的事物，给人造成“一叶障目”、“以偏概全”的印象。

我们有些新闻报道，往往把一些带有局部性的事物绝对化、夸张化，给人以“与实际生活不符”的印象。如前些年宣传农村、城市致富，从“万元户”上升到“百万富翁”，从宣传“高消费”到视勤俭节约、艰苦奋斗为陈腐观念等等，从我国目前仍处于社会主义初期阶段，仍然有许多地区落后贫困的现状来看，这些报道是片面的、夸大的、以偏概全的。大跃进时期粮食、钢铁放卫星的浮夸风教训，我们应当引以为诫。

（3）不是用发展的眼光看待事物，而是用静止不动的、形而上学的观点看待客观事物的发展变化，这样往往造成“一好百好”、“时过境迁”的失实结果。

这种现象，在我们报道先进典型时，表现得尤为突出。

由此可见，造成这类失实新闻的主要原因是由于割裂了事物之间的普遍联系；或者忽视了运动和发展是事物的根本属性这一辩证唯物主义的基本原理，用静止的眼光看待事物的发展，结果在反映构成生活实际的总体事实上失实，它给人们以“片面”、

① 见《人民日报》1988年1月27日1版。

“不符合实际情况”、“不可信”的印象，因而造成了比具体失实新闻危害更大的新闻失实。这类失实新闻我们称之为“总体失实新闻”。

“具体失实新闻”和“总体失实新闻”从反面表明：坚持社会主义新闻真实性原则，需要消除这两类失实新闻现象，忽视其中任何一类，难以根治失实新闻这个“顽症”。

坚持“具体真实”与“总体真实”相统一的原则，这是社会主义新闻真实性原则的要求，也是无产阶级新闻事业的一项光荣传统。无产阶级新闻事业的开创者马克思、恩格斯、列宁等革命导师，虽然没有明确提出新闻的“具体真实”与“总体真实”这样的概念，但是，他们在论述无产阶级新闻思想和亲身从事新闻实践中，阐述了其原理。

马克思指出：“如同生活本身一样，报刊始终是在形成的过程中，在报刊上永远也不会有终结的东西”，[①] 只要报刊随着客观事物有机地运动着，那么，“全部事实就会被完整地揭示出来。”[②] 完整地揭示“全部事实”，是指通过报刊坚持不懈的努力，真实地反映客观事物的整个运动变化过程，这也是我们在上文论述的新闻的“总体真实”第一个层次上的要求。

马克思是在从事革命新闻实践活动的基础上，提出这一著名报刊思想的。1842 年的德国，处在普鲁士封建专制制度的统治下，由于统治阶级的残酷剥削和压迫，摩塞尔河沿岸地区酿造葡萄酒的农民处于极端悲惨贫困的境地。他们的求救呼声却被反动当局看成是无理的叫喊。鉴于这种情况，《莱茵报》发表了驻摩塞尔记者写的两篇反映上述情况的通讯，可是却遭到莱茵省总督沙培尔的无理诘难，认为这是歪曲事实，诽谤政府，意在煽动农

---

① 《马克思恩格斯全集》第 1 卷第 187 页。

② 《马克思恩格斯全集》第 1 卷第 210—213 页。

民不满情绪，鼓动造反。

作为《莱茵报》主编的马克思，连续撰文批驳了沙培尔的诘难。他指出：记者“在政治上有义务暂时用迫于贫困的人民的语言来公开地说几句话”。他认为，记者在反映摩塞尔地区贫困状况时，可以从具体某个侧面，即从“人民的贫困状况所给他的直接印象”入手，然后，通过报刊这个有机整体的运动，从“地方范围”到“整个国家的范围”来认识造成贫困的根源。从某一个侧面来反映摩塞尔地区农民贫困现象，通过这些“揭示出现象的某一方面”的许多观点的综合——即“报刊的有机运动”，最后完整地揭示出造成摩塞尔地区贫困的根源——普鲁士封建统治的残酷压迫和剥削这个全部事实。从上述马克思揭示出“报刊的有机运动”规律的具体运动行程中，我们可以看到：“完整地揭示出全部事实”是如何表明了新闻从“具体真实”上升到“总体真实”。

马克思关于“报刊的有机运动”这一著名报刊思想，除了表明用“许多观点的综合”——多角度、多层次的报道方式和连续报道的方式——同步揭示客观事物发展的过程，来保证新闻的“总体真实”，而且还包括广播、报刊、电视在报道新闻的过程中，敢于对自己所作的失实报道进行公开的纠正。新闻单位敢于进行自我批评，才能维护新闻的总体真实。这方面，马克思在办报实践中，为我们作出了榜样。

1848 年 7 月 6 日，马克思在《新莱茵报》上发表了通讯员艾韦贝克的来稿。来稿说俄国流亡革命家巴枯宁是沙俄间谍。不久，巴枯宁托人告诉马克思那是俄国使馆散布的谣言，并出示了旁证材料，于是马克思又发表了巴枯宁的声明和辟谣的旁证材料。这样，事实真相得以澄清。至此，我们可以看到：“报刊的有机运动”也表现在报刊有责任根据不断出现的新情况和新材料，纠正以前所发布的新闻中的误差，直至整个事件真实、完整地展现在读者面前。这种在相互矛盾的报道中，用真实的、正确的报道去纠正错误的、失实的报道，有利于维护新闻的总体真实。

马克思在用“报刊的有机运动”规律来说明新闻的总体真实的时候，将新闻的真实性表述为一个运动过程。因此不少人产生了疑问：这岂不是要得出报刊、电台、电视台在报道新闻时，出现失实新闻是一个必然要素的荒谬结论吗？因为一事物在运动过程中，总是处在时刻变化发展中，今天这一事物到明天也许就会变成了另一事物。因而衡量新闻的真实性无客观标准而言。按照这样的逻辑推理，失实新闻的存在，也就有其合理性了。

不错，辩证唯物主义认为运动是事物的根本属性，但是，在认为运动是绝对的前提下，还承认事物的相对静止，正是由于客观事物还具有运动的特殊状态——相对静止的属性，因此，客观事实之间才有了区别，才有了千千万万不同事物的具体形态。从辩证唯物主义的相对静止的观点出发，马克思十分强调每一件新闻事实的真实性，重视每一篇新闻报道的真实程度。在维护新闻总体真实的同时，更注意新闻的具体真实。在论述什么是“真正的报刊”时，马克思提出的衡量标准是“根据事实来描写事实”，而不是“根据希望在描写事实”。[①] 他对《科伦日报》凭空捏造“新闻通讯”和“捏造新闻记者”的作法进行了痛斥。我们可以看出，马克思所追求和实践的“报刊的有机运动”，是指在极其真实地报道组成整个事件的每一件具体事实的基础上，然后真实地揭示出整个完整的事物。其运动方式也就是：真实地报道具体事实（新闻的具体真实）——→真实地揭示完整的事实（新闻的总体真实）。对此，马克思的亲密战友恩格斯为我们作了进一步的阐释：“完全立足于事实，只引用事实和直接以事实为根据的判

① 《马克思恩格斯全集》第1卷第191页。

断，——由这样的判断进一步得出的结论本身仍然是明显的事实。”①

马克思认为记者应该极其忠实地报道他所听到的人民的呼声，应该“根据事实来描写事实”，而不是“根据希望来描写事实”，这就指出了判别新闻报道具体真实程度的依据；在此基础上，马克思还回答了运动着的报刊怎样完整地反映客观事件这一新闻总体真实的内涵。即：一个记者的职能是有限的，一两篇达到了“具体真实”要求的新闻报道要反映整个社会实践也是不可能的，而由众多新闻工作者和众多的新闻报道组成的报刊则是一个整体，它有机地运动着，把发展着的各种事实和观点展现出来，使这些材料组成一个整体，通过多方面的、连续不断的报道，“全部事实就会完整地被揭示出来”。

由此看来，维护新闻真实性原则，需要坚持新闻的“具体真实”和“总体真实”相统一，而保证新闻的“具体真实”与“总体真实”，则需要遵循“报刊的有机运动”规律。在我们今天的新闻实践中，马克思关于新闻真实的论断给我们以什么启示呢？我们认为，至少有如下几个方面：

1. 变“结论式”报道为连续式报道

在新闻实践中，记者面对所要报道的一些重大新闻事件，常常是处在变化发展的状态中。如何全面、准确、真实地反映这些客观事件的运动过程呢？这就需要我们改变那种“结论式”的报道模式，密切地注视事物的发展变化，采取连续报道的形式，在使每篇新闻达到“具体真实”的基础上，力求将这一事件发展的来龙去脉揭示出来。这样才能达到新闻“具体真实”与“总体真实”相统一的效果。

“结论式”的报道模式，往往是等到新闻事件有了最终结果

---

① 《马克思恩格斯全集》第42卷第413页。

才进行报道，或者就是忽视前因后果，随意截取一段事实加以孤立报道。这种报道方法，不能及时、全面地反映新闻事件发展的全过程，满足不了人们对重大新闻事件发展变化的“知晓”欲望，违背了事物有着发生、发展和结束过程的自然规律和新闻规律，削弱了新闻报道的社会效果。如果我们孤立地截取其中一段事实加以报道，忽视组成整个事件的各部分事实的相互联系，也容易给人留下片面、孤立、零乱的印象。

在我们的新闻实践活动中，特别是近些年来，许多新闻工作者开始突破了“结论式”模式，注重采用连续报道方法来报道一些为人们所关注的重大事件，并取得了良好的社会效果。如有关《渤海二号翻船事件》、《双城堡野蛮装卸事件》、《大兴安岭火灾事故》的连续报道等等。这些报道，一改过去那种报道灾害事故只停留在事故善后处理的“大灾大凯歌”的“结论式”报道模式，从不同的角度，用连续报道的方法将这些重大事件的全过程完整、准确、真实地反映出来，取得了良好的社会效果，获得了人们对新闻舆论的极大信任。

2. 变“封闭式”报道为“公开式”报道

要达到新闻总体真实的效果，还包括改变过去那种“封闭式”报道模式，让新闻报道成为人民群众了解党的大政方针和国内外大事的重要渠道。具体的一篇报道，在5个W和一个H上有误，固然是失实。但是，如果是隐瞒事实，应该报道的新闻不报道，应该向受众传播的信息不传播，这是更大的失实。这种“封闭式”报道模式有损于新闻的总体真实，以致造成“大道不通，小道畅通”，使人们了解新闻靠“出口转内销”，让小道消息传来传去，当然会出现“千口不一”的局面，造成新闻事实的失实。

近几年来，随着党的改革开放方针的深入贯彻，我们的新闻报道已开始注意突破“封闭式”模式，增强新闻报道的公开性。

特别是党的十三大政治报告提出："要通过各种现代化的新闻和宣传工具增加对政务和党务活动的报道，发挥舆论监督的作用，支持群众批评工作的缺点错误，反对官僚主义，同各种不正之风作斗争。"这为新闻宣传工具成为协商对话的重要渠道，为人民群众了解国内外大事提供了理论和实践上的依据。

自从党的十三大召开以后，我们的新闻宣传，在公开性方面，作出了较大成绩，出现了可喜的新局面。从1987年春开始，在全国人大和政协会议期间，我国领导人及知名人士多次举行记者招待会，回答了中外记者的提问，解答了国内广大群众和国外人士关心的问题，吸引了广大受众。

更值得称道的是，1987年，我国的新闻媒介对沈阳市防爆器材厂破产事件以及随后全国人大常委会审议企业破产法草案过程中出现的激烈辩论，让各种观点、各种事实都披露在报端，显示在电视屏幕上。最后，通过这些众多的观点和事实的展现，完整地反映出企业破产法草案形成和审议的全部事实。这样做，完全符合了马克思关于"只要报刊有机运动着，全部事实就会完整地被揭示出来"这一新闻总体真实的著名论断。党的十四大提出建立社会主义市场经济体制，新闻改革步伐进一步加快，引人注目的《焦点访谈》、《新闻纵横》节目，对广大人民群众关心的热点问题予以报道评述，如重大改革政策的出台，重大贪污受贿案件的揭露等等。这些重大的、引人注目的事件，新闻媒介公开地、全面地报道出来，满足了人们对改革中出现的新情况、新动向渴望尽早了解的要求，堵塞了流言蜚语的散布渠道，使党和国家政府的政策能及时传达到群众中去。

3. 变"间播式"报道为"直播式"报道

"完整地揭示全部事实"，使新闻从"具体真实"上升到"总体真实"，这不仅要求我们改"结论式"为连续式报道，改"封闭式"为"公开式"报道，而且还要求广播电视发挥"直播"的优势，改变过去那种依赖播放文字稿的“间播式”报道方式。

广播电视用文字报道新闻的方式当然不可缺少，但它的主要优势则是直播，即在事件现场向听众观众直接报道最新消息。十三大政治报告提出的“重大情况让人民知道，重大问题经人民讨论”，广播电视要担负这项光荣的任务，真正成为人民群众参政议政的舆论工具，就必须改“封闭式”报道为“公开式”。而“公开式”报道有赖于广播电视发挥直播的优势，运用“直播”的方式，能增强观众的参与感。广播的录音报道，电视的实况转播，同步地播放现场所发生的新闻事件。人们收听或收看时，犹如置身现场其中。

运用“直播”的方式，能增强公众的信任感。党和国家重大会议的直播，能使听众观众直接了解党务政务，增加决策的透明度；改革的先进人物和事迹的直播，能使听众观众直接了解改革者的喜怒哀乐，增强先进人物同群众的双向交流；灾害性事故的直播，能使听众观众直接了解灾害和事故的真相，小道消息和别有用心的谣传就没有市场。

运用直播的方式，更重要的是能增强新闻的真实性。重大新闻事件，采用连续报道加上直播的方式，将会完整地把这一事件发生、发展和结束的全过程活生生地展现在人们的眼前，传递到人们的耳中。

中　编

第五章　新闻事业的性质与功能

怎样认识新闻事业的性质？这是新闻理论的一个核心问题，也是我国新闻界从50年代以来争论不休的问题。在这个问题上能不能树立正确的理论观点，不仅对新闻学的许多问题有着决定性的影响，而且直接关系着能不能正确地指导新闻工作实践，所以我们有必要对关于这个问题的争论作出评析。

怎样认识新闻事业的性质？我们认为应遵循和运用辩证唯物主义和历史唯物主义的观点、方法来分析对待这个问题。具体说，就是要遵循辩证唯物主义矛盾的普遍性和特殊性的原理，以及历史唯物主义经济基础决定上层建筑的原理，来观察新闻事业在不同历史时期、不同社会形态中的共性和个性，力求对新闻事业的性质作出较为科学的解答。

第一节　新闻事业性质的二重性

唯物辩证法认为：事物都由普遍矛盾和特殊矛盾所构成。矛盾的普遍性表现为矛盾的共性，矛盾的特殊性表现为矛盾的个性。共性与个性是相互联系的，是辩证统一于事物之中。共性是指同类事物具有同样性质的矛盾，个性是指事物所包含的特殊矛盾，这种特殊矛盾规定着事物的特殊本质。当我们运用唯物辩证法关于共性与个性的原理来认识新闻事业的性质这一事物，我们会发现，新闻事业具有双重属性，即新闻事业具有为全社会提供新闻，满足人们对信息需求的社会性。这是新闻事业的共性，同时，当新闻事业进入到阶级社会后，又具有为一定阶级服务的阶级性，这是新闻事业的个性。

为了叙述的方便，我们先考察新闻事业的共性。

新闻事业的前身，新闻活动产生于人类的社会交际和劳动，劳动和交际需要交流信息，这种交流信息的活动直接推动了人类的生存和发展。当人类的生产力水平不断提高，交往的范围越来越大，交往的内容越来越复杂，人类就感到有必要将分散的、个别的、不系统的新闻传播活动系统化、组织化，并用适当的媒介来进行更为广泛的传播，于是新闻事业就产生了。我们古代的新闻事业——邸报和小报，就是封建统治者和民间为传递新闻信息而发行的报纸。作为近代新闻事业产生标志的地中海沿岸城市的手抄新闻、新闻书以及发展到欧洲各国的周刊和日报，就是以传播政治、经济、军事等信息为主要内容的。

新闻事业的形成过程说明，大凡新闻事业都是以传播新闻信息为主要活动内容，以满足人们获取新闻信息的社会需要为主要活动形式的。新闻事业就其本质而言，是社会的信息和舆论工具。这是古今中外新闻事业所具有的共性，也是新闻事业区别于文学事业、政治法律机构的个性特征。在原始共产主义社会，虽然还没有出现新闻事业，但它的前身新闻传播活动就是人类为交际需要而进行的信息传播活动。在阶级社会中，任何一家新闻媒介，不管其拥有者和控制者有着什么样的政治目的和宣传思想，它总要以传播新闻信息为主要活动内容，以满足人们获取新闻信息的社会需要为主要活动形式。试问，新闻事业如果不以传播新闻信息为主要功能，不能满足人们了解客观世界新近发生或变动的事情，不能满足人们交流信息的需要，这样的新闻事业会有生存的理由吗？美国 17 世纪出现的党派报刊，以反映不同政党舆论、利用报刊作为相互攻讦的工具最终受到读者唾弃，以至于到 19 世纪末被商业报刊所取代的事实，证明了不为广大受众需要和接受的新闻事业，不仅不能发挥表达舆论的功能，甚至生存也就成了问题。

新闻事业这种以传播新闻为主要手段满足人们信息需要的基本特征又决定了它的社会性质。一般说来，新闻事业的服务对象、报道内容、传播范围和活动目的都有着广泛的社会性。它总是力图向社会上尽可能多的人——包括自己固定受众群以外的受众，传播新闻信息，并希望自己所传播的新闻信息能被尽可能多的人所接受，能产生尽可能大的社会影响，能提供尽可能多的社会服务。因此，新闻事业又是一种大众传播工具。

新闻事业的这种社会性质使它成为社会中的人们进行信息传播和思想交流的一种不可缺少的物质手段。马克思在论述报刊与舆论的关系时，认为“报纸是作为社会舆论的纸币而流通的”。[①]按他的想法，在整个社会体系中，报刊具有“纸币”那样供世人所用的流通作用，他所强调的正是新闻事业的社会性。

综上所述，从共性的角度来概括新闻事业的性质，可表述为：新闻事业是以传播新闻信息为主要功能的社会舆论工具。

新闻事业是新闻和舆论的传播工具这一本质与阶级关系发生联系后，派生出它的阶级属性，关于这一点，是不容忽视的客观事实。

第二节　新闻事业的阶级性

1957年6月14日，毛泽东同志在讲到社会主义国家的报纸和资本主义国家的报纸的原则区别时指出：“在社会主义国家，报纸是社会主义经济即在公有制基础上的计划经济通过新闻手段的反映，和资本主义国家报纸是无政府状态的和集团竞争的经济

① 《马克思恩格斯全集》第7卷第523页。

通过新闻手段的反映不相同。”① 这一论断，在我国新闻界具有广泛影响，成为一种经典的提法。

联系今天我国已全面进行的社会主义市场经济体制建设的实践来看，毛泽东同志关于报纸的性质的这一著名论断，除却“计划经济”的表述已不能适用于已经变化的新情况之外，它所揭示的不同社会经济制度的新闻事业的原则区别，阐明新闻事业这一社会意识形式对经济基础的依存关系和能动的反映作用，指出新闻事业与其它社会意识形式相区别的特点，仍然为我们认识新闻事业的性质提供了历史唯物主义的立场、观点的科学方法。

经济基础和上层建筑是历史唯物主义的两个科学范畴，经济基础是一定社会发展阶段上的占统治地位的生产关系的总和，上层建筑是建立在经济基础之上的社会意识形态以及与其相适应的政治法律制度和设施。马克思在《〈政治经济学批判〉序言》中，对经济基础和上层建筑的关系作过精辟的阐述：“人们在自己生活的社会生产中发生一定的、必然的、不以他们的意志为转移的关系，即同他们的物质生产力的一定发展阶段相适合的生产关系。这些生产关系的总和构成社会的经济结构，即有法律的和政治的上层建筑竖立其上并有一定的社会意识形式与之相适应的现实基础。物质生活的生产方式制约着整个社会生活、政治生活和精神生活的过程。不是人们的意识决定人们的存在，相反，是人们的社会存在决定人们的意识。”“随着经济基础的变更，全部庞大的上层建筑也或慢或快地发生变革”②，所以研究一切观念形态的东西，“既不能从它们本身来理解，也不能从所谓人类精神的一般发展来理解，相反，它们根源于物质的生活关系。”③

---

① 转引自1957年6月14日《人民日报》。
② 《马克思恩格斯选集》中文第2版第2卷第32页。
③ 《马克思恩格斯选集》中文第2版第2卷第33页。

历史唯物主义不仅为我们提供了研究社会生活以及各种精神现象（包括新闻事业在内）的最根本的原理，而且向我们提供了科学的研究方法。它告诉我们：新闻事业属于一定社会的上层建筑范畴，是为它的经济基础服务的。新闻事业由一定社会的经济基础所决定，又反作用于经济基础，就是说，它是一种物质的生活关系的反映。各种各样的新闻现象，最终只有在人们的物质生活关系中才能得到正确的解释和说明。

当我们将经济基础决定上层建筑这一历史唯物主义的基本原理，用于观察新闻事业后，我们就不难发现，新闻事业作为一种社会事业产生以后，很快便成为一定阶级、政党及社会集团发展经济生产和从事政治斗争的舆论工具，成为为一定社会的经济、政治制度服务的舆论工具。

但是，这些年来，在有关新闻事业性质的讨论中，有一种观点非常流行。即“为阶级服务”只是新闻事业在一定历史阶段的特殊任务，而不是新闻事业的特殊属性。因此，认为新闻事业具有阶级性是“左”倾思潮影响下的产物，是对新闻事业性质的错误的认识。

当人类社会进入阶级社会后，新闻事业究竟具备不具备阶级性？对于这个问题，我们将从两个方面给予回答：

一、在阶级社会里，由于经济基础表现为阶级关系，经济上占有生产资料的阶级，就是政治上的统治阶级，同时也就在精神上占有统治地位。马克思指出：“统治阶级的思想在每一时代都占统治地位的思想。这就是说，一个阶级是社会上占统治地位的物质力量，同时也是社会上占统治地位的精神力量。支配着物质生产资料的阶级，同时也支配着精神生产的资料，因此，那些没有精神生产资料的人的思想，一般地是受统治阶级支配的。”①

① 《马克思恩格斯选集》第1卷第52页。

统治阶级由于掌握了生产资料，就可以按照本阶级的意志来建立国家组织和政治制度，同时也占有广播、电视、通讯社和报纸等新闻舆论工具，以便用于传播本阶级的思想意志，使统治阶级的思想成为占统治地位的思想，统治阶级的新闻事业成为占统治地位的新闻事业。而且成为这个时代新闻事业的模式。这一点，不仅仅是根据马克思主义关于经济基础与上层建筑关系的经典学说中推导得出的结论，并且还是被新闻事业发展的历史所证明的事实。例如：我国封建社会产生的邸报，就是属于封建地主阶级的报纸；欧洲出现的近代早期报刊，是资产阶级的报刊；现在我们社会主义国家的报纸、广播、电视、通讯社，是党和政府以及工人、农民、知识分子、包括一切爱国人士的全体劳动人民群众的新闻事业，而资本主义国家庞大的报纸、通讯社、广播和电视系统，是垄断资产阶级的新闻广播事业。

由于经济基础本身的矛盾在阶级社会中表现为阶级矛盾，决定了不同阶级的新闻事业对经济基础的反作用是不一样的。统治阶级的新闻事业，总的说来是适应、维护和巩固它的经济基础的。但是这里又有不同的情况需要加以区分。当这个阶级处于历史发展的上升时期，它的经济基础本身有进步意义，适应于这种经济基础的新闻事业，总的来说是进步的。如当资本主义新兴时期的报刊，其主要任务是反封建时，它表现出和人民群众的利益和愿望，和历史发展潮流的趋向相符合的特点，因而，它就是生机勃勃的、革命的、进步的。当统治阶级处于没落时期，它的经济基础已经腐朽了，适应这种经济基础的统治阶级的新闻事业，总的来说就是落后的和反动的。产生于唐宋时期的邸报，虽然随中国封建社会走过一段兴盛的路程，但是最终逃脱不了被近代资产阶级报刊所取代的命运，这一历史事实就是证明。

二、在阶级社会中，一切阶级都把新闻事业作为实现其政治和经济利益的舆论工具。而新闻事业也总是自觉或不自觉地成为一定阶级、政党或社会团体实现其政治和经济利益的舆论工具，在现实社会中，不为任何阶级、政党或社会团体所利用、完全与政治绝缘的新闻事业是不存在的。问题在于怎样从事政治和从事什么样的政治。

资产阶级新闻学只承认新闻是事实的客观报道，新闻事业是传播消息的公共媒介，不承认新闻事业有阶级性。其实，这不过是资产阶级采取的掩耳盗铃的宣传手法而已。要说明这个问题，我们可以最近开播的“自由亚洲电台”为解剖分析的对象。

自我标榜其宗旨是“传播信息，而不是鼓吹宣传”的“自由亚洲电台”1996 年 9 月 30 日开播了。首先开播的是普通话节目，开始为半小时，以后增加到每天 5 小时，并计划 1997 年增加其他 6 种语言的广播，包括印地语、老挝语、高棉语、藏语、越南语和朝鲜语，还可能开办广东话节目。

“自由亚洲电台”台长在该台开播时称，这座电台将“着重于中国大陆的新闻报道，特别是有关西藏以及对中国大陆被查禁或看不到的书刊及文学著作的介绍”，其报道内容“无所不包”。这就把“自由亚洲电台”开办的目的说得昭然若揭了。

长期以来，美国等西方国家一直把广播看成是最有效的宣传武器。柏林墙倒塌，苏联东欧国家集团的瓦解，都与美国当年建立“自由欧洲电台”密切相关。美国国会在一份官方文件中说：“广播是推行对外政策的最宝贵的工具”，“应当重新认识广播电台的战略作用”。80 年代末，美国等西方国家进一步提出要“打好一场没有硝烟的世界大战”。他们想使人看不到战争通常的恐怖和惨烈，听不到漫天的厮杀和激烈的枪战，甚至未曾出现过敌人的影子，就能“融化掉社会主义”，达到他们用西方文明称霸世界的目的。因此在 1989 年北京“六·四风波”之后，美国一些国会议员就提出仿效“自由欧洲电台”，并用即将停播的“自由欧洲电台”的设备，建立一个针对中国、越南等国的“自由亚洲电台”，以推动亚洲地区的“民主政治的进程”。

这个建议一提出就引起了争议。争论的焦点主要围绕把“自由欧洲电台”的模式移植到亚洲能不能如愿以偿。

几年来两种意见一直相持不下。克林顿在竞选和上台之初，都以此作为攻击共和党前任的“炮弹”，并信誓旦旦地要让“自由亚洲电台”尽快开播。克林顿上台后才知道，在这个世界上，要与中国为敌，并非易事。他的对华政策几度起落，从他竞选时的立场大大后退，尤其在他将贸易最惠国待遇与人权脱钩后，转而标榜“与中国全面接触”的政策，不再强调所谓人权记录。在克林顿展开竞选连任之际，又想到自己曾许下的诺言，于是1996年3月匆忙宣布在华盛顿成立“自由亚洲电台”。

克林顿虽然决定成立这个酝酿已久的电台，但也不想刺激刚有所好转，但仍十分脆弱的美中关系，所以把原计划的“自由亚洲电台”改名为“亚太广播网”，尽量不让人联想起“自由欧洲电台”。

这个电台的台长理查德·里克特（Richard Richter）原是美国公共电视台PBS的行政负责人。在新闻界从业多年，有行政管理经验，他也曾研究过中国问题。他认为“自由亚洲电台”的名称太具挑衅性，提出该台将有别于“美国之音”，要与中国进行更广泛的交流，播出一些文化节目和改编一些被禁的亚洲文学作品节目。他的主张引起了美国一些政治势力的强烈反对。

当初提议建立“自由亚洲电台”的人认为，“美国之音”是美国政府的电台，无法达到“自由欧洲电台”那样完全由所在国的持不同政见人士掌控电台的效果，因而要建立新台。将要建立的新电台的调子比“美国之音”还温和，采用中性的“亚太广播网”的名称，意味着“协助在亚洲发扬民主”的目标可能无法达到。由于美国舆论和一些国会议员批评尚未开播的“亚太广播网”偏离了原定的宗旨，因此国务院授权法案将其改回原名。但这项法案遭到克林顿的否决。于是美国国会对克林顿的对华政策批评更趋激烈，以外交委员会主席为代表的共和党人连番攻击克林顿政府变更“自由亚洲电台”的名称，美国联邦国际关系委员会在国会的压力下，于9月25日重新将“亚太广播网”改回原来的“自由亚洲电台”的名称。

美国等西方国家利用广播专横地干预别国内政，早已使“美国之音”等电台臭名昭著，为世人所不齿。“自由亚洲电台”的构想数年前一提出，就遭到中国、朝鲜、越南、缅甸等亚洲国家的强烈抨击。越南《人民军队报》就曾一针见血地指出，该电台要用“自由欧洲电台”一样的方式，破坏亚洲的社会主义。在亚洲国家的一片反对声中，“自由亚洲电台”虽然开播了，但它自身的日子也并不好过。它一方面想把自己装扮得“尽可能客观”，一再声明它和美国之音不一样，不想给人留下通过广播进行思想颠覆或策动人民与政府搞对抗的印象，另一方面又要极力迎合美国国会一部分人的口味，否则将有可能中断其经费来源。①

从美国开播的针对亚洲社会主义中国和越南的“自由亚洲电台”中，我们可以看到：(一) 受美国政府拨款资助的这家电台，其宗旨十分鲜明，就是要发挥无线电广播在对社会主义国家推行“和平演变”战略的“破城锤”作用；(二) 为实现这一目的，美国总统竞选时，不惜许诺将开播此台作为获取选票的一个筹码；(三) 如果不能获取预期的效果，美国国会将以削减或停止财政经费相威胁；(四) 为了获取宣传的效果，该台极力将自己打扮成“客观、公正”，可是实际情况又如何呢？我们还是引用美国的知情者自己的话来说吧。曾在国会作证反对建这座电台的前美国驻中国大使李洁明，不相信“自由亚洲电台”的听众会对它的

---

① 参见1997年第1期《世界广播电视参考》《浅谈“自由亚洲电台”的开播》一文。

广播抱有多大的信任。李洁明说："它声称它想成为民主中国之声，其实不然，它是美国政策之声。"①

新闻事业在阶级社会中所具有的强烈的阶级性或政治性，还突出表现在它是一定阶级、政党或集团拼死争夺的重要阵地。由于无线电广播是传播速度快、传播范围广、影响力度强的现代化舆论工具，所以往往被某些政治势力作为推翻或维护一个政权的威力强大的思想武器，为它进行着激烈的争夺，这几乎成为政治斗争中的一种普遍现象。

从 50 年代到 80 年代，世界上一些国家发生政变以及在国际突发性事件中，首当其冲的就是广播电台。1956 年匈牙利发生"十月事件"，某些人首先攻占广播电台。当时，美国设在联邦德国的"自由欧洲电台"，曾直接充当这一事件的作战指挥所，并播送密码指使制造流血事件，进行暗杀勾当。在同年发生的中东苏伊士运河事件中，英法侵略军的飞机抢先轰炸开罗电台。1963 年伊拉克发生政变，总统卡塞姆就是在巴格达广播电台喊话时，被政变集团打死在播音室里。1974 年 7 月，塞浦路斯发生军事政变，政变军队攻占尼科西亚广播电台，宣布政变部队已经夺取政权，谣称总统马卡里奥斯已死。第二天，当马卡里奥斯的声音从另一座电台播出时，政变部队又用军舰炮轰摧毁了这座电台。1980 年 9 月 12 日，土耳其发生不流血政变，政变者首先占领国家电台，播出政变成功的宣言。在政变中争夺电视台的事情也时有发生。

历史和现实表明，新闻事业在人类社会已进入阶级社会后诞生，它成为不同阶级的舆论工具已使它打上了不同阶级的烙印。阶级性是处于阶级社会的新闻事业的本质属性，或者说是它的本

---

① 参见《世界广播电视参考》1997 年第 1 期，《美刊发表文章认为自由亚洲电台难以得到听众信任》一文。

质通过和阶级关系发生联系的外在表现，而不仅仅只是一项特殊功能或特殊任务。否则，就难以解释新闻舆论工具在为本阶级利益服务时所表现出来的那种高度的自觉性。另外，新闻事业的阶级属性和新闻事业的任务是两个不同的范畴。在阶级社会中，新闻事业的阶级属性主要体现在它被一定阶级所占有，并以能动的反映作用于决定它性质的经济基础——阶级关系。因此，阶级属性在新闻事业身上表现为持久、稳固和普遍；而新闻事业的作用则不同，不同时期、不同阶级的新闻事业在为不同社会的经济基础服务时，其作用是不同的，多方面的。以中国共产党领导的新闻事业为例，新中国成立以前，中国共产党所领导的新闻事业，其主要任务就是为推翻三座大山，夺取全国政权而鼓吹舆论，这个任务可概括为阶级斗争。随着新中国的成立，急风暴雨似的阶级斗争已不复存在，特别是在我党确立改革开放，以经济建设为中心的新形势下，如果再以阶级斗争作为新闻事业的主要任务，显然就是错误的。

因此，新闻事业的任务是变化的、相对的。那种把新闻事业为阶级服务当作是特殊任务，否认新闻事业具备阶级属性的观点，忽视了在有阶级存在的社会形态中，阶级性必然构成新闻事业内部规定性的这一历史事实和现实表现，混淆了性质和任务之间的界限。在理论和实践两方面难以得到正确的解释。

第三节　新闻事业的功能

新闻事业的性质和功能是紧密联系的两个概念。新闻事业的性质往往通过其基本功能来体现，而基本功能又是由其本质所决定。当代新闻传播事业具有以下的基本功能。

一、报道新闻，传播信息

新闻事业的产生和发展是以人类社会对新闻、信息的需求作为内在动力的。满足这种需求是新闻事业的首要职能。也是新闻事业发挥其它社会职能的基础和前提。人们接触新闻事业最直接、最根本的目的就是为了获得大量的、最新的新闻信息。新闻事业是新闻信息的载体。报道新闻，传播信息是一切新闻事业的基本职能，社会主义的报刊广播电视是如此，资产阶级的报纸、广播电视亦如此。马克思、恩格斯对“报纸的基本职能是报道新闻”有过深刻的评述。

1853 年，马克思对当时影响很大的资产阶级报纸《泰晤士报》作过这样的评价：“这家报纸的那些匿名的皮蒂娅（古希腊阿波罗神殿的女巫——引者注）利用法国革命、德国起义、意大利暴动和匈牙利战争，利用法国的枪杀和奥地利的绞刑，利用被没收了的头颅和被砍掉了头颅的财产制造出多少篇社论和弄到了多少金镑啊！如果大陆没有‘暴徒’，那它就只好每天靠斯密斯菲尔德市场的劣等货色、伦敦烟囱的煤烟、泥泞、粗暴的马车夫、泰晤士河上的六座桥梁、市区内的出殡、感染鼠疫的墓地、肮脏的饮水、铁路上的灾祸、伪造的尺子和天秤以及其他在大陆平静无事的时候成为这家报纸的经常货品的有趣题材来勉强度日了，那时，《泰晤士报》将多么地不幸啊！”[①] 这是由于该报主张驱逐欧洲大陆的政治流亡者而引来的一段批判性的话。无论《泰晤士报》倾向如何，它明白无误地说明了报纸的基本职能是什么。如果没有事实的变动，报纸便无法制造出各种文章，自然也无从获得利润，从而失去了存在的必要性；它也说明了新闻层次的转换，如果没有重大的事实变动，那么报纸只能靠那些琐碎的

① 《马克思恩格斯全集》第 8 卷第 629 页。

社会新闻度日。事实上，《泰晤士报》的发达，除了瓦尔特家族的经营之道外，18 世纪的大革命和 19 世纪欧洲的一系列重大事件，给它提供了发挥报纸作用的客观条件，否则，它无法成为 19 世纪的世界性大报。马克思和恩格斯重视《泰晤士报》，当然不在于它的一贯保守的立场，而在于刊载新闻的功能发挥得较好。所以，恩格斯在批评该报时承认："《泰晤士报》在大陆上素负消息灵通报纸的盛誉"。[①]

社会主义的新闻事业同样是把报道新闻、传播信息作为主要职能的。这是新闻事业的共性所决定的。在当前建设社会主义市场经济的新形势下，新闻事业应该为建立社会主义市场经济的目标提供信息服务。

二、反映舆情，引导舆论

传播新闻信息，反映引导舆论，这是新闻事业两个最主要的职能。新闻事业是以传播新闻信息为主要方式的舆论工具。这一本质特征，也反映在新闻事业作为舆论载体的社会职能上。马克思当年论述报刊与舆论的关系时，认为"它是广泛的无名的社会舆论的工具"。[②] 马克思还形象地把报刊比喻为驴，而它驮的麻袋便是舆论。由于二者的密切关系，所以马克思经常用"报界以及整个社会舆论"这样的概念。我国新闻学者黄天鹏在《中国新闻事业》一书中说："我人足未出国门也，而知某国之文野，国交好恶；身未履首都也，而知政令之从违；当道言行素未识某人也，而有其人之印象，具有情感焉。此种观念之造成，乃由阅读所由来，受新闻事业舆论性所陶冶也。"[③] 报纸、广播、电视和

① 《马克思恩格斯全集》第 41 卷第 398 页。

② 《马克思恩格斯全集》第 7 卷第 523 页。

③ 黄天鹏：《中国新闻事业》，上海联合书店 1930 年版，第 8 页。

新闻杂志是社会舆论界的主干，其重要职能之一就是表达、反映舆论，使人们通过了解“未知之世界，未晓之政令，未识之人士”，从而形成更大范围内的共同意见。现代新闻事业在作为舆论载体的功能方面，具有六种作用，这就是代表舆论、反映舆论、组织舆论、放大舆论、引导舆论和制造舆论。

(1) 代表舆论

任何新闻事业都是舆论的代表者。代表一定阶级、集团、社会群体的意见倾向从事新闻报道，发表各种评论。具有各种各样色彩和深刻矛盾的舆论，它会找到相应的报刊，置身于舆论之外的新闻事业是不存在的。尽管人们强调新闻报道要客观公正地向受众介绍新的信息，但这些信息本身就是构成舆论的意见要素。不过，新闻媒介代表舆论并不是通过大量发表言论，它的主要方式是传播具有一定倾向的事实，而这种倾向的背后就隐藏着新闻要表达的意见，即新闻媒介所有者的舆论倾向。事实倾向与舆论倾向的一致性，是新闻传播工具代表舆论的主要特征。社会主义新闻事业代表着广大人民群众的舆论，资产阶级的新闻事业代表着垄断资本的舆论，代表何种舆论，代表谁的舆论，实际是新闻报道为谁说话、说什么样的话的问题。

(2) 反映舆论

除代表舆论外，新闻媒介还通过收集舆情民意，来反映舆论。在阶级社会中，新闻事业主要是通过表达和反映舆论来表明自己的立场、观点。但是由于它的社会舆论工具性质，决定了新闻事业在代表本阶级、本团体或一定政治实体的舆论时，还能够传达、反映大量的公共舆论。这由两个原因决定：其一，新闻事业是大众传媒，所采取的传播方式是面向公众的传播方式。仅仅从影响舆论的角度看，报刊也不会只限于面向自己的拥护者，而是要争取尽可能多的受众，以扩大自己的影响，增强对社会舆论的干预力。为了争取更大范围的受众群，它就必须关注广大公众注意的社会事态，关注舆情民意，以此吸引受众。马克思、恩格斯当年在总结创办《新莱茵报》的经验时说，如果《新莱茵报》只强调自己的特殊的无产阶级观点，而不承认报纸的社会性，那它就成了沙漠中的布道者。[①] 其二，社会是多元的。不同的阶级、政治集团除却存在的根本利益的不可调和的矛盾和对抗之外，也会存在对某些社会问题上都有共同要求和共同功利的一致性。所以在现代社会，一家新闻媒介既是某种社会政治集团舆论的代表者，又是某些公共舆论的传达者，只不过前者处于主导地位，后者处于次要地位而已。新闻媒介传达公共舆论时反映的是全社会的普遍利益或愿望，使本阶级、本民族、本团体的意见和广泛的社会意见融合在一起。比如在反对污染环境，保障妇女儿童权益，合理开发海洋和空间资源，消除贫困，扫黄扫毒，制止艾滋病毒蔓延等诸如此类的报道中，贯穿公共的舆论倾向，维护社会公德和人道主义原则，能够提高各阶级、各党派和团体成员的共同信念。

(3) 组织舆论

社会上的舆论状态一般呈现为分散型。这种分散的舆论主要靠人际传播的方式以来形成和传播。它具有时效性较弱，发生效力的范围小，对社会的干预力不够强的特点。为了使这种分散的舆论迅速集中起来，形成较大的舆论态势，新闻媒介则被当作为最好的工具。这是新闻事业具有组织舆论这一功能的第一个方面。例如：社会上对极少数新闻媒介或新闻工作者搞“有偿新闻”，违背新闻工作者职业道德规范的现象议论纷纷。以至于流传着这样的顺口溜：“一等记者搞承包，二等记者炒股票，三等记者拿红包，四等记者写小报”，讽刺新闻界的不正之风。针对这种现象，1991 年 1 月，中华全国新闻工作者协会第四届理事

① 参见《马克思恩格斯全集》第 21 卷第 19 页。

会第一次全体会议通过了《中国新闻工作者职业道德准则》，1993年中宣部、新闻出版署联合发出《关于加强新闻队伍职业道德建设，禁止"有偿新闻"的通知》，1994年中宣部发出《关于坚持不懈地抓好新闻队伍职业道德建设的通知》。1997年1月，中华全国新闻工作者协会第二次修订了《中国新闻工作者职业道德准则》，中宣部、广播电影电视部、新闻出版署、中华全国新闻工作者协会联合颁发关于《禁止有偿新闻的若干规定》，中华全国新闻工作者协会还发出建立新闻工作者接受社会监督制度的公告。公告第三条为："凡发现新闻单位和新闻工作者有违反新闻职业道德、搞有偿新闻等不正之风的行为，社会各界人士均可以向违规人员所在新闻单位或主管部门举报、投诉，也可向中国记协或各省、自治区、直辖市记协举报、投诉。中国记协收到举报、投诉后，将及时向有关新闻单位通报情况，并督促他们认真查清事实真相。如情况属实，由有关主管单位的纪检监察部门根据有关规定，区别不同情况，对违规人员作出处理。同时，要选择一些典型案例公开报道，使广大新闻工作者从中接受教育。"这些措施经过新闻媒介的大力宣传和报道，很快在全国范围内形成了一股加强新闻工作者职业道德建设的舆论高潮。新华社在1997年1月份的工作会议上，迅速传达了上述内容，并向社会公布了举报电话，欢迎社会的监督。广播电影电视部召集了被列为新闻界"精神文明示范单位"的20家电台、电视台的负责人座谈《准则》和《规定》，制订了相应接受监督的措施。中国记协公布举报电话后的20天时间里，就接到160多个举报电话和120多件举报信，举报人分布在全国27个省、市、自治区。这表明新闻媒介在组织舆论方面的时效和威力。①

新闻事业具有组织舆论功能的第二个方面表现为：新闻事业

① 参见《新闻战线》1997年第3期"努力把'准则'和'规定'落到实处"一文。

在社会生活中起“消息总汇”的作用。日常生活中每天每时发生许许多多的事情，新闻媒介在报道新闻时，有一个选择事实的过程。这个过程实质上就是新闻媒介表现自己观点，影响和组织舆论的过程。大众传播学有一种“议程设置”理论。这种理论认为：“传播媒介的效果和作用在于引起人们的注意力。大众传播只要对一些问题给予重视，集中报道，并忽视或掩盖对其它问题的报道，就能影响公众舆论。而人们则倾向于关注和思考大众传播媒介注意的那些问题，并按照大众传播给各个问题确定的重要性的次序，分配自己的注意力。大众传播通过调动受众的注意力，安排问题的轻重次序，从而间接达到影响舆论，左右人们的观点和思想的目的。”①

(4) 放大舆论

社会上的舆论在萌芽阶段通常是分散、微弱的，仅仅是少数人的意见或局部地区的舆论。新闻媒介代表舆论，正是要把这些少数人的意见或局部地区的舆论集中、提高、加大意见的声势向更大的范围内扩散，大幅度扩大舆论参与者的倍数。新闻报道具有多样化、形象性、延伸性的特点，它能运用文字、声音、形象把事实和意见完整、鲜明、生动地传输到四面八方。这种传播还包括各种新闻媒介相互转载的延伸扩散和人际接续扩散两种形式，把分散的局部意见上升为全局性的、支配性的意见，这一过程就是放大舆论。

1990 年 9 月 22 日至 10 月 7 日，第十一届亚运会在北京召开。这是我国有史以来主办的第一次国际性体育竞赛盛会。众所周知，这次亚运会举办得很成功。成功的原因之一，就有新闻媒介的宣传报道。在亚运会开幕前的 500 天内，我国新闻媒介即已开始围绕亚运会的历史、有关知识、各参赛国情况以及本届亚运

---

① 张隆栋主编《大众传播学总论》，中国人民大学出版社出版，第 175 页。

会的宗旨和意义等进行了大量的宣传报道。大会期间，又对赛事作了全面而充分的报道。报道声势之大，影响面之广，是少见的。尤其是电视，播出频道之多，播出时间之长，突破了世界电视史上有关体育竞赛报道的最高记录。会后，有关媒体调查部门对亚运会宣传效果作了专题调查，结果显示："我国首都和全国多数居民对亚运会持积极态度，接触新闻媒介的受众比不接触新闻媒介的居民态度更加积极"，[①] 由于新闻媒介具有放大舆论的功能，亚运会结束很长时间后，"亚运"仍是人们谈论的中心话题。由于新闻事业具有放大舆论的功能，所以"公众习惯地把报纸看成是定型的有规律的形成舆论的工场"。[②]

(5) 引导舆论

新闻事业在反映舆情、表达舆论、组织舆论、放大舆论和引导舆论等诸功能中，引导舆论属于最高层次的功能，可以说它即是新闻事业作为一种社会舆论工具的功能，又是新闻事业主要的目的之一。

(6) 制造舆论

对于新闻媒介能否制造舆论的问题，人们的认识是不同的。有人认为：新闻媒介无法制造舆论，只能反映舆论，因为民意是客观的，不能随意炮制。有人认为，舆论是能够制造的，中外新闻史上就有无数利用新闻媒介制造舆论，迷惑视听的记载。

应该明确指出的是，新闻事业可以利用无中生有、重复谣言、鼓惑视听、制造假象等手段去制造舆论的作用，是新闻事业的一种负作用。所谓制造舆论，就是背离民意、无中生有地设计一种意见、一种事实，让人们相信它，并最后形成公众的普遍观

---

① 《中国社会心理的轨迹——亚运宣传效果调查报告集》第 156 页，赵水福主编，北京广播学院出版社出版。

② 小野秀雄：《新闻学原理》第 172 页。

念。新闻工具借助它的传播广泛性、多次性和不断更新内容的特点完全可以制造舆论，当新闻媒介的这一特点被法西斯和别有用心的人掌握和利用之后，就可以变换着花样去制造舆论，给社会造成巨大的灾难。

历史上臭名昭著的利用新闻事业制造舆论的例子首推希特勒、戈培尔的纳粹法西斯新闻宣传。在“谎言重复一千次就变成了真理”的理论指导下，纳粹德国的新闻工具开足马力，制造谣言，为屠杀犹太人和吞并欧洲，并进一步称霸世界制造舆论。二战中，希特勒开动的战争机器和舆论机器，将世界陷入巨大的灾难之中。

三、传授知识，普及教育

新闻事业被称作“生活的教科书”。广播电视被誉为“空中大学”，新闻事业具有传播科学技术和文化知识的功能。

新闻事业传授知识、普及教育最直接的是通过在报刊、广播电视中设置专门知识性、教育性栏目和讲座实现的。但新闻事业的这一功能还大量地体现在日常的具体的新闻报道中。新闻报道中包含有十分丰富的科学、文化知识，受众可以通过这些新闻报道获取大量的有关的知识。这样可以满足受众对知识的需要，有助于受众理解和接受新闻媒介所发表的各种信息。

四、提供服务，文化娱乐

新闻事业还具有为公众提供服务的功能。新闻媒介的服务主要是为公众提供信息服务。如信息咨询、医疗查寻、经营信息等等。新闻事业具有这种服务功能得益于它广泛联系社会生活各部门，并且有助于增强受众对新闻事业产生亲切感，进一步扩大新闻事业对社会生活的影响。

随着社会化程度的日益提高，现代化建设的加速，新闻事业的这种服务功能将日益显得重要。同时也日益显示出新闻事业与社会生活之间的密切关系，以及新闻事业对社会生活的影响。

新闻事业作为一种大众传播媒介，还具有提供文化娱乐的重要功能。报纸、杂志辟有专门文化艺术专栏，以小说连载、长篇历史故事连载、散文、诗歌、征文、猜谜等多种形式给读者提供文化娱乐，广播作为以声音为传播媒介，电视以声画结合、图文并茂的优势，在传播新闻、引导舆论的同时，更大量地提供诸如体育比赛、戏剧、电影、音乐、电视剧文学、文艺晚会等形式的文化娱乐，供人们欣赏休闲。新闻事业提供的文化娱乐，被称之为“大众文化”。

新闻事业提供服务、文化娱乐的功能，随着社会的发展和传播技术的不断进步，变得越来越明显。目前，世界范围内出现的广播电视多频道化、专门化，就是针对不同受众需要不同服务的特点而出现的发展趋势。

五、刊登广告，繁荣经济

新闻事业以传播经济信息、刊播广告的方式参与经济活动，对于搞活商品流通、扩大再生产、繁荣社会经济有着巨大的促进作用。历史事实表明，广告活动越频繁，经济就越繁荣。新闻事业因其具有传播信息、刊播商业广告，促产促销的功能，因而在现代社会，人们将新闻传播媒介纳入第三产业的范畴。也有人把新闻传媒当作第四产业——信息产业。

广告是促销的一种重要手段，广告的传播需要借助一定的媒介，而新闻媒介是其最理想的传播手段。同时，广告对于新闻事业的盈利作用也是巨大的。新闻事业要获得发展，离不开广告提供的经济支持。

新闻事业具有刊播广告的功能，但如果不慎，广告又会成为一种异化的力量，反过来制约、阻碍新闻事业的健康、良性发展。在西方，资本主义的新闻事业被广告这只掌握其生存命脉的巨手所控制。新闻媒介表面上可以批评甚至攻击政府的政策，甚至谩骂总统，但是对其衣食父母——广告主却不敢违抗。广告商甚至干涉新闻媒介的编辑方针，影响广播电视报纸的观点、立场。

我国社会主义的新闻事业，在利用开发新闻事业刊播广告的功能方面，走过了一段十分曲折的道路。在“文化大革命”极“左”思潮泛滥的十年，广告业被当作资产阶级的货色被批判和否定。“在所谓‘破四旧’的口号下，广告事业遭受严重破坏。广告被斥为资本主义产物，被视为资本主义腐朽和浪费的表现。电台和报纸不允许发布广告。各种户外广告被红海洋的政治口号所替代。”①

直到70年代末，随着“四人帮”的垮台和“文革”的结束，广告业开始复苏。商业广告于1979年在中国社会重新露面。1979年1月25日，上海电视台成立了广告业务科。同年1月28日的17时05分，在电视上播出“上海电视台即日起受理广告业务”的幻灯片，继而播放我国大陆电视台的第一条电视广告——参桂补酒。这条电视广告长达1分30秒，由上海市美术公司委托，电视台新闻组摄影记者摄制的。

上海电台的广告于1979年3月5日恢复广告业务。

报纸广告的恢复依然是从上海开始的。1979年2月10日药品广告开始在《文汇报》刊登。3月中旬，外国广告也陆续在报纸版面出现。②

随着改革开放的深入发展，我国经济建设出现空前的发展规

---

① 转引自《中国广告活动实证分析》，黄升民著，北京广播学院出版社出版。

② 参见黄升民《中国广告活动实证分析》第27页—29页，“广告市场的复活和发展”。

模和速度。广告市场日益繁荣，新闻传播媒介刊播广告，传播经济信息的功能被进一步开发。这里以1994年我国广告经营概况为例。

1994年，我国广告营业额为200.3亿元，较1993年增加66.2亿元，增长49%。在诸多的广告媒介中，报纸广告营业额居各类媒介之首。到1994年底全国共有2509家报社兼营广告业务，全年报纸广告营业额为50.5亿元，比1993年增加12.8亿元，增长率为34%，占全国广告营业额的25.2%；1994年底全国共有1985家电视台兼营广告业务，广告营业额44.8亿元，比上年增加15.3亿元，增长52%，占全国广告营业额的22.3%；到1994年底，全国共有929家广播电台兼营广告业务，全年广播广告营业额为5亿元，比上年增加1.5亿元，增长42%，占全国广告营业额的2.4%；到1994年底，全国共有3774家杂志社兼营广告，全国杂志广告营业额为3.95亿元，比上年增加2.1亿元，增加114%，占全国广告营业额的2%。以上各新闻媒介广告营业额总和为109.25亿元，占全国广告营业额的51.9%。[①]

我们在看到广告给新闻事业带来的发展内驱动力和繁荣经济、服务社会的正面效应之外，也应该清醒地认识这柄双刃剑的另一负面效应。一度出现的"广告新闻"、"有偿新闻"、出卖版面、买卖书号等现象是商业化对新闻媒介的渗透。由此带来的对新闻职业道德规范的破坏，对社会造成不良的影响等等，应该坚决抵制。同时，对广告宣传中出现的"高消费"、脱离生活实际、崇洋媚俗等误导，也应给予警惕和批评。

① 参见《95中国广告年鉴》第45页。"1994年全国广告经营概况分析"，新华出版社。

1992年—1996年全国报社、电视台、广播电台、杂志社营业额统计表

单位：亿元

各广告宣传媒介	1992年营业额	1993年营业额	1994年营业额	1995年	1996年
报　社	16.2	37.7	50.5	64.7	77.7
电视台	20.5	29.4	44.8	65	90.8
电　台	2	3.5	5	7.4	8.7
杂　志	1.7	1.8	3.95	3.82	5.6

第四节　社会主义新闻事业的性质、地位和任务

一、党和政府以及人民的耳目喉舌

社会主义新闻事业是党和政府的耳目喉舌，也是人民的耳目喉舌。三位一体的耳目喉舌正是社会主义新闻事业区别于其他社会条件下的新闻事业，区别于社会主义的其他各项事业的本质特征。

最早用“耳目”和“喉舌”来概括无产阶级报刊的性质和职能的是马克思。1849年，马克思在《〈新莱茵报〉审判案》的发言中说：报刊“是无处不在的耳目……是热情维护自己自由的人

民精神的千呼万应的喉舌”。[①] 他在《〈新莱茵报〉·〈政治经济评论〉出版启事》中还写道：“报纸最大的好处是它每日都能干预运动，能够成为运动的喉舌。”[②]

中国无产阶级新闻事业，在初创时期，一般都表明自己是党的喉舌，也是人民大众的喉舌。1930 年我们党的政治机关报《红旗日报》在发刊词中说：“本报是中国共产党的机关报，同时在目前革命阶段中必然要成为全国广大工农群众之反帝国主义与国民党的喉舌。”[③] 1945 年 10 月 25 日，延安《解放日报》在《介绍 XNCR》一文中说，延安新华广播电台是“人民的喉舌，民主的呼声”。[④]

我们的社会主义新闻事业是中国共产党领导下的新闻舆论工具，其性质概括为党、政府和人民的耳目喉舌，就是对无产阶级新闻事业传统的继承。

对社会主义新闻事业性质做耳目喉舌的概括，这是一个形象的比喻。“耳目喉舌”概括了新闻事业的共性特征。“耳目”者，接受新闻信息之器官也；“喉舌”者，传播新闻信息，发表舆论之器官也；“耳目喉舌”者，亦即新闻传播媒介功能之谓也。社会主义新闻事业是党、政府和人民的“耳目喉舌”，既揭示了它的个性或特殊性，又反映了它所具有的一般新闻事业的共性。这就意味社会主义新闻事业要遵循新闻传播的基本规律，遵守新闻价值法则。

党、政府和人民的“耳目喉舌”体现了社会主义新闻事业的个性特征。无论古今中外，任何阶级、政党所领导和控制或影响

---

① 《马克思恩格斯全集》第 6 卷第 275 页。

② 《马克思恩格斯全集》第 7 卷第 3—4 页。

③ 《中国报刊广播文集》（三）第 51 页。

④ 《中国报刊广播文集》第 171 页。

的新闻事业，都是党派的耳目喉舌，但不可能又都是人民的耳目喉舌。唯独无产阶级政党领导的新闻事业，才能做到既是党和政府的耳目喉舌，又是人民大众的耳目喉舌。

党、政府和人民的耳目喉舌体现了新闻事业的党性和人民性的辩证统一关系。即人民性是党性的基础和标志，党性是人民性的高度集中，社会主义新闻事业的党性和人民性是完全一致的，高度统一的。在实际工作中，要注意防止用“党性”来排斥人民性，更要防止用“人民性”来削弱甚至对抗党性。

二、社会主义新闻广播是“两个文明”建设的最强大的现代化舆论工具

社会主义新闻事业是社会主义各项事业的一个组成部分。在社会主义建设事业中占有极其重要的地位。1983 年，《中共中央关于批转广播电视部党组〈关于广播电视工作的汇报提纲〉的通知》(中发〔1983〕37 号文件) 中指出：“广播电视是教育、鼓舞全党、全军和全国各族人民建设社会主义物质文明、精神文明的最强大的现代化工具，也是党和政府联系群众的最有效的工具之一。”[①] 1994 年 1 月，江泽民同志在全国宣传思想工作会议上的讲话中指出：“在我们党领导的各条战线中，宣传思想战线是一条十分重要的战线。在我们党的各级领导机关中，宣传思想工作队伍是一支十分重要的力量。……几十年的历史表明，革命也好，建设也好，要取得伟大的胜利，都离不开宣传思想工作。高度重视宣传思想工作，充分发挥宣传思想工作强有力的作用，是我们党的一大传统、一大优势。”党领导下的社会主义新闻事业的地位，是由它的作用所决定的。江泽民同志 1996 年 9 月视察

① 转引自《中国改革开放辉煌成就十四年·广播电视卷》，顾明主编，第 9 页，中国经济出版社出版。

人民日报社时指出："历史经验反复证明，舆论导向正确与否，对于我们党的成长、壮大，对于人民政权的建立、巩固，对于人民的团结和国家的繁荣富强，具有重要的作用。舆论导向正确，是党和人民之福；舆论导向错误，是党和人民之祸。"由于新闻舆论工作具有这样重要的作用，江泽民同志进而强调："党的新闻事业与党休戚与共，是党的生命的一部分，可以说，舆论工作就是思想政治工作，是党和国家的前途和命运所系的工作。"社会主义新闻事业是在共产党领导下的新闻舆论媒介，可以说是社会主义事业的生命的一部分。它的地位亦是由它在整个社会主义革命和建设事业中的作用所决定。那么，社会主义的新闻事业在社会主义革命和建设事业中究竟具有哪些作用呢？

（一）它在"两个文明"建设中发挥着传布信息和舆论先导的作用

随着新中国的建立，社会主义建设事业的大规模开展，党的工作重点发生了转移。在全国解放前夕，毛泽东同志就及时指出："通讯社报纸广播电台的工作，都是围绕着生产建设这一个中心工作并为这个中心工作服务的。"①

党的十一届三中全会确定了以经济建设为中心，坚持四项基本原则，坚持改革开放的总方针，随后，又提出在促进社会主义物质文明建设的同时，促进社会主义精神文明建设。社会主义的新闻事业，在为"两个文明"建设中起到了信息先导和舆论先行的作用。具体表现为：

——为社会主义的经济建设提供大量的经济信息服务。本世纪 70 年代开始，世界经济信息化浪潮一浪高过一浪。1984 年 9 月 18 日，邓小平同志高瞻远瞩地为《经济参考》报题词："开发经济信息，服务四化建设"。我国的新闻事业，正是按照小平同

① 《毛泽东新闻工作文选》第 163 页。

志的这一要求，在开发新闻媒介传播经济信息功能方面发挥着巨大的作用。新闻媒介积极采集、传播各种经济信息，大到宏观经济思路、经济战略、经济决策、经济走向、经济社会发展规划、产业结构、人才需求，小至市场价格、产品销售、经营管理及有关资金、证券外汇市场的变化，从宏观经济信息到微观经济信息，都要及时开发、采集、传播，以期发挥信息潜在的价值，为社会主义市场经济服务。1983 年 6 月至 12 月，《经济参考》报集中发表了介绍国外新技术革命的文章和消息 500 多篇，其具有战略意义的经济、技术信息，引起了中央和地方领导部门的注意，为决策机关提供了大量很有价值的材料。原煤炭部、电力部和新疆、宁夏、甘肃、内蒙古等省、自治区通过在该报上传递的经济技术协作信息，获得了相当可观的经济效益。除了像《经济日报》、《经济参考》等专业的经济类报纸以外，党报、综合性报纸以及一些专业性报纸也突出经济建设的重点。以《人民日报》为例，我们对 1994 年 1 月份该报头版的信息作了抽样统计调查：结果表明，经济方面的宣传占 85% 以上的比重。广播电视以其传播信息快捷、声情并茂、图文并举的优势，在传播经济信息、服务四化建设方面独树一帜，发挥着生力军的作用。

90 年代以来，在邓小平同志南巡讲话精神鼓舞下，广播电视经济新闻呈总体繁荣趋势，有关金融、房地产、股票等各类经济性内容越来越多地进入电视报道领域，经济报道不断发挥出推动社会经济发展的实际效益。1992 年 8 月 31 日，中央电视台在办好《经济半小时》的基础上，广泛听取各方意见，在第二套节目每晚 18:30～19:00 首播《经济信息联播》，“旨在形成全国电视经济信息传播网络，沟通产供销渠道，为繁荣社会主义商品经济服务，为发展生产力牵线搭桥，成为生产者的参谋，经营者的顾问，消费者的知音，使电视直接介入经济活动，提供信息交流，培育市场体系，活跃商品经济”①。该节目开播以来，邓小平同志几乎一天不漏地定时收看。小平同志说：“《经济信息联播》专门谈经济，开办得及时。《经济信息联播》的时间虽不长，只有30分钟，但每期内容丰富，节奏明快，信息量大，对我国的经济发展、社会主义市场经济的发育，将会起到积极作用”②。1993年初，该栏目推出系列报道“走向大市场——中国市场系列报道”，获得了很好的社会反响。1994年4月，上海电视台十四频道改版，成为以经济节目为主，兼有新闻、社教、体育、文艺等各类节目，融信息、知识、娱乐、服务于一体的综合性电视频道。其中《财经报道》、《今日行情》为经济信息，前者每晚及时报道本地、外地财经动态，后者则从上午到深夜滚动播出5次、重播1次、与路透社联网播报全球财经信息，且对沪、深股市和期货市场行情的播报与交易所内即时行情基本同步；另有经济专题栏目《经济扫描》，以连续报道、深度报道形式分析经济建设和经济生活中的热点问题的现象，这种长短结合、轻重结合的栏目的组合，标志着专门的电视经济栏目日趋成熟，体现出长期、深入、全面、集中介入经济体制改革各个层面的总体传播优势。北京电视台于1991年底设置专栏《18分钟经济·社会》，1995年7月1日开播《北京特快》节目，辽宁电视台的《振兴之路》，内蒙古电视台的《中国正北方》，中央电视台二频道的《生活》专栏，也都是极有特色的经济栏目。

——为社会主义精神文明建设提供强大的舆论阵地。社会主义的报纸、广播电视、通讯社，是精神文明建设的重要的舆论宣传阵地。邓小平同志指出：“所谓精神文明，不但是指教育、科学、文化（这是完全必要的），而且是指共产主义的思想、理想、

---

① 《中央电视台大事记》，人民出版社（1993）第374页。

② 同上。

信念、道德、纪律、革命的立场和原则，人与人的同志关系，等等。”[①] 在我国社会主义建设事业中，报纸、广播电视在精神文明建设方面发挥了巨大的作用。通过新闻工作者发现和报道宣传，为全国人民在各个时期树立了一批又一批英雄模范典型。50年代的龙梅和玉荣——草原英雄小姐妹、铁人王进喜、60年代的雷锋、焦裕禄、王杰，70年代的张志新、蒋筑英，80年代的张海迪、朱伯儒，90年代的徐虎、张鸣歧、徐洪刚等，这些模范典型从不同的侧面展示了社会主义新时代的精神风貌，激励着全国各族人民同心同德为建设繁荣昌盛的社会主义现代化强国而努力奋斗。“十四大以来，在以江泽民同志为核心的党中央领导下，坚持用邓小平建设有中国特色社会主义理论武装全党，深入宣传贯彻党的基本路线和基本方针；强调讲学习、讲政治、讲正气，全心全意为人民服务；实践‘科教兴国’战略，促进科技和教育事业发展；坚持正确舆论导向，繁荣社会主义文化，弘扬主旋律；广泛进行爱国主义、集体主义、社会主义教育，突出宣传一批先进典型，普遍开展群众性精神文明创建活动；加强党风廉政建设和民主法制教育，加大反腐败、扫除社会丑恶现象和打击刑事犯罪活动的斗争力度。精神文明建设取得积极进展和明显效果，对促进改革、发展、稳定起了重要作用”。[②] 这些成绩的取得，和报刊、广播电视、通讯社等新闻舆论媒介创造性的工作是密不可分的。

（二）它为社会主义市场经济体制建设创造和提供一个有利的舆论环境

建立社会主义市场经济体制，这是一场深刻的社会变革，会

---

① 《邓小平文选》第2卷第367页。

② 中共中央十四届六中全会关于《加强社会主义精神文明建设若干重要问题的决议》。

给人们在长期计划经济体制下所形成的思想观念、价值取向、行为方式带来巨大的变革。如果说党的十一届三中全会作出了把工作重点转移到社会主义现代化建设上来的战略决策，使人们从“以阶级斗争为纲”的思想束缚中解放出来，那么党的十四大明确提出我国经济体制改革的目标是建立社会主义市场经济体制，则使人们从计划经济的思想束缚中解放出来。当前，新闻舆论宣传应该旗帜鲜明、毫不动摇地宣传建立社会主义市场经济体制的必要性、必然性和伟大历史意义，运用大量生动有力的新闻事实，帮助人们转变思想，更新观念，克服长期形成的旧思想、旧观念，为社会主义市场经济的建立和正常运行提供有力的思想保证和舆论支持。邓小平同志 1992 年初在视察南方发表的重要谈话中指出：“中国要警惕右，但主要是防止‘左’。”这是对我国思想领域的现实所作的充满辩证唯物主义思想的判断。在对待社会主义市场经济和改革开放的问题上，有两种不同的倾向。一种是：由于在计划经济体制下所形成的思想观念的束缚，人们习惯于用过去的价值标准和思想方法来看待今天的市场经济条件下的问题，因而陷入了思想误区。比如：认为市场经济是资本主义经济制度的主要特征，搞市场经济就是搞资本主义；认为改革开放、引进外资，就是引进发展资本主义；甚而认为和平演变主要是来自于经济领域等等。对于这些“左”的思想观念，如果我们不加以批判、纠正，而是用来衡量社会主义市场经济，看待改革开放，其后果轻则会使人们对党的大政方针产生怀疑，重则会直接导致否定建设有中国特色社会主义的理论和实践，断送改革开放的前程。

另一种是：对市场经济可能带来的消极因素估计不足，把市场这种手段当成目的，无视社会主义条件下和资本主义条件下两种不同类型市场经济具有各自的特性，因而陷入了思想逆区。有人认为：“……既然在经济基础上的公有制和市场经济可以兼容，不存在姓‘社’姓‘资’的问题，为什么新闻的政治属性和商品属性就不能兼容呢?”更为严重的是：有些人打着“市场经济”和“改革开放”的旗号搞腐败，且堂而皇之地为其寻找“合理性”和“必然性”的理论依据。

市场经济犹如一把“双刃剑”，它的主导方面是有利于调动人民群众的积极性和创造性，有利于资源按市场需求达到合理的配置，有利于解放生产力。但是市场经济也有容易带来消极、负面效应的一面。比如说，市场经济的自主性和功利性原则，一方面激发了人们的主动性和创造性，给市场带来生机和活力，为经济带来发展和繁荣；但另一方面，在客观上则容易强化人们的自我利益和小团体利益，即重实惠而轻理想，重等价交换而轻奉献，重眼前而轻长远，重局部而轻全局，因而导致人们思想和行为上的倾斜，严重的还会诱发利己主义、拜金主义和享乐主义。究其根源，除了同我们的市场运行法规还不健全、调节和规范经济关系的社会制约机制尚未确立有关之外，同市场经济容易带来道德滑坡的负面效应也是密切相关的。对于市场经济容易带来负面效应的问题，西方国家的有识之士也是持批判的态度。最近我国舆论界有人预言：“正如资本主义上升时期，出现了批判现实主义思潮、空想社会主义和马克思主义一样，中国社会主义市场经济的建立过程，不可能没有强大的批判资本的思潮和法制加以制约。”①

上述两种来自“左”和右的思想倾向，都会给社会主义市场经济体制的建立和运行带来极大的干扰。为使社会主义市场经济体制的航船沿着健康、正确的航道前进，新闻报刊广播电视针对上述两种错误认识，作了大量的坚持不懈的舆论引导和宣传解释。针对来自“左”的错误思想，新闻舆论大量地从正面宣传建

---

① 见1994年《视点》第4期《中国发展前景预测》一文。

立社会主义市场经济的重要性和必要必性，向人民群众通俗易懂地宣传社会主义市场经济知识，热情讴歌广大人民群众在参与市场经济体制建设过程中的伟大社会实践，及时总结在建立社会主义市场经济体制下取得的伟大成就。针对来自右的错误思想，新闻媒介运用事实说话的形式和手段，通过对比，向人们解释社会主义市场经济与资本主义市场经济在所有制、竞争手段、竞争目的、分配原则、法律道德规范等根本原则上的差别，并运用舆论监督和新闻批评的形式，对腐败现象、违反商业道德的行为和破坏市场规则的行为进行揭露批评，这些都是从反面对来自“右”的错误思想的批判。

三、社会主义新闻事业要以“正确的舆论引导人”

社会主义新闻事业担负着“以正确的舆论引导人”的重要任务。江泽民同志于 1994 年 1 月在全国宣传思想工作会议上的讲话中指出：“我们的宣传思想工作，必须以科学的理论武装人，以正确的舆论引导人，以高尚的精神塑造人，以优秀的作品鼓舞人，不断培养和造成一代又一代有理论、有道德、有文化、有纪律的社会主义新人，在建设有中国特色社会主义的伟大事业中发挥有力的思想保证和舆论支持作用。”在当前建设社会主义市场经济体制的新时期，我们的广播、电视、报刊就应按照“一个指针，四项工作”作为指导方针和主要任务。做好四项工作，首先要抓好用科学理论武装人。没有科学的理论武装，就没有正确的舆论导向，就没有思想教育和弘扬主旋律的明确方向。社会主义的新闻事业，在把“以科学的理论武装人”这一重要的任务，具体落实到新闻舆论宣传上，就是要宣传马克思主义、毛泽东思想，宣传邓小平同志建设有中国特色的社会主义理论。用这些正确的理论来武装全党和全国人民的思想，并化为建设社会主义现代化强国的具体行动。

“以正确的舆论引导人”，这既是社会主义新闻事业的本职工作，也是中心任务。具体说，在现阶段，社会主义新闻事业“以正确的舆论引导人”，可以概括为：

1．宣传马克思主义、毛泽东思想、邓小平理论。

2．宣传和报道十一届三中全会以来党的路线、方针、政策，宣传和报道广大人民群众为落实这些路线、方针、政策的伟大社会实践。

3．宣传和报道扩大开放、深化改革和社会主义市场经济体制建设。

4．宣传和报道社会主义精神文明，努力提高全民族的思想道德素质和科学文化素质，为培养一代“四有”新人作好舆论宣传工作。

5．宣传和报道人民群众在改造世界、创造新生活中表现的崇高品格和取得的光辉业绩。

6．宣传和报道社会主义民主、社会主义法制，坚决同一切破坏社会主义民主、违反社会主义法制的言行作斗争，为扩大社会主义民主，健全社会主义法制做好舆论宣传工作。

总结现有的理论认识和新闻实践经验，把握正确的舆论导向，须注意以下内容：

舆论导向具有不同层次，首先是政治导向，其他有思想导向、价值导向、行为导向、审美导向、服务导向等。舆论导向正确的前提条件是坚持党性原则，这就要求必须坚持以邓小平理论和党的基本路线为指导；必须在政治上同党中央保持高度一致；必须坚持为人民服务，为社会主义服务，为全党全国工作大局服务，自觉加强同人民群众的密切联系；必须认真宣传党的路线和各项方针、政策，体现出把握正确舆论导向的准确性、及时性、鲜明性和自觉性。

总之，社会主义新闻事业“以正确的舆论引导人”，“就是要造成有利于进一步改革开放，建立社会主义市场经济体制，发展社会生产力的舆论；有利于加强社会主义精神文明建设和民主法制建设的舆论；有利于鼓舞和激励人们为国家富强、人民幸福和社会进步而艰苦创业、开拓创新的舆论；有利于国家统一、民族团结、人民心情舒畅、社会政治稳定的舆论。"[①] 这是衡量舆论导向的重要标准；遵守国家法律和政策规定，是对新闻宣传工作的基本要求。因此，这两方面内容应当成为检验舆论导向正确与否的基本标准。

"以高尚的精神塑造人"，是社会主义新闻事业的一项崇高使命。报刊、广播电视具有提供教育、普及文化科学知识的功能。人们群众把广播电视视为"空中课堂"，"以高尚的精神塑造人"，就是指新闻事业担负着鼓舞和引导人们奋发向上的教化、宣导任务。在社会主义社会，高尚的精神是以爱国主义、集体主义、共产主义精神为核心内容。报刊广播电视宣传这些思想道德，是以发现生活中涌现出来的典型事迹和典型人物，并深入挖掘体现在（它）他们身上的精神内涵为主要方法的。雷锋精神体现的是共产主义精神，蒋筑英、李四光等知识分子典范反映了强烈的爱国主义精神。"高尚的精神"在新时期的内涵是十分丰富的。它是毛泽东同志早就倡导的全心全意为人民服务的精神；就是邓小平同志反复强调的"有理想、有道德、有文化、守纪律"的精神；就是江泽民同志概括的 64 个字的创业精神，即：解放思想、实事求是，积极探索、勇于创新，艰苦奋斗、知难而进，学习外国、自强不息，谦虚谨慎、不骄不躁，同心同德、顾全大局，勤俭节约、清正廉洁，励精图治、无私奉献。这些精神既继承了我们民族的传统美德和长期创业的宝贵经验，又有鲜明的时代特色，是建设有中国特色社会主义的强大精神支柱，也是社会主义

① 江泽民 1994 年 1 月《全国宣传思想工作会议上的讲话》。

新闻广播电视、报刊应该大力宣传、弘扬的精神。

社会主义新闻事业的引导、教育、服务等诸种作用，主要是通过新闻报道的作品体现出来的。优秀的新闻作品，对于有力地发挥新闻事业的作用，起着十分重要的作用。“以优秀的作品鼓舞人”，是以物化的精神产品落实“以科学的理论武装人，以正确的舆论引导人，以高尚的精神塑造人”这三项任务的。广播、电视、报刊是生产精神产品的重要部门，担负“以优秀的作品鼓舞人”的重任。新闻工作者是人类灵魂的工程师，应该在社会主义新时期，向广大受众奉献更多更好的优秀新闻作品，应该写出和拍摄出比当年的《县委书记的好榜样——焦裕禄》、《为了六十一个阶级兄弟》更感人、更典型的新闻精品。当前，一批堪称优秀的名专栏、名节目脱颖而出，引起了亿万受众的关注。中央电视台的《焦点访谈》、《东方时空》，中央电台的《新闻纵横》，人民日报的《人民论坛》等专栏，不仅以人们关注的题材和新颖的形式吸引人，而且为培养名记者、名编辑、名主持人创造了机会和条件。目前，我们要认真实施中央的精品战略，把我们的广播、电视、报刊办得更加活泼生动，更富于感染力和竞争力。

第六章　新闻自由

“新闻自由，亦即出版自由，属公民民主权利中的一种，是宪法所规定的言论、出版自由在新闻传播活动中的体现和运用。”[①] 新闻自由，主要包括四个方面的内容：

一、依法创办报刊、广播电台、电视台等新闻传播媒介的自由。

二、在法律许可的范围内从事新闻采访、搜集的自由。

三、在报刊、电台、电视台发表新闻和言论的自由。

四、在法律许可的范围内发行报刊、传播新闻的自由。

新闻自由是公民的一项民主权利，也是政治自由的重要组成部分。

正式提出言论出版自由的人，是 17 世纪英国诗人、思想家约翰·弥尔顿（1608—1674）。他于 1644 年发表了题为《论出版自由》的演说。呼吁英国议会废除事前审查出版物的法律。1878 年，言论出版自由被载入法国《人权宣言》，美国独立战争以后被列入宪法的条款。

自弥尔顿正式提出言论出版自由到如今，几百年来，围绕新闻出版的自由的议论和斗争始终没有停止过。各个阶级站在不同的立场上，根据各自的利益以及对新闻自由的不同理解，维护或争取这样或那样的新闻自由，限制甚至是扼杀新闻自由，并且相互之间展开了激烈的斗争。

---

① 《中国新闻实用大辞典》第 4 页。

今天，两极争霸的局面已经消失，冷战时代已经过去，代之是多极化的世界格局的出现，意识形态的渗透与反渗透，新闻控制与反控制，世界传播秩序的不平衡和要求打破这种不平衡的斗争，都无一例外地与新闻自由问题有着宏观与微观的联系。新闻自由，已成为目前各国新闻界，乃至全社会普遍关注的一个焦点问题。

第一节　“新闻自由”口号的由来

如前所述，当人类历史进入到中世纪末，在近代新闻事业的产生和发展中，就出现了“新闻出版自由”这一口号。这一口号虽然是由新兴的资产阶级所提出，但并不是这一阶级所发明的。在这之前，劳动人民已经为争取自由的权利（其中当然就包括言论自由）进行了几千年的斗争。更何况，在原始共产主义社会，就存在着人人享有言论自由权利的状态。恩格斯在《家庭、私有制和国家的起源》一书中指出：“氏族制度是从那种没有任何内部对立的社会中生长起来的，而且只适合于这种社会。除了舆论之外，它没有任何强制手段。”① 可见，在原始共产主义社会，公众的言论，具有类似于今天的法律的作用。这不是依靠逻辑推理得出的结论，而是建立在科学考察研究基础上的结论。恩格斯曾在《家庭、私有制和国家的起源》中，用马克思主义唯物史观的语言，详尽地引述了摩尔根对古代社会的研究和发现：

“北美洲的原始部落易洛魁人，每五个血缘关系部落在完全平等和各自独立的基础上结成永世联盟。联盟的机关是联盟议事会，这个议事会对联盟的一切事务作最后的决定。议事会由五十个地位和权利平等的酋长组成，在议事过程中具有表决权（显

① 《马克思恩格斯选集》第4卷第165页。

然，这是原始社会的决策系统）。会议在聚集起来的民众面前公开举行，会场四周围着决策者之外的其他成员；每个易洛魁人都可以发言，都有权加入讨论和发表自己的意见。不仅男子，妇女们也可以通过她们选定的发言人陈述自己的看法。”① 后来人们又在其它地区发现了同类的原始社会的舆论形态。

这种由全体氏族部落成员的舆论来议事和决策的制度，维系着社会公有制的基础。对此，路·亨·摩尔根在《古代社会》一书中说：“它的全体成员都是自由人，都有相互保卫自由的义务；在个人权利方面平等，不论酋长或军事首领都不能要求任何优越权，他们是由血族关系结合起来的同胞。自由、平等、博爱，虽然从来没有表达为公式，但却是氏族的根本原则”② 恩格斯为此而赞叹道：“这种十分单纯质朴的氏族制度是一种多么美妙的制度啊！没有军队、宪兵和警察，没有贵族、国王、总督、地方官和法官，没有监狱，没有诉讼，而一切都是有条有理的。一切争端和纠纷，都由当事人的全体即氏族和部落来解决，或者由当事人自己解决，在大多数情况下，历来的习俗就把一切调整好了。”③

我们从人类古代公有制社会的舆论和形态中，可以看到，在人类早期的公有制社会，人人享有言论自由的权利。这一阶段全体社会成员的意见，不仅具有就事议论和表达主张等直接决策的功能，而且还具有维持社会生产和社会秩序的行为规则的直接作用，因而既是原始的舆论，又可谓原始的“法律”。

随着生产力水平的提高，剩余产品的不断增加，部族首领将这些剩余产品据为己有。于是私有制开始出现，人类社会进入了

---

① 《马克思恩格斯选集》第4卷第165页。

② 《马克思恩格斯选集》第4卷第165页。

③ 《马克思恩格斯全集》第21卷第111页。

阶级社会。统治阶级和被统治阶级的对立，使权力和义务发生了分离。一个阶级掌握了一切权利，另一个阶级却被赋予了几乎所有的义务。统治阶级为了从巩固其统治地位的利益出发，剥夺被统治阶级的言论自由权利。而被统治阶级为争取自己的权利进行着不懈的斗争。这种斗争一直贯穿着人类阶级社会。在奴隶社会，奴隶们反抗贵族的奴役，要求从奴隶主的虐待和束缚中解脱出来。他们以诗歌的形式申诉着不平。“硕鼠硕鼠，无食我黍！三岁贯女，莫我肯顾。逝将去女，适彼乐土！乐土乐土，爰得我所！”（见《魏风·硕鼠》）在封建社会里，统治阶级总是要牢牢地控制言论，用以巩固自己的统治地位。从秦始皇焚书坑儒，到清王朝的大兴文字狱，都是封建地主阶级钳制人民群众言论自由和出版自由以巩固其统治地位的重大措施。在欧洲，情况也不例外。从公元 10 世纪到公元 14 世纪，这一漫长的时期，是欧洲最黑暗、最野蛮的“中世纪”。这一时期，欧洲各国实行君主暴政，农民身上被捆上三条绳索，那就是君权、神权、领主权。科学是神学的奴婢，统治者用宗教来压制人们的思想。人们如果对宗教有怀疑和抵触，轻者遭贬黜充军流放之发落，重者还会遭到杀身之祸。科学家哥白尼因发现“日心说”，和宗教的“地心说”相抵触，因此遭到罗马教会的迫害。和哥白尼同一时代，比哥白尼小 6 岁的意大利科学家、哲学家布鲁诺，因反对教会的经院哲学①，主张人们有怀疑宗教教义的自由，被宗教裁判所判处死刑，火烧在罗马。由于欧洲这一时期甚为残酷、黑暗、愚昧，所以“中世纪”成了一个代名词，意指黑暗统治。但是哪里有压

① 经院哲学，是西欧中世纪主要哲学思想的总称。因产生于天主教的学院，故称为经院哲学。经院哲学的宗旨是论证基督教的教义，维护教会和封建主的统治。我们现在常用的“经院哲学”这个词，是这个词的转义，意为任何繁琐的哲学或理论。研究的问题大都是脱离现实的抽象概念。

迫，哪里就有反抗，封建社会，我国的宋代出现的“小报”，以及威尼斯、巴黎等地流传的“手抄新闻”，就是农民或新兴的资产阶级向封建统治阶级进行言论出版自由斗争的表现。我国自古以来的许多农民起义，曾经采用“揭帖”、“檄文”以及“醒世文”、“千字昭”、“天情道理书”等等形式，争取言论出版自由，宣传农民革命的思想，表达农民阶级的主张，动员广大劳动人民推翻封建专制的统治。由此可见，争取言论、出版自由，是被压迫阶级争得政治权利的重要部分，而不仅仅只是资产阶级一个阶级发明的专利。

新兴的资产阶级提出言论出版自由的口号，也是从维护自身利益出发的。当资本主义商品经济的桅杆从地平线上露出后，新兴的资产阶级为了获得商品交换流通的自由，享受大量积聚财富的自由，为进行商品生产而进行的科学研究的自由，强烈呼唤人性、人权、自由和个性解放。到 17、18 世纪，欧洲一些资产阶级思想家如卢梭、狄德罗、孟德斯鸠等等，以“天赋人权”的人本主义哲学思想为理论武器，向罗马天主教及其代表的经院哲学和神学为主要内容的腐巧的封建意识形态，展开了无情地攻击和批判，动摇和摧毁了“君权神授”、“朕即国家”的陈腐观念，强调人人有生存权、自由权、平等权、财产权、自卫权以及反抗压迫权等等。并认为这些特权是永恒的、天赋的、普遍的、不可转让的、不可剥夺的，不因时间、地点、民族、出身和环境等不同而有任何差别。它先于国家和法律，甚至先於人类而存在，国家和法律既不能规定、也不能改变它。这就是“天赋人权”学说的最初含义。

1644 年，英国资产阶级的政论家、诗人、思想家约翰·弥尔顿以“天赋人权”学说为理论依据，阐述主权在民的思想。他在这一年发表的题为“Areopagitica”的长篇演讲中，提出并热烈捍卫出版自由的口号，在这篇意译为《论出版自由》的演说中，弥尔顿提出“杀人只是杀死一个有理性的动物……禁止好书，则是扼杀了理性本身。”他还宣传“自由表达思想和意见”对社会进步和科学、文化发展的重要作用，主张废除那部代表英国封建主义的出版特许制度的《出版物管制法》，这无疑是向封建统治阶级禁锢言论出版自由提出的公开挑战。由于要求言论出版自由的口号，在当时“反映了资产阶级反对僧侣、国王，封建主和地主的斗争”，[①] 传播了资产阶级民主、自由的思想，抨击了封建主义的宗法思想，动摇了封建专制秩序的基石，反映了广大劳动人民反对封建的要求，顺应了时代发展的潮流，因此，列宁把这个口号称为“伟大的口号”[②]。

第二节 资本主义制度下新闻自由的实质

新闻自由是资产阶级处于新兴的、上升时期的、为反对封建统治，顺应历史发展趋势，符合广大人民群众的愿望而提出来的一个伟大的口号。新闻出版自由，为人类物质、精神的发展，为人类思想宝库增添了一朵最璀灿的花朵。很难想像，没有新闻出版自由，人类能够摆脱封建的中世纪愚昧、专制、黑暗的统治；没有新闻出版自由，人类能够因自由地交流科学技术的成果而带来社会的巨大进步；没有新闻出版自由，人类的精神宝库能保存下千百万思想家们留下的不朽思想遗产。当资本主义制度确立之后，资本主义国家在长期的统治过程中，逐步形成了一套适合资产阶级统治的政治民主体制。这套民主体制在调整资产阶级内部关系，维护资产阶级整体利益和统治，防止资产阶级统治退步成个人专制以及缓和资产阶级和人民群众矛盾等方面，起到了重要

① 《列宁全集》第32卷第492页。

② 同上。

的作用。在这些资本主义国家的政治民主体制中，新闻自由仍然是相当重要的组成部分。但是，在“以金钱的特权代替封建社会的一切个人特权和世袭特权”为特征的资本主义社会里，自由和其它东西一样，已被金钱所雇佣和奴役。在当代垄断资本控制下的新闻自由，已失去了资产阶级初期为反对封建统治，争取自身包括广大劳动人民言论自由权利的神圣光环，而变成了一块为掩盖垄断资本压榨下的大部分人无法享受这一权利的遮羞布。

当代资产阶级的新闻自由具有以下特点：

（一）资产阶级新闻自由是资本主义私有制和无政府集团竞争通过新闻手段的一种反映。

当代资产阶级新闻事业是建立在资本主义私有制的经济基础之上的，属于私人所有的企业。随着竞争和垄断的加剧，这些私营企业越来越集中在少数垄断资本家、垄断报系和垄断财团的手中，成为他们盈利的工具。

美国的垄断财团，特别是东部摩根财团和洛克菲勒财团，控制着几乎所有的主要新闻媒介。对于这一点，连许多美国新闻界人士也不否认。我们可以从附图中得到较为详尽的了解。

附图一　摩根财团对美国新闻界控制示意图

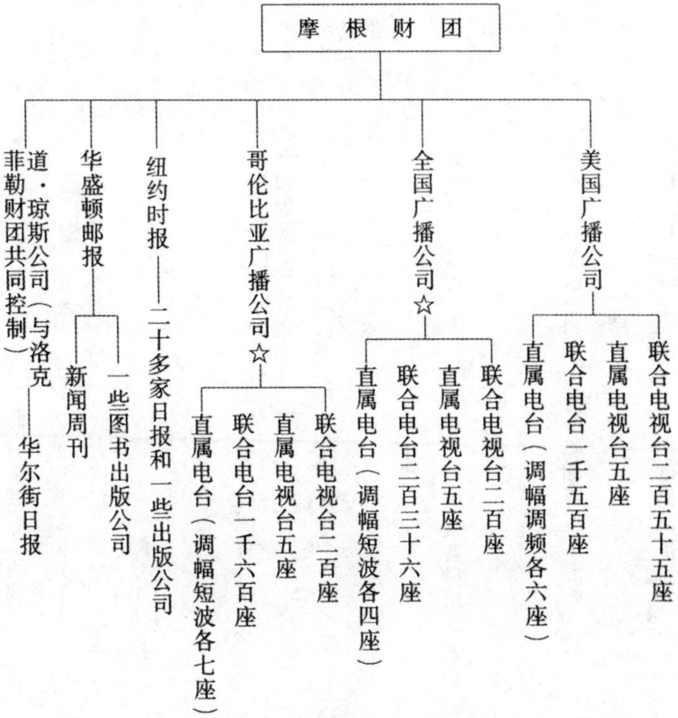

资料来源：佩洛：《美国金融帝国》，《幸福》一九七四年五月号，《外国新闻界情况汇编》，《国际新闻界》一九七九年第二期。

注　有☆的广播公司为洛克菲勒财团共同控制。

附图二　洛克菲勒财团对美国新闻界控制示意图

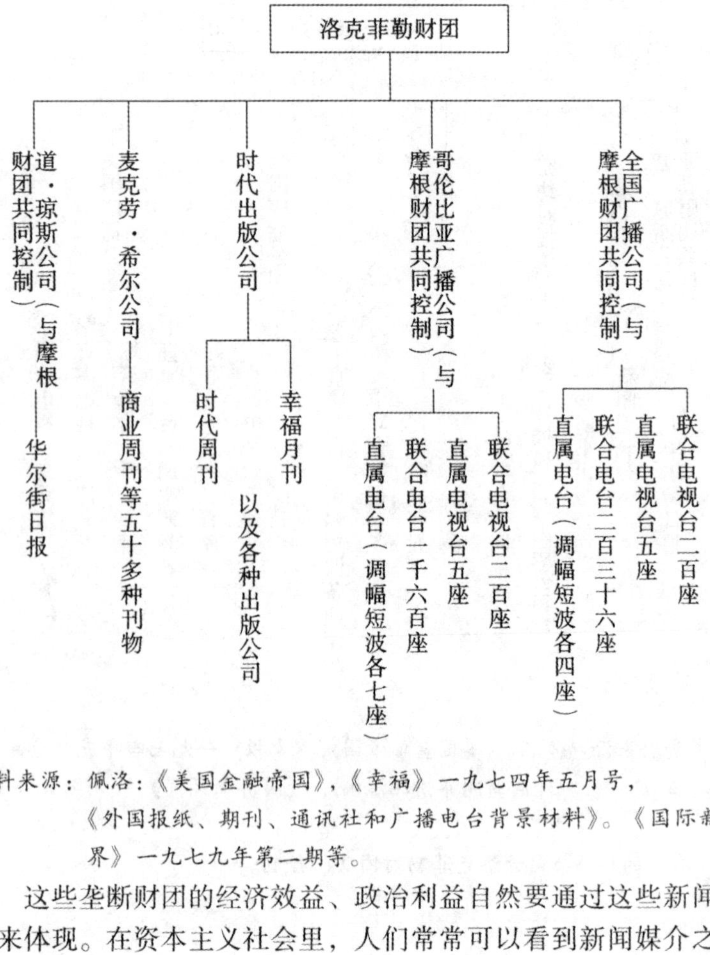

资料来源：佩洛：《美国金融帝国》，《幸福》一九七四年五月号，《外国报纸、期刊、通讯社和广播电台背景材料》。《国际新闻界》一九七九年第二期等。

这些垄断财团的经济效益、政治利益自然要通过这些新闻机构来体现。在资本主义社会里，人们常常可以看到新闻媒介之间相互争论、攻讦、揭短，这种现象给人以极端民主和绝对自由的假象，资产阶级以此作为新闻自由的象征。其实这种现象正是资本主义无政府状态的集团竞争在新闻上的反映。就拿 70 年代在美国轰动一时的“水门事件”来说，表面上看是尼克松总统被美国的《华盛顿邮报》等新闻媒介拉下马，新闻媒介成了“第四种权力”，新闻自由似乎发挥到极致，但是事实上，“水门事件”是东、西部垄断财团在政府内势力不平衡，进行权力再分配所用的一个手段，并非人们所言的证明了资本主义社会的民主、自由，表现了美国的民主力量。

（二）当新闻事业涉及到国家利益和垄断财团利益时，新闻舆论则会保持高度的一律。

《华盛顿邮报》是美国一家有着巨大影响的报纸。这家以客观、公正自居的报纸在它的《记者手册》中明确规定，作为一家在首都出版的报纸，在报道国家安全时有双重职责，要格外谨慎地处理敏感信息，编辑们要严格审查那些有害国家安全的信息。要通过新闻界的自律，防止涉及国防、情报和外交事务等政府秘密的泄漏。该《手册》还规定，没有定密级的信息并不意味着这条信息就可以公开发表，如美军的战略战术并不总是被定密级的。

美国的报纸公开宣称，国家的利益高于一切，但同时认为这是更深层的一种利益。如《手册》中写道：《华盛顿邮报》与国家利益和社区利益生死攸关……但是一个联邦官员声称的国家利益不一定就是国家利益。分析其涵义，美国的新闻媒体只服从美国大资产阶级的国家利益，而受垄断财阀操纵的政府官员如果不按大资产阶级的利益办事，美国的新闻媒体就给他发难。如1995年秋，美国的新闻媒体和国会起初坚决反对克林顿夫人参加北京世界妇女大会。后来，当克林顿夫人在北京世妇会上大骂中国妇女，攻击中国政府后，美国的新闻媒介就大唱她的赞歌。《华盛顿邮报》把她在北京世妇会上谩骂中国的讲话稿全文刊登在国际版显著位置。

再如，美国在伊朗、伊拉克、南斯拉夫塞族领导人问题、台湾海峡、香港问题、西藏问题、日本与第二次世界大战、海湾战争、联合国会费缴纳问题、加入联合国教科文组织等方面，舆论高度一致，听不到任何不同的声音，除非是哪个记者不想在美国新闻圈内混下去了。

（三）当代资产阶级新闻自由还要受法律和其它各种方式及手段的控制。

法律界定了新闻自由的范围和程度。新闻活动的各个环节都受法律的调节。有关的法律如：诽谤法、对新闻出版的事前限制、记者守则、新闻自由与公正审判问题等。资产阶级新闻学非常强调对滥用新闻自由要依法追究。尽管对法律限制的范围与程序还有争论，但是只有一点是各种解释都一致的，就是新闻自由不是绝对的，而是应该有限制的……控制滥用报刊是法律的正当任务。当实施新闻自由不危及资产阶级的根本利益和资本主义私有制时，这种民主权利就可在法律的范围内实现；当认为新闻自由危及到私有制及其根本利益时，便会受到资产阶级国家机器和垄断财团的制裁。

其次是通讯社控制。通讯社是新闻媒介消息的重要来源。垄断资本通过控制通讯社进而控制新闻的发布。美国两大通讯社（美联社和合众国际社）以及大量的特稿辛迪加，几乎垄断了所有美国报纸的新闻和专稿、图片等。对内如此，对外也是如此。资本主义国家凭借自己的经济实力和先进的科学技术，利用自己的通讯社和其他媒介（如卫星电视、对外广播）大量向发展中国家进行宣传，以此进行思想渗透和文化侵略。发展中国家报道的国际新闻中有80%—90%是来自西方四大通讯社（美联社、合众国际社、路透社和法新社）。发达国家垄断财团拥有的直播卫星已遍布全球上空。较有影响的有美国的CNN、ABC、MTV，英国的BBC，欧洲的Europe News等等。资产阶级为了自己的经济、政治利益，按自己的需要和目的报道新闻，不顾发展中国家的事实和反对，向它们大量倾泻它们的“文化产品”。这种新闻传播不平衡已成为世界议论的中心话题之一。

这些资本主义国家对外宣传时，都毫无例外地打出所谓“新闻自由”、“传播自由”的口号，实际上是为本阶级的经济利益、政治目的服务的。它们的自由是以取消发展中国家自由选择和平等报道的权利为前提的。

第三，通过政府的各种公关手段控制。如政府及各种组织召开的新闻发布会、记者招待会、“吹风会”以及记者俱乐部等。资产阶级新闻事业与资产阶级政府的根本利益和大方向是一致的。政府及垄断集团通过这种公关手段传达自己的意志，宣传自己的政策，统一口径，形成并影响舆论。

（四）采取抬高、贬低、淹没、封杀等新闻编排手法的控制。这是西方资产阶级新闻媒介处理敏感新闻的惯用手法。

“突出”：对于他们认为重要的新闻，突出加以报道。主要作法是：1. 报纸使用大字号标题，大量篇幅。最重要的新闻刊登在头版使用巨大标题以至通栏标题和大量版面。2. 新闻配以照片、“新闻人物”、“新闻分析”等。3. 在社论版配以社论。重大事件可连续发表社论、评论和读者来信。4. 在“社论版对页”配以本报专栏作家的文章、评论（专家或一般人的评论文章）。5. “新闻摘要栏”。重要新闻逐条刊登内容摘要，次要新闻刊登标题索引。在该栏的“今日引语”中刊登新闻人物的引语。6. 星期日版的“一周回顾”组件加上背景材料，新材料，重新改写加以综述。7. 重大事件连续显著刊登。并连续利用以上各种作法加以配合。8. 广播电视新闻节目则在头条位置加以突出，有时还采取对比的手法，加大影响、渲染气氛、增强效果。如江泽民主席1994年11月访问纽约会见美国总统克林顿那天，美国广播公司在晚上6时半的黄金时间，第一条就是一条长达3分钟的来自中国的消息，这是非常罕见的。节目主持人在开播时，特别警告观众：“下面的消息有恐怖镜头。”这条电视新闻的内容是关于中国公安枪毙死刑犯。里面用了许多特写镜头。播音员在播送这条消息时，大量使用了“野兽”、“中世纪”之类的形容词攻击中国。美国广播公司在中美两国领导人会见的当天，在收视的黄金时间有意选择这样的画面，其用意不言自明。

“淹没”：对于不得不刊登，又不愿意引人注意的事件，刊登在内页不显眼的地方，让它淹没在巨大篇幅的新闻与广告交错的内页的汪洋大海中。

1996 年 4 月 24 日至 26 日，俄罗斯总统叶利钦对中国进行国事访问，同江泽民主席举行了中俄领导人第三次最高级会晤。中国、俄罗斯、哈萨克斯坦、吉尔吉斯斯坦和塔吉克斯坦五国元首在上海签署了关于在边境地区加强军事领域信任的协定。这是近年来在中国发生的一次重大的国际事件，引起了国际舆论的普遍关注。新华社、俄通社——塔斯社、法新社、路透社等对这一重大事件报道得相当充分和及时。而号称“世界信息自由流通中心”的美国媒体对这样重大国际事件的报道却平淡得出奇，并且一切从美国的政治需要出发，新闻的客观、公正和真实性一点也不要了。叶利钦访华那天，美联社仅发了两条消息，而且在内容上完全从美国的国家利益出发。美国的一家大报《纽约时报》，在处理这一重大新闻事件时，采取的就是典型的淹没的办法。以重视报道国际新闻著名的《纽约时报》为了应付，仅在第 4 版一个极不显眼的位置发了一条几百字的消息，标题字号很小，同时为了抵消这样一条小消息会给读者带来的“不良影响”，《纽约时报》在这条不起眼的消息的上方刊登了该报驻京记者邵培德写的一篇恶意挖苦的文章，《中国谋求选择原子弹来挡开小行星》。

“抑低”：在版面上排在下半版，不显著的地位，使用小标题。标题中使用贬义词等。

“夭折”：大报每天出几次版，对于不愿广为流传的新闻，只在报纸的一次版中刊登。在当天版的其他版次中删去。

“封杀”：对于不愿报道的新闻事件，加以隐瞒、完全不予报道，或干脆不予理睬。

在1996年7月美国亚特兰大奥运会开幕式上，当中国队入场时，美国全国广播公司（NBC）体育评论员科斯塔斯说：

中华人民共和国的人口为全世界的1/5，经济增长率每年约为10%，包括美国在内的每一个经济强国都想敲开大门进入这个潜在的庞大市场。但是，中国存在人权问题、版权争端问题和对台湾构成威胁的问题。在奥林匹克运动会上，他们出类拔萃，他们在巴塞罗那奥运会上获得54枚奖牌，名列第四。中华人民共和国直到1984年才参加奥运会。在此之前的30年里，中华人民共和国没有参加奥运会。他们在体育运动方面出类拔萃。但是，有一些怀疑，特别对于他们的田径运动员和他们的游泳女选手，他们可能使用提高成绩的药物。在巴塞罗那奥运会上，一个也没有抓到。但是，在那以后，已经抓到了几个。

科斯塔斯的这番话，激起了海外华人的强烈不满。亚特兰大奥运会开幕式刚刚结束，加利福尼亚大学伯克利分校中国学生学者联谊会便起草了给NBC的抗议信，几天之后的7月26日，已有代表6.4万华人的60个团体和2300多名个人在这封信上签了名，仅签名就长达100页。参加抗议的团体包括斯坦福大学、哈佛大学、哥伦比亚大学、麻省理工学院、普林斯顿大学等美国名牌大学的中国学生学者联谊会、以及硅谷华人工程师协会等。与此同时，更多的海外华人通过互联网络、传真、电话和其他渠道发出的类似抗议，像潮水般涌向NBC总部。抗议信中“强烈要求科斯塔斯或NBC公开道歉!”

在美国的华人从没有如此激烈地表示过对一个主流媒介组织的愤慨。而NBC又是如何反应呢？“毫无反应!”加大伯克利分校发出的一个网络公报说，“NBC根本不把我们7万人的请愿放在眼里!”向NBC讨还公道的抗议活动由此开始。旅美华人和学子没有别的途径通过美国的主流媒介向公众传达自己的心声，只得采取付费登广告的办法，争取让美国广大的媒介受众了解他们对NBC的抗议。

科斯塔斯在奥运会期间发表了那么多诬蔑中国和中国运动员的评论，引起旅美华人和学子那么大的愤慨，可是NBC在收到潮水般的抗议信件之后，仍安排科斯塔斯在“今宵”节目中为自己狡辩了10分钟，却始终不曾让一个中国抗议者出镜。连起码的客观公正都谈不上。

（五）在当今世界新闻传播秩序不平衡的情况下，少数西方发达国家的新闻自由流通是建立在不发达国家新闻流通不自由的基础之上的。

少数西方发达资本主义国家，依仗着强大的经济实力和先进的科技实力，建立了新闻信息流通的巨大网络。特别是九十年代以后，随着卫星电视直播技术、电子计算机互联网络的广泛运用，进一步加剧了发达国家与发展中国家在新闻信息传播方面的差距。正如一些传播学者所指出的那样，世界已进入媒介帝国主义时代。这种新闻信息交流的垄断，给不发达国家的新闻交流造成了极大的限制。

这种现象引起了发展中国家和联合国有关组织的忧虑。“在二十世纪七十年代，关于交流问题的国际辩论曾经在许多方面发展到了吵吵嚷嚷、发生对抗的地步。第三世界对来自工业化国家的新闻在新闻流通中占据支配地位提出的抗议，往往被看作是对新闻自由流通的抨击。新闻自由的捍卫者则被说成是侵犯了国家主权。”①这种打着“新闻自由流通”的旗号，而行干涉别国内政，争夺别国传播资源和强占传播市场之实的做法，突出地表现在当今世界激烈的空中电波战方面。西方发达国家依仗强大的发

---

① 《多种声音，一个世界》Dxix 中国对外翻译出版公司，1981年。

射功率和政治、经济、军事实力，利用空中电波对第三世界或敌对国进行其文化价值的宣传或意识形态的渗透。1989年，美国公然践踏国际公约，盗用古巴这样一个主权国家的广播频道，开办“马蒂”电视台，内容上尽是攻击古巴这个社会主义国家。这一海盗式行径，遭到了古巴包括世界范围内的舆论的一致谴责；1996年9月，美国又开播了旨在“瓦解中国、越南社会主义铁幕”的“自由亚洲电台”；1996年10月，“美国之音”通过卫星用波斯语向伊朗播出电视节目。伊朗政府以“西方的腐朽文化流入伊朗”为理由，禁止收看卫星电视节目。

除了加强对不同社会制度和不同意识形态的国家进行电波渗透外，抢占不发达国家和欠发达国家的广播电视市场，也是当今西方少数发达资本主义国家，在广播电视发展战略的一个最重要的目标。以印度为例，印度全国有9亿多人口，大约5500万电视家庭，1500万有线电视家庭和一大批新兴的说英语的中产阶级阶层。近年来，时代华纳公司、默多克新闻公司、特纳国际公司、皮尔逊公司以及卡尔顿通信公司等全球性传播大公司都纷纷进军印度，抢夺印度这块巨大的传播市场。①

由于发展中国家对这种传播秩序的严重失衡持抵触和反对的态度。并以关闭天空和进行干扰作为对抗，而西方发达国家又以开办数字卫星直播电视，并生产十分简宜的接收卫星直播电视节目的便携式天线，来作为打入发展中国家的又一途径。据《国际电视业务》报道，西方各国新闻频道纷纷进入亚洲，除了全球性的美国有线电视新闻网国际台（CNNI）、英国广播公司世界新闻电视台（BBC World）和美国全国广播公司新闻台（CNBC）外，由传媒巨头默多克在英国创办的英国空中广播公司占有的“空中

① 参见《世界广播电视参考》1997.2期“西方传播公司竭力打入印度电视市场”一文。

新闻台”（Sky News）也可能进入亚洲市场。这个台在 1996 年初通过卫视台控制的亚洲二号卫星免费向亚洲广播，但由于没有大张旗鼓地宣传，人们还不太知道它的存在。“空中新闻台”通过 Foxtel 卫星向澳大利亚播出，还通过轨道卫星向中东广播。

人们还期望“福克斯新闻网”某个时候会出现在亚洲。此外，微软全国广播公司（MSNBC）新闻台已任命一位驻亚洲的人员来探索开发亚洲市场的可能性。但除非 MSNBC 的节目真正适合亚洲观众，不然 MSNBC 不太可能插足亚洲。NBC 国际开发部高级副总经理斯图尔特·戈德法布说：“我们希望最终能出现在整个亚洲。”目前该台在亚洲太平洋地区的主要市场是日本和澳大利亚，然后是台湾、香港和新加坡。新闻电视频道之间存在着激烈的竞争，尤其商业频道 ABN 和全球金融频道 CNBC。

CNBC 在亚洲的投资超过 1 亿美元，而由道·琼斯和电信公司控制的 ABN 采取比 NBC 要保守的金融政策。ABN 初步投资为 2000 万美元。ABN 销售、市场和发行部执行主任迈克·库珀说，该频道 1999/2000 年前可以达到收支平衡。到 1996 年 9 月该频道的广告收入已达年计划的 83%。

然而，CNBC 宣布 CNBC 和一般娱乐频道 NBC 在 1996 年第三季度的广告收入比前一年增加了 200%。CNBC 开播于 1995 年，24 小时广播，在亚洲有观众 330 万。这还不算印度观众，因为 CNBC 和 NBC 在 1996 年 10 月才开始向印度广播。

ABN 和 CNBC 在印度也存在竞争。ABN 和印度频道 ABNI 于 1995 年 12 月开播，24 小时播出节目。这是 ABN 和一家独立印度制片厂合资企业，播出的节目包括 30 分钟全国新闻、30 分钟时事讨论、30 分钟南亚报道。ABN 宣布，它已与印度广播公司签订地面广播协定，与有线台签订了转播协定。这样，ABN 在印度的观众就有 1600 万个家庭。

CNBC 在印度与“通用电器公司”的子公司“印度通用电器

公司”签订合同，合资制作印度地方节目。①

西方发达国家利用强大的无线电波功率和五花八门的广播电视媒介产品对发展中国家进行覆盖渗透，获得了政治和经济两方面的巨大效益。以亚洲地区的发中国家为例，目前，亚洲地区已成为欧美烟草的倾销地。麦当劳快餐、西门子电器、福特牌汽车、三洋、索尼、日立等家用电器，随同西方的文化价值一同涌入不发达和欠发达国家，这些产品的广告占据着他们的电视荧屏、广播节目、街头路牌，给发达国家带来了巨额的收入和潜在的巨大市场。另外，西方传媒还在发展中国家培养了一大批西方文化的崇拜者。这种信息的单向流通状况，早在80年代初就引起了第三世界包括西方国家的有识之士的批评。“批评是从这样的意见出发的，即认为某些强大的、技术先进的国家利用其优越条件施加一种危害其他国家民族特性的文化和思想统治。由于单向情报流通以及由于在国际流通中盛行的垄断和少数人控制的趋势而提出的问题已经在许多国际场合、国际性的集会和讨论会上进行了广泛的讨论。尤其经常提到的是，由于消息报道内容主要是在主要的发达国家编写的，发展中国家的形象往往不真实并被歪曲。更严重的是，按照某些强有力的评论家的说法，拿来向发展中国家本身播发的正是这种危害着它们内部均衡的不真实的形象。由卫星直接广播的潜在可能性所造成的危险和所引起的担忧激起了消息情报均衡交流的要求。”② “对于这种电子传播媒介不均衡的现象，有的学者以‘电子殖民主义’（electronic colonialism）予以解释，所谓电子殖民主义：

‘系一种依附关系，此关系之建立乃由于输入传播硬体、外

① 参见《世界广播电视参考》1997.4期。“西方各国新闻频道纷纷进入亚洲”一文。

② 《多种声音，一个世界》第52页，中国对外翻译出版公司。

国制作的软体，和借重外国工程技术人员所引进之外国规范、价值、期望等，可能或多或少地改变内部文化与社会过程’。

也有学者以‘媒介帝国主义’（media imperialism）解释之，所谓媒介帝国主义：

‘……是一种过程，在此过程中某一国之媒介所有权、结构、发行或内容，个别的或整体的受制于另一个国家或更多国家的媒介业者之强大压力，而受制国却无同等影响力’。

许勒指出，美国大量输出广播电视节目，乃帝国主义向外扩张之阴谋，籍以强化其全球之军事、工业的力量。”①

西方少数发达资本主义国家在解释这种传播秩序严重失衡现象时，打着的就是所谓“新闻自由流动”的幌子。从以上例举的大量事实来看，这完全是西方资产阶级为向社会主义国家和发展中国家倾销意识形态货色而制造的一种借口。在目前全世界每天播发的新闻稿中，80％在纽约、伦敦、巴黎的控制之下；发展中国家播出的外国电视节目，有1/2至3/4来自少数几个西方大国的情形下，“新闻的自由流通”是西方少数几个发达资本主义国家将其新闻媒介产品流通到发展中国家的自由，它是以不发达国家被动地接收，甚至连拒绝被电波侵犯的自由和权利也没有为条件，又何来对等的新闻自由交流呢?!

综合以上对西方资本主义国家新闻自由的特点之分析，我们可以看出：如果说资本主义国家毫无新闻自由，那是不符合实际的。但是我们可以说，自美国宪法第一修正案问世以来，在这个被某些人认为是西方民主自由之楷模，实现了真正言论自由的美国，从来不存在什么完全独立的、不受政府控制的、“根本不带思想色彩和政治倾向的、不偏不倚的新闻采访和报道制度”，从来不存在任何时间、地点、问题上无羁绊的新闻自由。

---

① 《媒介批评》黄新生著，五南图书出版公司印行。

在一切都以金钱和财产为基础的社会，没有足够的金钱和财产，一切自由便都是空话。在几乎所有的报刊、电台、电视台、印刷厂、造纸厂、广播器材厂都被垄断财团霸占的情况下，新闻言论出版自由，对无产阶级和其它劳动人民还有什么真实意义呢？列宁在揭露资本主义新闻出版自由的本质时说得很深刻：“只要最好的印刷所和大量的纸张被资本家霸占，只要资本还有统治报刊的权力（在世界各地，民主主义与共和制度愈发展，这种权力也就表现得愈明显，愈厉害，愈无耻，例如美国也是这样），这种自由就是一种欺骗。……资本家把富人收买报刊的自由，用金钱制造所谓舆论的自由叫做出版自由。”①

第三节 新闻自由的本质

无产阶级在走上历史舞台的过程中，也利用言论、出版自由的口号反对资产阶级的专政。1842 年初，马克思从《评普鲁士最近的书报检查令》一文，开始参加现实的社会政治斗争。他当时既猛烈地抨击了普鲁士封建专制王朝对人民思想言论的钳制，又同资产阶级把出版自由归结为以挣钱为目的“行业自由”的企图进行斗争。在马克思看来，“自由的出版物是人民精神的慧眼，是人民自我信任的体现，是把个人同国家和整个世界联系起来的纽带；自由的出版物是变物质斗争为精神斗争，而且是把斗争的粗糙物质形式理想化的获得体现的文化”。② 列宁把争取言论自由看作是革命进程中“工人最迫切的事情”，无产阶级利用合法斗争条件，哪怕是取得暂时、很不充分的出版自由，就能公开传播马克思主义真理。

---

① 《列宁全集》第 28 卷第 438 页。

② 《马克思恩格斯全集》第 1 卷第 74 页。

无产阶级争取言论、出版自由的斗争，必然遭受到反动统治阶级的镇压和迫害。马克思、恩格斯办的《新莱茵报》只出版了一年就被普鲁士反动政府查封，其间，编辑人员还多次受到当局的传讯、逮捕和通辑。列宁办的《火星报》被迫在国外出版。俄国十月革命前的《真理报》，在630期中就有190期受到迫害。《真理报》的编辑们共被监禁了103名。在报纸出版期间，平均至少有3名编辑经常被罚关在狱中。毛泽东早年办的《湘江评论》，在封建反动军阀的迫害下，只出了5期就被迫停刊。1927年，蒋介石国民党背叛第一次国共合作，承袭古今中外反动统治阶级的衣钵，实行对新闻出版物的严密控制和垄断，在全国建立起封建法西斯新闻统治。共产党人办的《布尔塞维克》、《红旗》、《列宁青年》等被迫转入地下"非法"秘密出版。转向抗日的《申报》社长史量才被暗杀，进步的《新生》周刊社刊登《闲治皇帝》一文，主编杜重远被判徒刑。为了抗议国民党的倒行逆施，中国共产党在开展武装斗争的同时，在国统区发动了广泛的人民民主运动。党通过地下报刊发表文章，号召被压迫的民众"一致奋起作'民权自由运动'，打倒反动的国民党！力争民众集会结社言论出版罢工之绝对自由！""西安事变"以后，蒋介石才被迫停止"剿共"内战，实现第二次国共合作，国民党当局才不得不允诺"保证人民的自由权利"。

抗日战争时期，中国共产党始终把争取人民的言论出版集会结社自由，看作是直接关系实现政治制度的民主改革，发动全民抗战的中心一环。而蒋介石却日益消极抗日，积极反共，伴随这一方针而来的，就是"一个政党，一个领袖，一个报纸"的反动新闻统治政策的强化和言论出版的不自由。中国共产党尖锐地指出：蒋介石剥夺人民抗日民主自由的反动政策的总根源，就在于

“惧怕人民起来，惧怕民主运动，惧怕认真地动员全员的抗日战争。”[①] 为此，党强调政治制度的民主改革和人民的自由权利是实现抗日民族统一战线，战胜日本侵略者的必要条件，领导人民进行了反对书报原稿审查、反对新闻检查的曲折斗争，最终，《新华日报》掀起了“拒检”运动的洪流。

抗战胜利后，中国共产党召开第七次代表大会，提出废止国民党一党专政，成立民主联合政府的具体纲领，反映了全国人民的心声。进步的舆论界喊出了“造成有声的中国”的最强音。1947 年 10 月，中国人民解放军发表宣言，提出八项政治主张，其中包括了保障人民言论、出版、集会、结社的自由。根据这一总的政治纲领，1948 年 11 月，中共中央作出了“关于解放城市中中外报刊通讯社处理办法的决定”，宣布“剥夺反人民的言论出版自由”。1949 年 9 月，政协会议通过的共同纲领第 49 条规定：“保护报道真实新闻的自由”。建国后，新闻自由立即被写进社会主义宪法。在社会主义制度建立后开始实施真正属于人民的新闻自由。

以上我们通过对新闻自由的历史演变过程的叙述和分析，可以就新闻的自由本质作如下概括：

一、“新闻自由”这一概念产生于阶级社会，因而它本身也是一个阶级的概念，事实上总是属于统治地位的阶级所占有。当然，被统治阶级总是要利用新闻自由这一手段来争取自己的解放和权利。因此，超阶级的新闻自由在事实上是不存在的。

二、不受任何限制的言论、新闻出版自由在阶级社会中从来是不存在的。任何社会的言论、新闻出版自由必然受到社会历史条件和社会发展规律的制约，要受到当时的社会公共利益，特别是受到各个国家统治阶级利益的制约。马克思说：“文明甚至在

---

① 毛泽东《论联合政府》。

现在就已经教人们懂得，只有维护公共秩序、公共安全、公共利益，才能有自己的利益。”① 这一点连资产阶级启蒙思想家也无法否认。孟德斯鸠说得更为直截了当：“政治自由并不是愿做什么就做什么。”“自由是做法律所许可一切事情的权利”。所有这些论述都表明，权利不是绝对的、无限的，而是有附带条件、有限制的。在资本主义社会，言论、新闻出版自由的权利就是被限制在资产阶级利益范围内，限制在资产阶级“法律许可的范围内”，就是以不得危害资产阶级的财产权、政治统治秩序为限度。

三，言论出版自由是具体的，而不是抽象的。既然权利的产生、存在和发展都是同生产资料所有制、阶级、国家相联系的，既然言论、新闻、出版自由是由国家和法律所赋予的，那么它就不可能是“普遍的”、对一切阶级都一视同仁的。在阶级社会里，“人”不是超阶级超国界的，而是属于一定阶级和国家的人。人的任何权利包括作为公民基本政治权利的言论出版自由，都是阶级的权利，都是有鲜明阶级性的。言论、新闻、出版自由，只有阶级的自由，或者是封建统治阶级的自由，或者是资产阶级的自由，或者是工人阶级的自由，超阶级的言论出版自由是不存在的。言论出版自由的性质，是处于统治地位的阶级维护自己的自由权利，同处于被统治地位的阶级向着当权者争夺言论出版自由的权利进行的斗争，言论出版的自由历来是统治阶级的一种政治特权。在敌对阶级、政党、政治集团之间，一方的自由是以对方的不自由为条件的。就是说，不论是封建统治阶级、资产阶级或者工人阶级都是各自依仗自己的统治权力压制对方，把本阶级的言论出版自由建立在剥夺对方自由的基础上。

---

① 《马克思恩格斯全集》第2卷第609页。

第四节 社会主义新闻自由的特点

社会主义制度的建立，给新闻自由带来了新的涵义。社会主义的新闻事业是自由的新闻事业。这样说，有以下的根据：

（一）社会主义新闻事业的活动符合社会和自然发展规律。

马克思主义认识和解决新闻自由问题，要从社会历史、法律、经济三个方面进行考察，而新闻自由的社会历史内容是首要的方面。

资产阶级理论家一直企图解决自由问题。他们解决问题的出发点是“自由就是能够随心所欲”。这种定义不用说会带来严重后果，于是理论家们被迫修改定义，定出一些“特殊的条件”，但一切仍无济于事，因为错误根源在于他们把“自由”看作是同“必然”完全对立的东西。

任何一种事业（包括新闻事业）都要提出目标，并为实现其目标而奋斗。但要实现这个目标，就会碰到现实及现实中的规律性（“必然”）。人的活动，如果与自然和社会规律相适应，他就能实现自己的目标；如果他企图违反这些规律，最终必将遭到失败。人的合理活动的实质正是外部世界的规律。可见，自由是被认识了的必然性。

资产阶级新闻事业由于阶级的局限，不能接受先进的现代社会科学。只有共产党领导的、代表整个历史发展利益的社会主义新闻事业才能站在彻底的科学立场上，并成为真正自由的新闻事业。看待一个国家新闻自由发达的程度，首先要看它对社会发展规律认识到什么程度，以及这种规律被本国的新闻事业运用到什么程度。在每一个特定的历史时期，从社会历史的意义看，先进阶级的新闻事业按其先进性的程度或多或少的是自由的。在这个意义上，反动阶级的新闻事业任何时候也是不自由的，因为阶级利益要求它对抗历史规律，至少要求它竭力保持现状。

我国的新闻事业是中国共产党领导的社会主义的新闻事业，是用马列主义学说作为指导思想的新闻事业，是以无产阶级名义发言、以真理为武器、并为社会历史进步和共产主义理想的实现而自觉进行斗争的新闻事业，这样的新闻事业是自由的新闻事业。在我们国家，多数新闻工作者接受共产党的领导和辨证唯物主义世界观，大体掌握了社会行动和发展规律的知识，并自觉运用这些知识来认识、反映、评价现实，从思想上、政治上积极促进社会主义社会的健康发展，这样的新闻工作者是自由的新闻工作者。

（二）我国的新闻自由有法律和经济的保证。

在新闻自由问题上，也有法律和经济方面的因素。在每一个具有一定社会经济结构的国家里，新闻自由的社会历史实质是以法律和经济形式体现的。

资产阶级夺得政权，变成反动势力以后，丧失代表进步利益的权利，失去资产阶级新闻事业的社会历史自由，但仍保留了法律和经济上的所有权利。这就是资产阶级新闻事业在社会历史上的不自由与符合宪法和经济制度的“自由”之间存在的矛盾。无产阶级登上历史活动的舞台，意味着它的新闻事业具有社会历史行动的自由权。但资产阶级竭力从法律上和经济上限制无产阶级新闻事业的活动。只有社会主义革命的胜利，才使新闻自由的社会历史实质与法律程序和经济条件完全一致。新闻自由的社会历史实质没有法律条文予以体现是不健全的新闻自由，而法律上的自由没有经济上的保证是虚假的自由。

我国宪法第 35 条规定：“公民有言论、出版、集会、结社、游行、示威的自由。”宪法同时规定，公民在行使包括新闻自由在内的自由和权利时，“不得损害国家的、社会的、集体的利益和其他公民的合法的自由和权利。”这就在法律上为我国在社会历史意义上是自由的新闻事业的自由活动提供了根据，规定了范围。

不仅如此，我国政府为在社会历史意义上是自由的新闻事业提供必要的物质手段，从而使法律上的新闻自由付诸实现。

由于我国的新闻事业具备上述基本条件，使它成为当今社会最为自由的一种新闻事业。这种新闻事业摆脱了反动阶级的统治及其法律上的限制（“新闻检查制度”等），摆脱了资本的奴役、金钱的支配，从而为发挥广大新闻工作者的积极性、创造性提供了前提。这种新闻事业反映最大多数人的意见、要求和愿望，在人类历史上第一次把多数人的自由变成现实。与资本主义的新闻自由比较，这种新闻自由是更高类型的新闻自由，是一次重要的历史性进步。

第七章　社会主义新闻事业的党性原则

党性，是阶级性的集中体现。历史唯物主义认为，新闻事业属于社会上层建筑意识形态范畴，在存在阶级的社会里，属于意识形态范畴的新闻事业都具有阶级性。居于统治地位的阶级总是把新闻事业作为宣传本阶级的政治思想、路线、方针和政策的工具，直接为维护和巩固一定社会的经济基础和政治制度服务。资产阶级新闻事业只会为资产阶级的经济利益和政治统治服务，这是由其党性决定的。资产阶级新闻事业的党性集中体现了资产阶级的阶级性。社会主义新闻事业的党性是无产阶级阶级性的集中表现，它要求在新闻工作中体现无产阶级的思想意志、政治要求、组织原则和行为准则，表现了与资产阶级新闻事业截然不同的本质属性，是社会主义新闻事业和资产阶级新闻事业的本质区别。

江泽民同志指出："我们的新闻工作是党的整个事业的一个重要组成部分。因此不言而喻，必须坚持党性原则。"[①] 党性原则是社会主义新闻事业的灵魂。牢牢抓住党性原则不放松，社会主义新闻事业在前进中就会头脑清醒，步伐坚定，不断从胜利走向新的胜利。

明确社会主义新闻事业党性原则的历史继承和丰富内涵，澄清一些关于这个问题的错误认识，阐发党性原则在社会主义新闻工作实践中的具体要求，这便是本章所要解决的主要问题。

---

① 江泽民《关于党的新闻工作的几个问题——在新闻工作研讨班上的讲话提纲》

第一节 社会主义新闻事业党性原则的历史继承

坚持新闻工作的党性原则，是一百多年来无产阶级新闻事业的经验总结。无产阶级新闻事业诞生、发展和壮大的历史，也是无产阶级新闻工作党性原则继承、丰富和发展的历史。

一、“根据我们党的精神进行编辑工作”①

无产阶级的伟大革命导师马克思、恩格斯，是马克思主义的创始人，也是杰出的报刊活动家和卓越的新闻工作者。在革命的战斗的一生中，马克思同恩格斯一道，积极投入报刊活动，把报刊当作宣传科学理论、打击揭露敌人的第一个阵地，他们创办、编辑、指导和帮助过20多种报刊。在伟大的办报实践中，马克思、恩格斯为我们勾画出了无产阶级报刊党性原则的原型和轮廓。

（一）以共产主义理论为根本指导思想，同办报活动中形形色色的非共产主义倾向作斗争。

1848年2月，《共产党宣言》发表，这是马克思和恩格斯为历史上第一个建立在科学社会主义基础上的无产阶级政党——共产主义者同盟起草的党纲，是国际共产主义运动第一个纲领性的文件，是共产主义理论第一次完整的系统的阐述。《共产党宣言》的发表，标志着马克思主义的诞生，标志着马克思最终完成从世界观上的唯心主义向唯物主义的转变，从政治上的革命民主主义向共产主义的转变。马克思、恩格斯在1848年6月创办的《新莱茵报》，从创办之日起，就自觉地以马克思主义为指导，成为世界上第一个无产阶级政党的机关报，成为共产主义者同盟的领

① 《马克思恩格斯全集》第6卷第687页。

导中心和指挥中心。

恩格斯在《马克思和〈新莱茵报〉》一文中，回顾了马克思同他一起创办《新莱茵报》的战斗历程，指出："《新莱茵报》的政治纲领有两个要点：建立统一的、不可分割的、民主的德意志共和国和对俄国进行一场包括恢复波兰的战争。"① 这个办报纲领贯彻了《共产党宣言》的革命原则。首先，它体现了马克思、恩格斯在1848年3～4月间根据《共产党宣言》为无产阶级在德国革命中拟定的行动指南——《共产党在德国的要求》的策略纲领（其中主要一条是建立一个统一的、不可分割的德意志共和国）；其次，它坚持了《共产党宣言》的无产阶级国际主义精神。《共产党宣言》指出："在无产者不同的民族的斗争中，共产党人强调和坚持整个无产阶级共同的不分民族的利益"②，因此，对于《新莱茵报》来说，"我们的对外政策很简单：支持一切革命民族，号召革命的欧洲对欧洲反动派的强大支柱——俄国，进行一场普遍的战争。"③

在办报活动中，马克思和恩格斯始终坚持革命和批判的原则，把宣传科学共产主义真理与批判各种谬误紧密结合起来，同报刊宣传中歪曲共产主义理论的倾向，同办报纲领中的机会主义倾向进行了坚决的斗争。1846年，德国新闻工作者，"真正社会主义"的代表人物海尔曼·克利盖以德国共产主义者的身分在纽约编辑出版《人民论坛报》，用小资产阶级的人道主义、人类之爱来歪曲和代替共产主义。马克思和恩格斯立即在《反克利盖通告的决议》中指出，《人民论坛报》上宣传的倾向不是共产主义的，"那些荒诞的伤感主义的梦呓，如果被工人接受，就会使他

① 《马克思恩格斯选集》第4卷第180页。
② 《马克思恩格斯选集》中文第2版第4卷第180页。
③ 《马克思恩格斯选集》中文第2版第4卷第187页。

们意志颓废。”[1] 1879年8月，苏黎世“三人团”（赫希伯格、施拉姆、伯恩斯坦）在《社会科学和社会政治年鉴》杂志上发表了《德国社会主义运动的回顾》，鼓吹资产阶级改良主义和阶级调和主义，机会主义倾向十分露骨，而当时党的领导人李卜克内西和倍倍尔也表现出中间的、调和主义的立场。针对这种情况，马克思和恩格斯发出通告，拒绝为当时由“三人团”掌握的党中央机关报《社会民主党人报》撰稿，同时写信给倍倍尔等党的左翼领袖，进行了忠告和批评帮助。

（二）党的机关报的领导权必须掌握在真正具有革命思想和无产阶级思想的人手里。

1879年9月，恩格斯起草，马克思与他共同定稿的《给奥·倍倍尔、威·李卜克内西、威·白拉克等人的通告信》中指出，党的机关报的领导权必须掌握在“真正具有革命思想和无产阶级思想”[2] 的人手里，必须掌握在“高举旗帜前进”[3] 的人手里。否则，报纸就不能贯彻正确的方针，就“只会在国外的同志面前损害德国党的名誉。[4]

（三）揭露反动统治阶级的罪恶，维护最广大群众的根本利益，忠实地当好人民的耳目喉舌。

正如1849年2月马克思在法庭上对普鲁士反动政府迫害《新莱茵报》进行愤怒揭露和义正辞严地批驳时所指出的那样：“报刊按其使命来说，是社会的捍卫者，是针对当权者的孜孜不倦的揭露者，是无处不在的耳目，是热情维护自己自由的人民精神的千呼万应的喉舌”，[5]《新莱茵报》在自己不到一年的出版期

---

① 《马克思恩格斯全集》中文第1版第4卷第3页。
② 《马克思恩格斯全集》中文第1版第34卷第372页。
③ 《马克思恩格斯全集》中文第1版第34卷第375页。
④ 《马克思恩格斯全集》中文第1版第34卷第376页。
⑤ 《马克思恩格斯全集》中文第1版第6卷第275页。

内履行了自己的光荣使命，始终坚定地站在无产阶级和劳动人民的立场上。

1848年，欧洲各国的工人运动风起云涌，德国兴起了以工人、农民为主力军的推翻封建君主制度的资产阶级革命。在这样的背景下，《新莱茵报》以“民主派机关报”的名义出版，但它“在各个具体场合，都强调了自己的特殊的无产阶级性质。”① 从巴黎工人武装起义的第一声枪响起，《新莱茵报》就坚定地站在起义者一边。起义失败后，唯有这张报纸高举起义者血迹斑斑的旗帜，发表专文，替战败的无产者辩护，向战败的无产者致敬。除了为工人阶级的解放呐喊和助威外，《新莱茵报》还积极维护了农民的利益。它从1849年3月22日到4月25日连载了编辑威·沃尔夫的一组著名的文章《西里西亚的十亿》，揭露了封建主对农民触目惊心的残酷压榨与掠夺，团结和教育了农民，引起了反动统治集团的恐惧和仇恨。

《新莱茵报》从创立到被查封一直站在革命斗争的最前列。它不停顿地揭露反动统治阶级，热情地反映人民群众的呼声、愿望和要求，尽管遭到当局的种种迫害和阻挠，还是英勇地捍卫了无产阶级的利益，不愧“是革命无产阶级最好的机关报。”②

（四）接受党的领导和监督。

无产阶级报纸要宣传和贯彻党的纲领、路线、方针和政策，必须接受党的领导和监督。1849年共产主义者同盟科伦工人联合会机关报《自由·劳动》拒绝宣传同盟的纲领和路线，马克思对此提出了批评，建议“成立一个编辑委员会，它应监督使机关报真正代表联合会的利益，并根据我们党的精神进行编辑工

① 《马克思恩格斯选集》中文第2版第4卷第182页。
② 《列宁全集》第21卷第60页。

作。"[1]"将报纸置于党的经常监督之下"也成为了德国无产阶级政党——德国社会民主工党的第18条党纲。

二、"党的报刊无条件服从党"[2]

列宁在帝国主义和无产阶级革命时代新的历史条件下，继承、丰富和发展了马克思、恩格斯的办报思想，对无产阶级报纸的党性原则，作了充分、明确、完整和深刻的论述。

列宁认为："严格的党性是阶级斗争高度发展的伴随现象和产物。反过来说，为了进行公开而广泛的阶级斗争，必须发展严格的党性。[3] 1903年，列宁首次将党性这个概念和党的新闻工作联系起来，要求党报编辑增强党性，克服小组习气。他从创办和主编《火星报》起，就始终把党报应当坚持严格的党性作为党报的生命和灵魂。在《党的组织和党的出版物》、《关于〈真理报〉编辑部的改组和工作》、《加入共产国际的条件》等文件中，列宁集中论述了党报的党性原则。在《〈火星报〉编辑部声明》、《怎么办?》、《给俄国社会民主工党中央机关报编辑的信》等书信文章中，他也从不同侧面阐述了党报的党性。

（一）党报是党的事业的一部分。列宁指出："对于社会主义无产阶级，写作事业不能是个人或集团的赚钱工具，而且根本不能是与无产阶级总的事业无关的个人事业。"[4]"写作事业应当成为整个无产阶级事业的一部分，成为由整个工人阶级的整个觉悟的先锋队所开动的一部巨大的社会民主主义机器的'齿轮和螺丝钉'。写作事业应当成为社会民主党有组织的、有计划的、统一

---

① 《马克思恩格斯全集》中文第1版第6卷第687页。

② 《列宁全集》第34卷第329页。

③ 《列宁全集》中文第2版第12卷第123页。

④ 《列宁全集》中文第2版第12卷第93页。

的党的工作的一个组成部分。”① 这里列宁把新闻事业（写作事业）同党的关系形象地比喻为齿轮、螺丝钉和巨大机器的关系，深刻揭示了新闻工作党性的内涵。

（二）党报应当成为各个党组织的机关报。列宁指出，党报必须同党保持组织关系，党的一切报刊，无论地方还是中央所属，都必须服从党代表大会，服从相应的地方党组织和中央，凡是不同党保持组织关系的报刊一律不得存在。“报纸应当成为各个党组织的机关报”②，应当主动向党报告工作情况，自觉接受党的监督。

（三）党报必须无条件地服从党。党的报刊必须坚定不移地贯彻执行党的精神，严格遵守和执行党的一切决议，全面、深入、系统地宣传党的纲领、策略、路线和方针，坚定不移地站在党的立场上。决不允许报刊滥用职权，打着党的招牌，散布与党的纲领、宗旨、主张不一致的非党观点。

（四）党报必须坚持马克思主义的办报方针，同各种错误的办报倾向作斗争。党的报刊不应该是形形色色观点的简单堆砌，它应宣传马克思主义，宣传科学社会主义真理，教育人民群众。对党内部的不同意见，应该通过同志式的论战，以达到全党思想上的统一。这就要求党报必须同各种错误的办报倾向进行斗争：既要坚决地同背叛党的革命纲领，主张与资产阶级和解，取消党的秘密组织，停止党的革命工作的右的倾向进行斗争，又要毫不留情地同打着革命的旗帜，用革命的词句作掩护，拒绝利用各种合法机关开展革命工作的“左”的倾向进行斗争。坚持反右防“左”，反“左”防右，在同右的和“左”的倾向的斗争中巩固党和发展党。

---

① 《列宁全集》中文第2版第12卷第93页。

② 《列宁全集》中文第2版第12卷第94页。

（五）党的报刊必须由确实忠于无产阶级革命事业的可靠的共产党人来主持。各级党的组织都应选派最坚定、最有毅力、最忠诚于党的事业的人从事报刊工作。

（六）党的中央机关报应当成为全党的思想中心。无产阶级政党应该有统一的意志、统一的行动和统一的纪律。为此，党的中央委员会应当成为全党统一的指挥中心，党的中央机关报应当成为全党的思想中心。党的地方报刊要经常转载中央机关报的重要文章，“转载而且要转述中央机关报的思想和口号，并且根据当地条件等等对它们加以发挥或者修改。”①

三、“增强报刊宣传的党性”②

毛泽东同志不仅是我党的缔造者，也是我国无产阶级新闻事业杰出的开创者、组织者和领导者，是新闻战线的一名伟大战士。在长期的新闻工作实践和指导党的新闻报刊广播活动中，毛泽东同志结合中国革命和建设的具体实践，丰富和发展了新闻工作的党性原则。

（一）为人民服务。中国共产党是中国工人阶级的先锋队，是无产阶级和其他劳苦大众最根本利益的代表者。全心全意为人民服务，是党的宗旨，也是党对新闻工作最根本的党性要求。毛泽东同志指出：“全心全意为人民服务，一刻也不脱离群众；一切从人民的利益出发，而不是从个人或小集团的利益出发。这就是我们的出发点。”③ 马克思列宁主义的基本原则，就是要使群众认识自己的利益，并且团结起来，为自己的利益而奋斗。”④

① 《列宁全集》中文第2版第11卷第323页。

② 《毛泽东新闻工作文选》第96页。

③ 《毛泽东选集》第2版第3卷第1094～1095页。

④ 《毛泽东新闻工作文选》第149页。

怎么样使群众认识自己的利益？这就要发挥新闻工作的作用，宣传党的理论、路线、方针和政策。因为这些理论、路线、方针和政策，都是党根据人民的利益而制定出来的。党报宣传党的理论、路线、方针和政策，同反映人民的愿望和要求一样，都是为了维护人民的利益，为人民服务。这也体现了党的立场与人民立场的一致，党的利益同人民利益的统一。

（二）无条件地服从和宣传中央的路线和政策。毛泽东同志始终把革命报刊、通讯社、广播电台看作是党领导的整个人民革命事业的一部分，是革命斗争的思想武器，是传达政策、反映群众、指导工作的宣传工具。1942 年 10 月 28 日，毛泽东同志在给各中央局、中央分局的指示中，批评了太行、山东两个新华社分社发表的国民党内部人员反对国民党的新闻，认为这样做不符合党的政策。接着他指出："务使通讯社及报纸的宣传完全符合于党的政策，务使我们的宣传增强党性，拿《解放日报》所发表的如何使报纸增强党性的许多文件去教育我们的宣传人员，克服宣传人员中闹独立性的错误倾向。"[①] 1948 年，全国面临解放的大形势更为迫切地要求党的一切报刊的宣传在政治上同党中央步调一致。毛泽东同志鉴于这种情况，专门指出："各地党报必须无条件地宣传中央的路线和政策。"[②] 这一明确的规定加强了党的新闻工作的组织性纪律性，使党的路线和政策迅速、广泛地传播到四面八方，对夺取全国政权作出了重大贡献。

（三）实事求是。列宁曾经指出，唯物主义本身包含有党性。无产阶级新闻工作的全部实践必须贯彻唯物主义，反对主观主义。毛泽东同志指出，反科学的反马克思列宁主义的主观主义的方法，是党性不纯的一种表现，"只有打倒了主观主义，马克思

① 《毛泽东新闻工作文选》第 97 页。
② 《毛泽东新闻工作文选》第 156 页。

列宁主义的真理才会抬头，党性才会巩固，革命才会胜利。我们应当说，没有科学的态度，即没有马克思列宁主义的理论和实践统一的态度，就叫做没有党性，或叫做党性不完全。”① 对新闻工作来说，马克思列宁主义的态度就是要深入群众，重视调查研究，实事求是，不尚空谈。实事求是，是毛泽东思想的精髓。1942 年 2 月，毛泽东同志在谈到新闻宣传工作时说：“共产党不靠吓人吃饭，而是靠马克思列宁主义的真理吃饭，靠实事求是吃饭，靠科学吃饭。”② “有实事求是之意，无哗众取宠之心。这种态度，就是党性的表现。”③ 反之，则是“党性不纯的一种表现。”④ 毛泽东同志把新闻工作是否坚持实事求是，提到了是否具有党性的高度，创造性地发展了列宁的党报党性原则。

（四）旗帜鲜明，坚持积极的思想斗争。所谓旗帜鲜明，就是要敢于宣传真理，敢于同一切违反党的理论、路线、方针和政策的不良倾向和不良影响作斗争；所谓坚持积极的思想斗争，就是要在报纸上开展批评与自我批评。批评与自我批评，是我们党的一大作风，是无产阶级政党区别于任何其他政党的显著标志。毛泽东同志指出：“我们必须坚持真理，而真理必须旗帜鲜明，我们共产党人从来认为隐瞒自己的观点是可耻的。我们党所办的报纸，我们党所进行的一切宣传工作，都应该是生动的、鲜明的，毫不吞吞吐吐。这是我们革命无产阶级应有的战斗风格。”⑤ 毛泽东同志的这一论述，与马克思、恩格斯和列宁关于无产阶级新闻工作要有战斗精神的党性观点是一脉相承的。

综观无产阶级新闻事业 150 多年来的历史，其从无到有，从

① 《中国共产党宣传工作文献选编》第 2 卷第 233 页。
② 《毛泽东新闻工作文选》第 77 页。
③ 《中国共产党宣传工作文献选编》第 2 卷第 234 页。
④ 《中国共产党宣传工作文献选编》第 2 卷第 233 页。
⑤ 《毛泽东新闻工作文选》第 153～154 页。

小到大，从弱到强，在白色恐怖中，在艰难曲折中，自强不息，坚持战斗，始终遵循着无产阶级的党性原则。在马克思、恩格斯、列宁、毛泽东等历代各国无产阶级革命伟大导师的指导和帮助下，党性原则随着无产阶级新闻事业的发展不断获得丰富和充实，它贯穿了无产阶级新闻事业和新闻工作的始终，成为无产阶级新闻事业牢固的根基和不灭的灵魂。没有灵魂的人是可悲的，没有灵魂的事业是可怕的，对于新闻工作者和新闻事业来说，这一点显得尤其重要。不坚持党性，无产阶级新闻事业便没有灵魂；没有灵魂，无产阶级新闻事业就不但不可能发展和壮大，它还会对无产阶级整个革命事业造成危害和带来灾难。

第二节　社会主义新闻事业党性原则的内涵

社会主义新闻事业是无产阶级新闻事业发展到一个新的历史阶段的标志。在夺取政权以前，无产阶级政党领导工人阶级和其他劳动人民运用手中的新闻工具，同一切反动势力进行坚决的斗争，始终坚持了无产阶级的党性原则。无产阶级夺取政权以后，社会主义公有制的新闻事业在消灭或改造资本主义私有制新闻事业的基础上建立起来，它继承和坚持无产阶级新闻事业的优良传统，继承和坚持新闻工作坚强的党性，随着社会主义建设的发展得到了充分的思想指导和物质保证。党性原则作为无产阶级新闻事业的灵魂，理所当然地成为社会主义新闻事业的灵魂，成为社会主义新闻学的理论支柱。

所谓社会主义新闻事业的党性原则，就是指无产阶级政党和社会主义国家对新闻事业的地位、性质、任务、作用等总的看法和纲领性的意见，它是无产阶级党性在新闻事业中的体现，它要求无产阶级政党领导或主办的新闻舆论工具在新闻实践中贯彻和表达无产阶级的利益和意志。社会主义新闻事业的党性原则认为，新闻事业是党领导的整个社会主义革命和建设事业的重要组成部分，它在党的领导下报道新闻，传播信息，反映舆论，进行社会教育，提供文化娱乐，发挥着宣传工具和舆论机关的作用，是党和人民的耳目喉舌，为人民服务，为社会主义服务。具体地说，社会主义新闻事业的党性原则有以下三个方面的内容。

一、在思想上坚持马列主义、毛泽东思想和邓小平建设有中国特色的社会主义理论，坚持辩证唯物主义和历史唯物主义的世界观和方法论，实事求是。

马列主义、毛泽东思想，作为我国革命和建设指导思想的理论基础，不仅写进了党章，而且载入了宪法序言。以马克思主义的思想体系作为社会主义新闻事业的指导思想，运用马列主义、毛泽东思想和邓小平建设有中国特色的社会主义理论的立场、观点、方法来认识和反映客观世界，处理新闻工作中的各种关系，包括新闻事业同客观实际的关系，新闻事业同人民群众的关系，新闻事业同党和政府的关系，是社会主义新闻党性最集中最核心的要求，是社会主义新闻工作最根本的原则。

辩证唯物主义和历史唯物主义是科学的世界观和方法论。新闻实践贯彻这一科学的世界观和方法论，新闻工作就能实事求是，讲真话，传播真理。邓小平同志指出，实事求是作为毛泽东思想的出发点和根本点，“是无产阶级世界观的基础，是马克思主义的思想基础。过去我们搞革命所取得的一切胜利，是靠实事求是；现在我们要实现四个现代化，同样要靠实事求是。”① 实事求是的思想原则，理应成为社会主义新闻工作党性原则的有机组成部分。

二、在政治上同中央保持一致，坚持四项基本原则，全心全

① 《邓小平文选》第2卷第143页。

意为人民服务。

“新闻作为宣传、教育、动员人民群众的一种舆论形式，总是直接或间接地反映我们党和国家的政治立场、政治主张和政治观点，这种地位和作用是其他形式所无法取代的。”① 我们党作为我国社会主义事业的核心领导力量，它要带领全体人民实现自己的奋斗目标，就必然将社会主义新闻事业置于自己的领导之下，必然要求新闻工作同党中央保持高度一致。我们党的全部历史证明，保证思想上、政治上的高度一致，是夺取革命和建设胜利的根本条件。政治上同中央保持一致，则是保证全党思想上、政治上高度一致的根本条件。所以江泽民同志在视察人民日报社时强调指出：“旗帜鲜明地坚持党性原则，坚持以邓小平建设有中国特色的社会主义理论和党的基本路线为指导，不管在什么时候，什么情况下，都要在思想上政治上同党中央保持高度一致。”② 新闻工作只有在政治上同中央保持一致，才能充分发挥它的作用，准确地宣传体现人民根本利益的党的路线、方针、政治和主张，全心全意为人民服务。

四项基本原则是我们党一贯坚持的重要政治原则，是立国之本。党在社会主义现代化建设的总路线中要求坚持四项基本原则。社会主义新闻事业的建设和发展当然必须坚持四项基本原则，这是社会主义新闻事业党性原则的内在要求，如果违背四项基本原则，它就会改变自己的本来面目，就会丧失无产阶级的党性，就不能旗帜鲜明地反对资产阶级自由化。

三、在组织上坚持和服从党的领导，贯彻民主集中制，遵守

① 人民日报评论员文章《新闻工作者的重大使命》，载于 1996 年 1 月 23 日《人民日报》第 1 版。

② 《江泽民同志视察人民日报社时的谈话》，载于 1996 年 10 月 21 日《人民日报》第 1 版。

党的纪律。

社会主义新闻事业，是党领导的人民革命和建设事业的一个重要组成部分，它通过报道新闻来为人民服务，为社会主义服务。作为党、政府和人民的耳目喉舌，它既要反映群众意见，发扬社会主义民主，监督和帮助党和政府的工作，又要宣传党的路线、方针、政策和决议，教育和引导群众认识真理，团结起来，推动社会主义前进。这都只有在党的领导下才能正确完成和实现。

1981 年《中共中央关于当前报刊新闻广播宣传方针的决定》明确指出："必须接受和服从党的领导，凡是涉及党的路线、方针、政策以及重大政治性的理论问题，对外必须统一于党中央的决定和口径，与党的步调一致，不得各行其是。对党的路线、方针、政策和党委的决定如有不同意见，可以向上级党委直至中央提出，有的也可以在党内刊物上探讨，但是在上级没有改变有关决定前不得公开发表，更不能另搞一套，宣传同党的基本主张相反的意见。"这个决定充分体现了党的民主集中制的组织原则，是党的宣传纪律。新闻机构和新闻工作者要克服组织涣散、纪律松弛、有令不行、有禁不止的现象，就必须贯彻执行民主集中制原则，遵守党的组织纪律和宣传纪律。

社会主义新闻事业党性原则的这几个方面，是互相联系，缺一不可的，对此我们要有全面的准确的理解。不能把党性原则仅仅看作是在组织上服从党的领导，而不提思想上和政治上的要求。正确把握社会主义新闻事业党性原则的内涵，还需要正确认识和处理以下几组关系。

一、党和政府的喉舌与人民的代言人

有人认为，报纸强调党性就不能反映群众意见了。与此相同的看法还有：党报和党委的关系，是党报的党性问题；党报与群

众的关系，是党报的人民性问题。或者说，党性说的是新闻事业和党的关系，是党对新闻事业的要求；人民性说的是新闻事业和人民的关系，是人民对新闻事业的要求。这些看法都把新闻事业同人民的关系，即把密切联系群众，充分反映群众意见，为人民服务等重要内容排除在新闻工作的党性原则之外，都把党性和人民性对立了起来，都是对社会主义新闻事业党性原则缺乏正确理解的表现。

我们认为，社会主义新闻事业作党和政府的喉舌，与反映人民的呼声在根本上是一致的。首先，党和政府的正确路线、方针、政策，是人民利益、人民意志的体现。新闻工具作党的喉舌，准确地宣传党的政策，也就是维护了人民的利益，反映了人民的呼声。其次，社会主义新闻事业是党领导的人民的新闻事业，人民是新闻事业的主人，新闻事业是人民的公仆。作为人民的公仆，社会主义新闻事业就要充分反映人民群众的意见、呼声、愿望和要求，想人民之所想，急人民之所急，替人民说话，时刻牢记自己是群众利益的代言人。这是社会主义新闻事业党性的出发点和立足点，也是党和政府赋予社会主义新闻事业的神圣使命。党的利益和人民利益的一致性，新闻机关对党负责和对人民负责的一致性，决定了社会主义新闻事业既是党和政府的喉舌，又是人民的喉舌。因此，在坚持社会主义新闻事业党性原则上，我们既要反对过去那种所谓“突出政治”，单纯强调对上负责，忽视甚至背离人民利益和要求的“左”的倾向，也要防止以代表人民利益为借口，把人民当家作主同党的领导对立起来，把人民利益同党的主张对立起来的错误倾向。新闻工作在增强党性，作好党和政府的喉舌，正确宣传党的政策，向人民群众进行马克思主义教育的同时，应当更好地面向群众，面向实际，注意反映直接来自群众的意见、要求、表扬、批评、建议，多报道来自基层、经过实践检验的经验。

二、党性与新闻工作者的积极性、主动性和创造性

有人认为，新闻事业要坚持党性，新闻工作者就不能发挥积极性、主动性和创造性。这种看法也是对社会主义新闻事业党性原则的误解。

社会主义新闻事业的党性原则在思想上、政治上、组织上的要求，是新闻宣传机构和广大新闻工作者贯彻党性的根本保证。这同新闻工作者积极地、主动地、奋发有为地进行创造性的工作是不矛盾的。新闻事业作为党和政府的喉舌，要宣传党和政府的主张，但不能依据中央文件照本宣科，重复中央说过的老话。它要从实际出发，实事求是，通过新近发生的事实的报道，生动地体现中央的精神；它还要针对群众思想上的疑虑、实际工作中存在的问题，有的放矢地进行宣传和解释。这就需要新闻工作者施展聪明才智，各显神通，在合乎中央的路线、方针、政策和决议的前提下，充分发挥自己的积极性、主动性和创造性，按照自己对客观事物的正确理解，报道新闻，发表言论。

三、党性与新闻报道的客观、公正、自由

一些资产阶级学者认为，社会主义新闻事业坚持党性，就会造成新闻报道不客观、不公正、不自由。这是完全错误的。

坚持党性，不仅要求新闻工作者在思想上政治上和党中央保持高度一致，而且要求他们采写的新闻报道必须客观公正地反映实际。社会主义新闻工作者只有遵循党性原则，运用马克思主义的立场、观点和方法，一切从实际出发，实事求是地对客观事物进行科学地分析和准确地判断，其新闻报道才能从根本上体现最大多数人的利益，真正做到客观公正。

新闻自由是相对新闻纪律而言的。在存在阶级的社会里，任何一个国家的新闻自由都有它特定的阶级和社会的内容，都是相

对的、具体的。超阶级、不受任何限制和制约、想干什么就干什么想说什么就说什么的新闻自由根本就不存在。资产阶级新闻事业的新闻自由维护资产阶级的利益，根本不代表无产阶级和劳动人民讲话，是一种迫害和镇压无产阶级报刊的自由。社会主义国家的新闻事业，公开承认自己是党和政府的喉舌，要求新闻报道必须符合党和人民的利益，对于一切忠于人民的新闻工作者来说，这不但不意味着不自由，而且恰恰是为了保障新闻报道具有为社会主义服务、为人民服务的最广泛的新闻自由。

因此，总的说来，新闻报道的客观公正自由与新闻工作的党性之间的关系应该是这样的：新闻工作的党性既要求新闻报道做到客观公正自由，又为这种客观公正自由的实现提供了必要的精神导向和智力支持，千万不能把二者对立起来。

四、党性与新闻报道的生动活泼、平易近人

坚持新闻的党性原则，是一件严肃的事情；新闻报道要写得生动活泼，平易近人，也是一件严肃的事情。有人把二者对立起来，显然不对。党性原则相对于新闻工作的性质、任务、方向、作用和内容而言，决不是要我们生搬教条，照抄照搬中央文件或者板起面孔教训人。党所领导的各项事业，本身就是丰富多采生动活泼的；亿万人民贯彻执行党的路线、方针、政策所进行的活动，也都是丰富多采新鲜感人的。新闻工作要坚持严肃的党性，就要用生动的事实和言论报道社会主义现代化事业的进程，讴歌千千万万劳动人民在党的领导下所取得的光辉业绩，要用新鲜活泼的形式和通俗易懂的语言，准确、鲜明、生动地表达出合乎党性原则的思想内容来。新闻报道如果不写得生动活泼平易近人，那就违背和损害了新闻工作的党性原则。

五、党性原则与新闻改革

党的十一届三中全会以来，新闻报道在拨乱反正，推动各条战线开创新局面，反映和促进社会主义物质文明建设和精神文明建设方面，做了大量工作，起了重要作用。新闻工具本身的改革和改进，也有进展。现在，我国正处在改革开放和社会主义现代化建设的新的历史时期，特别是“两个转变”对新闻报道提出了新的更高的要求。但是，新闻工作的现状同形势的要求还不相适应。为此，迫切需要从进一步端正新闻工作的指导思想、改进新闻业务，提高新闻队伍素质、改善新闻管理体制、加强和改善党对新闻工作的领导等方面进行改革。然而，有人把新闻改革同坚持党的领导对立起来，认为谁要是坚持新闻工作的党性原则，谁就是保守，谁就是反对改革。这种想法是完全错误的。

邓小平同志曾经强调指出：“改革党和国家的领导制度，不是要削弱党的领导，涣散党的纪律，而正是为了坚持和加强党的领导，坚持和加强党的纪律。”[①] 新闻改革势在必行，但是不管怎么改，社会主义新闻工作的党性原则必须坚持，党的新闻事业的性质不能改变。新闻改革的最终目的应该是强化新闻事业作为党、政府和人民的耳目喉舌作用，使我们的新闻工具成为党和政府掌握的更加得心应手、更加朝气蓬勃、更加有战斗力的耳目喉舌，成为党和政府紧密联系群众进行民主政治建设的有效工具。这是新闻改革要牢牢把握的方向，决不能含糊和动摇。那种把新闻事业的党性原则和新闻改革对立起来的观点，实质上是借助新闻改革来否定新闻工作的党性原则，取消或摆脱党对新闻工作的领导，改变社会主义新闻工作的性质和方向。因此，我们对之丝毫不能放松警惕，疏于防范。

---

① 《邓小平文选》第2卷第341页。

第三节　社会主义新闻事业党性原则对新闻实践的要求

社会主义新闻事业不但包括属于国家的报刊、广播电台、电视台和通讯社，还包括属于各民主党派，人民团体和企业事业单位的报刊杂志。所有这些新闻工具都必须接受党的领导，在工作实践中坚持和贯彻社会主义新闻事业的党性原则。

一、以马克思主义作为新闻宣传的根本指针

无产阶级政党的指导思想是马克思主义，党领导的新闻事业的指导思想也应该是马克思主义。在我们的新闻宣传实践中，能否真正坚持以马克思主义为指针，是衡量我们的新闻事业有无党性或党性强否的重要标准。坚持马克思主义的指导方针，具体到新闻工作的实践中，就要从如下几方面着手：

第一，密切结合实际，完整地、准确地、生动地宣传马列主义、毛泽东思想和邓小平建设有中国特色的社会主义理论的基本知识和基本观点，力求理论联系实际，深入浅出，明白晓畅。

第二，用马克思主义的立场、观点和方法对现实生活中新近发生的各种新闻事实进行正确地分析、解释、报道和评论，使人们受到辩证唯物主义世界观的教育和社会主义、共产主义思想的教育。

第三，坚持真理，敢于并且善于同各种错误的思想行为进行斗争。马克思主义要求社会主义新闻事业具有高度的政治坚定性和鲜明的战斗风格，新闻工作必须在原则问题上明确是非，“对于那些攻击马列主义、毛泽东思想基本观点的谬论，要进行有充

分论据、确实能够说服群众的批判。”①

社会主义新闻事业把马克思主义作为自己的指导思想，就应该坚定地捍卫和宣传马克思主义，坚定地贯彻和执行马克思主义。没有坚定的捍卫和宣传，就没有坚定的贯彻和执行；而没有坚定的贯彻和执行，捍卫和宣传马克思主义也只是一句空话。

二、积极、正确、全面、生动地宣传党的纲领路线和方针政策

政策和策略是党的生命。党的领导的重要方式之一，是制定和宣传贯彻正确的纲领路线和方针政策。作为党的喉舌，新闻工作要积极、正确、全面、生动地宣传党的纲领路线和方针政策，统一全党和全国人民的思想，使党的政策化为亿万群众的自觉行动。这是社会主义新闻事业党性原则对新闻工作的要求，在新闻工作实践中贯彻这一要求就要做到：

第一，立场坚定，旗帜鲜明。新闻单位在宣传党的方针政策时必须同中央的口径完全一致，宣传的内容应当正确地体现中央方针政策的原则。报纸、广播、电视必须旗帜鲜明地宣传中央的纲领、路线和政策主张，对那些怀疑、曲解党的路线和政策的言论，要耐心细致地解释说理进行引导和教育；对那些公开抵制和反对党的路线与政策的言行，要进行揭露和批判。这样就能积极地而不是消极地、主动地而不是被动地宣传党的政策。

第二，明确由来，把握实质。政策是马克思列宁主义理论与具体实践的结合，是党在一定时期内指导群众的实际行动纲领。新闻工作正确宣传党的政策，就要从理论和实践的结合上解释清楚党制定政策的由来和依据，把握党的路线和政策的精神实质，做到深知深解而不是一知半解，准确无误而不是歪曲走样，符合实际而不是主观武断，这样才不至于把谬误当成真理宣扬，把正

① 《中共中央关于当前报刊新闻广播宣传方针的决定》（1981年1月29日）。

确的政策当成错误的东西否定。

第三，坚持辩证法，防止片面性。党的政策生动地具体地体现了唯物辩证法，要求新闻工作对它的宣传也必须体现辩证法的精神。这就是用全面的观点、联系的观点和发展的观点去看问题，避免观察认识事物的主观性、片面性、表面性和绝对化，这样就能使新闻报道符合客观实际，做到全面地宣传党的政策。

第四，内容生动，形式灵活。党的政策是代表人民利益的，但是要使党的政策真正为群众所接受，成为群众自觉的行动，就必须在宣传中做到生动活泼。新闻事业主要是通过对事实的报道和评论来体现一定的政策思想的，不能设想把报纸办成单纯公布政策法令的公告牌，政策宣传也不能看作是对其条文的简单重复、注释和引申。新闻工作者必须深入到群众中去，用大量的、反映群众实践的生动事实，根据读者、听众、观众的不同情况，采取合适的形式，多层次、多侧面地把党的政策贯彻到群众中去。

三、接受党的领导，遵守党的组织原则和宣传工作纪律

在思想上、政治上、组织上全面接受党的领导，是新闻工作任何时候都不能动摇的一项基本原则。社会主义新闻事业是党领导的事业的一部分，新闻工作必须服从党的统一领导，不允许同党闹独立性。为了保证实现党对新闻工作的领导，新闻工作者必须遵守宣传工作的组织纪律和工作制度。

第一，全党服从中央。党的领导首先是党中央的领导，是中央的路线、方针和政策的领导。报纸、广播、电视要首先宣传中央的决定、决议和指示，确保政令畅道；要以中央制定的路线、方针和政策作为宣传报道的准则，不得发表与中央政策相抵触的言论；在全国和国际性问题及有关场合中，除中央授权外，不得抢先在中央之前发表意见；无论在什么情况下绝对不允许散布损

害党和中央威信的思想和言论。这些都是党的新闻工作的纪律，无论是新闻单位还是新闻工作者个人，都不得违犯。

第二，严格执行请示报告制度。这是党的新闻工作的优良传统。在革命战争年代，党建立了请示报告制度，并把这一制度实施于党务、政务和军务中，对于协调上下级关系，增强组织纪律性起了重要作用，历史证明它是一项行之有效的制度。在改革开放和社会主义现代化建设的新的历史时期，特别是在社会主义市场经济体制逐步建立中，问题特别多，情况又很复杂，报纸广播电视对一些重大政治事件和政策的宣传是可能会发生一些原则性错误的。因此，必须坚持请示报告制度，编辑部要经常、及时地向党委汇报宣传情况和存在的问题，取得党委的领导和监督，以避免发生重大原则性错误或发生以后不能得到及时纠正。

第三，坚持重要稿件的送审制度。报社、电台、电视台一个时期的宣传报道计划，阐述涉及全局性的重要问题的稿件如社论、评论、政治性或政策性强的按语、编辑部文章，对读者听众观众来信所作的政治性或政策性答复，重大的典型报道和揭露性批评报道，凡是有可能造成很大影响而自己把握不准的，应送党委或政府有关部门审查。

第四，坚持向党政机关反映情况的制度。新闻工作是党和政府的耳目喉舌，党和政府要发现新情况，解决新问题，往往要借助于新闻工作。新闻工作者同人民有着经常的、广泛的联系，对党的政策在群众中贯彻执行的情况最了解，有责任也有条件经常向上级党委和政府反映群众对党和政府工作的意见，反映社会主义现代化建设进程中的新事物、新经验，反映人民的意志、愿意和要求。这是加强党和政府与群众联系的重要渠道，充分发挥新闻舆论机关作为党和政府“耳目”的作用。

邓小平同志指出：“为了坚持党的领导，必须努力改善党的领导。”[①] 新闻事业要坚持党的领导，就必须不断改善党的领导，正确处理好党与新闻事业、宣传党的纲领路线与尊重新闻活动规律之间的关系，这也是新闻事业的党性原则所要求的。党的领导主要是政治领导，党领导新闻事业，但不能代替新闻事业，不能把权力全部集中在党组织手里，不能由党组织决定一切，指挥一切和包办一切。一句话，党的领导要按照新闻工作本身的规律办事。这就是对党与新闻事业的关系作出的正确认识。这样的认识，既能体现党的领导，又能增强社会主义新闻事业的职能，既有利于调动新闻工作者的积极性，又遵循了新闻活动的一般规律，是符合党性原则的。我们要以这样的认识来坚持和改善党对新闻事业的领导。

① 《邓小平文选》第2卷第268页。

第八章　新闻职业道德

恩格斯在《路德维希·费尔巴哈和德国古典哲学的终结》一文中指出：“每一个阶级、甚至一个行业，都各有各的道德……”。[①] 新闻事业也不例外，新闻职业道德是从事新闻传播活动的人们，在长期的职业实践中形成的调整和处理新闻机构内外相互关系的行为规范或准则。它一般通过“记者守则”、“新闻道德规约”、“记者信条”、“新闻工作者职业道德规范”等形式加以表述。学习和研究新闻职业道德，对于提高新闻工作者的素质修养，加强新闻队伍建设，协调新闻媒介与社会的关系等等，都有十分重要的现实意义。

第一节　新闻职业道德的本质特征

新闻职业道德的本质特征，是指新闻职业道德区别于包括一般社会公德和别种行业职业道德在内的其他社会现象的内在规定性。要弄清楚新闻职业道德和一般社会公德的区别，先要从职业道德谈起。那么何谓职业道德？要回答这个问题，又需要先从职业谈起。

所谓职业，是人们由于社会分工和生产内部的劳动分工，而长期从事的具有专门业务和特定职责，并以此作为主要生活来源的社会活动。

① 《马克思恩格斯选集》第4卷第236页。

人的一生，有将近一半时间是在从事职业活动中渡过的。当人们在从事职业活动时，不可避免要和自己所从事的职业工作、职业对象等社会关系发生联系。而调节这种职业关系的一个重要方式，就是依靠道德规范的约束。我们说，这种道德规范，实质上就是社会共同的道德规范在职业上的具体化、职业化、特殊化。

那么，职业道德和一般的道德又有哪些不同之处，或者说特殊之处呢？具体上说，人们的各种职业生活的实践，主要从三个方面影响人们的道德心理的特殊倾向。制约着道德调节的特殊方向。其一，职业的分工不同，从事不同职业的人们对社会所承担的责任不同，影响着人们对生活目标的确立和对人生道路的选择，以至不同程度地影响着人们的人生观和道德理想。如选择教师这门职业，“当人类灵魂的工程师”，成了这门职业的最高价值标准和道德理想。其二，不同职业的不同利益和义务造成人们不同的职业道德评价标准。在社会生活中，不同的职业存在不同的职业道德规范。如教师职业道德规范，新闻工作者职业道德规范，商业道德规范等等。由于不同的职业承担的社会义务不同，所以其职业道德的评价标准也有差别。如商业道德中最重要的一条是“信誉”，讲究“童叟无欺”。教育工作者的职业道德是“诲人不倦”，是“言传身教”，而不是“童叟无欺”。其三，职业活动的不同影响着人们的情趣、爱好以及性格和作风。我们常常会听到这样的评论：“商人习气”、“领导派头”、“学者风度”、“军人气质”等等。综上所述，不难看出，职业道德中的准则和传统习惯，是由各种职业的具体利益和义务，以及具体活动的内容、方式等决定的，是在长期的具体职业实践活动中逐步形成的。它制约着各种职业集团和个人道德调节的特殊方向，调节和形成人们在一定职业活动范围内的具体道德关系和道德行为，影响人们的整个品德和人格的形成。

综上所述，所谓职业道德，就是同人们的职业活动紧密联系的、具有自身职业特征的道德活动现象、道德意识现象和道德规范现象；它是社会道德在职业生活中的具体化。

职业道德具有如下五个方面的特征：

第一，在内容方面，职业道德总是要鲜明地表达职业义务、职业责任以及职业行为上的道德准则。如新闻职业道德，无论社会主义和资本主义国家，都把恪守客观、真实，公正地报道新闻当作其中最重要的一条准则。这一准则反映新闻工作这一职业的个性特点，和教育、商业等职业道德有了明显的区别。

第二，在形式方面，特别是在行为准则的表达形式方面，职业道德往往比较具体、灵活、多样。各种职业集体对从业人员的道德要求，总是从本职业的活动和交往的内容和方式出发，适应于本职业活动的客观环境和具体条件。因而，它往往不仅仅是原则性的规定，而是比较具体的。在表达上，往往采取诸如制度、章程、守则、公约、誓言、保证、条例等简洁、明了的形式。这样做，比较容易使从业人员接受和实行，比较容易使从业人员形成本职业所要求的道德习惯。

第三，在实践方面，职业道德的可操作性强，易于实践。有助于人们养成健康良好的道德习惯。这样，职业道德就可以使一般的道德原则和道德规范在实际生活中充分发挥作用，对个人的思想和行为发生经常的深刻的影响，成为一般道德原则和道德规范的重要补充。

比如，做老实事、说老实话、做老实人，这是一般的道德标准和道德规范，是社会公德。毛泽东同志结合新闻工作实际，将其具体化为“不偷、不装、不吹”（即不抄袭、不不懂装懂、不扯谎吹牛）。在一些新闻工作守则中又表述为“真实是新闻的生命”。新闻从业人员易记、易行、易监督执行。

第四，在调节范围上，职业道德主要是为了约束本职业的从业人员。概括地说，职业道德主要是调节两个方面的关系：一是从事同一职业的人的内部关系；二是从业人员同职业对象之间的关系。职业道德规范主要是用来约束从事本职业从业人员的。对于不属于本职业的人，或本职业人员在该职业之外的行为活动，它往往起不到调节和约束作用。

第五，在性质上，职业道德始终是在阶级道德或社会道德的制约和影响下存在和发展的。阶级道德或社会道德是职业道德的基础，职业道德不过是阶级道德或社会道德在某个职业领域内的专门、具体表述。因此，职业道德具有强烈的阶级性、社会性和民族性。

通过以上对职业道德特征的分析，我们可以看到：职业道德作为道德现象的一种，它就必然地和一般道德有着共同的性质，同时又有自身的特征，它的内在规定性就是这种共同性与特殊性的辩证统一。

新闻职业道德作为职业道德中的一种，它的本质特征体现在以下三个方面：

首先，新闻职业道德同普通道德现象一样，是一种由社会存在决定的社会意识形态，因而新闻职业道德的内容和形式，都最终取决于社会存在，取决于社会的物质生活条件。具体说，这种社会经济关系对新闻职业道德的决定作用表现在两个方面：一是经济关系的性质决定着道德体系的性质，因此，基于不同经济关系之上的新闻传播事业以及所实践着的新闻传播活动，也就必然地会根据不同的利益关系形成不同的新闻职业道德的规范原则。二是新闻职业道德同普通意义上的道德体系一样，往往会随着社会经济关系的变化而体现出不同的道德价值取向和不同的道德价值追求。

其次，新闻职业道德较之其他职业道德，具有更为鲜明的阶级性和更为强烈的政治色彩。

第三，新闻事业道德是对新闻传播活动的一种特殊的调节规范体系。①

第二节　新闻职业道德的由来与发展

和一般的职业道德一样，新闻职业道德既体现了鲜明的新闻职业特点，又以一般的道德作为基础。也就是说，新闻职业道德，是社会公共道德原则在新闻职业行为中的具体表现。因此，它既具有一般公共道德的共性，又有新闻职业道德的个性。

新闻职业道德与一般公共道德的共性，主要表现在它对传统的优秀伦理道德的继承和发展方面。

我国古代社会的道德伦理思想中蕴含着丰富的新闻道德伦理思想的因素。春秋战国时期，经济发展、交通发达、社会变迁、政治改革、传播活动频繁，出现了竞相争鸣的诸子百家，他们积极宣传的政治思想和社会伦理观念亦包涵了新闻伦理道德思想的内容。

先秦诸子十分重视的“诚”、“信”、“实”、“公”都具有现代新闻伦理道德观念的意义。所谓“诚”，就是宣传者要诚实，不能说假话，对接受者要以诚相待，只有这样，宣传者的话才能有人相信。同时宣传者要守信用，不能轻许诺，以“信”为本，所谓“民无信不立”。“信”和“诚”是紧密相关的，“信诚相通”，就是这个道理。

“实”就是注重事实。所谓“举实”就是要用事实说话。

中国古代儒家思想中的“公”也是为人们赞赏的，孔子、老子都主张“公”。吕不韦为了阐明“公”的意义，在《吕氏春秋》

---

① 参见中华全国新闻工作者协会编写的《新闻职业道德》第二章，“新闻道德的特征与作用及其原则与规范”，新华出版社，广西人民出版社出版。

中编了一个《贵公》篇，主张一切活动都要公正，治理天下，宣传教育都必须持公正态度。怎样做到公正呢？他认为首先是要去“偏私”，凡事不要先入为主，感情用事，不要用自己的爱恨去衡量事物的善恶。其次是要“察”，遇事不要只看表面现象，要开动脑筋问个为什么。对听到的消息不要轻信，要“察传言”，免得真假不分，这样才能做到公正。

新闻职业道德的形成，不仅吸取了古代传统伦理道德思想的合理因素，同时，古代史学家们实事求是的精神和治史的严谨行为，对现代新闻职业道德的形成有巨大的影响。《东周列国志》第六十五回中有这样一个故事：齐相崔抒主谋杀死了庄公，命太史伯以虐疾记其死，太史伯不从，书于简曰：“夏五月乙亥，崔抒弑其君光。”① 抒见之大怒，杀太史。太史有弟三人曰仲、叔、季。仲复书如前；抒又杀之。叔亦如之，抒复杀之；季又书，抒执其简谓季曰：“汝三兄皆死，汝独不爱性命乎？若更其语，当免汝。”② 季对曰：“据事直书，史氏之职也。失职而生，不如死！”③ 后人十分赞扬太史伯兄弟“不畏身死，而畏溺职”的品质。在我国史籍上，还有类似太史四兄弟甘冒杀身之祸，也要真实记录历史事实的记载。比较著名的有“董孤直笔”、“司马迁遭腐刑，发愤修成《史记》”等等。这些为坚持真理不怕杀头，不怕坐牢的品德，对于形成后来的“客观、真实、公正”的新闻工作准则，无疑有极大的影响力。例如太平天国军师洪仁玕的《资政新篇》建议设新闻官，他认为新闻官要“性品诚实不阿者”，虽然他的建议未被采纳，但他直接涉及到了记者的道德品质标准。

① 见冯梦龙、蔡元放编《东周列国志》第590页。人民文学出版社。
② 同上。
③ 同上。

新闻职业道德继承了古代伦理道德中优秀的、合理的成份，但并不能就此作出判断，新闻职业道德产生于新闻职业诞生之前的古代社会。新闻职业道德的产生，是在人类社会进入资本主义时代以后，近、现代新闻事业正式诞生之时。

从 17 世纪初叶开始，近代印刷报纸陆续在德国、英国、法国、美国、葡萄牙等发达资本主义国家诞生。与古代报纸和手抄新闻相比，成型的近代报刊具有以下四个方面的特征：一是内容大大丰富了，报纸转向以刊登有关国计民生各种消息为主，使之成为大众生活中必不可少的传播媒介。内容上的变化，使报纸上的新闻和评论文体逐步成熟定型，成为固定的新闻文体；二是发行面扩大了，从古代报纸主要向社会上层传递消息转向市民阶层和其他阶层发布各种新闻，随着报纸的通俗化和报价降低，新闻事业渐渐地走进了人民大众之中；三是办报人有了较多的自由，他们可以自行组稿和采写新闻，内容在一定程度上由办报人自行确定，不再像古代邸报那样直接掌握在封建官吏手中，四是报纸与其他社会生产部门分离，有了固定的办报机构和发行组织，成为社会中一个独立的生产单位，职业分工更为完善，职业特征更为明确，一些资本主义经济发展较快的国家，报业甚至在不太长的时间内就成了收入可观的盈利机构。

具备了这样四个方面特征的近代报纸的产生，标志着人类新闻传播活动从无序走向有序，从自发走向自觉，从幼稚走向成熟。与此相联系，新闻从业人员逐步扩大了同社会接触的范围和频率。同时也增加了同社会的矛盾。为了协调新闻从业人员之间及其与社会之间的关系并解决矛盾，人们在实践中逐渐总结出一些新闻工作的行为原则，新闻从业人员也逐渐建立起职业责任感和道德义务，新闻职业道德也逐渐从一般社会道德中独立出来，形成自己特有的内涵和体系，最终成为一定社会中新闻工作者共同遵守的行为规范。由此可见，新闻传播活动的专业化是新闻职业道德产生的深刻背景。

我国近代新闻事业发端于 19 世纪中叶，资本主义的“坚船利炮”轰开了中国封建统治的大门，也带来资本主义近代报刊这个“舶来品”。于是一批具有资产阶级改良和民主意识的知识分子受西方新闻学术思想的影响，介绍西方新闻学术，发表对新闻道德的论述和见解。

我国早期的报刊政论家王韬在《论日报渐行于中土》一文中说：“顾秉笔之人，不可不慎加遴选。其间或非通才，未免识小而遗大，然犹其细焉者也；至其挟私讦人，自快其忿，则品其计下矣，士君子当摈之而不齿。”（王韬《弢园文录外编》卷七。）在上述文字中，王韬论述了新闻记者应具有通才的素养，并指出公正无私是新闻工作者应有的起码的道德品质。

我国早期报人在论述新闻职业道德修养方面，以较详细、全面而论，当推民国初期的著名记者邵飘萍先生。他在《实际应用新闻学》一书中讲到记者的素质与修养时提出了这样的观点：外交记者发挥其外交手腕，与各方面重要人物相周旋，最易得一般社会之信仰，也最易流于堕落。不自知而不及防，盖因其握有莫大之权威，则种种利欲之诱惑，环伺于左右，稍有疏虞，一失足成千古恨矣，故外交记者精神上之要素，以品性为第一。所谓品性者，乃包括人格、操守、侠义、诚实、勇敢、勤勉、忍耐，及种种新闻记者应守之道德，贫贱不能移，富贵不能淫，威武不能屈，泰山崩于前麋鹿兴于左而志不乱，此外交记者之训练修养所最不可缺者，夫交游广则品类不一，上自最高当局国务要人，大政治家，大学问家，大资本家，奸人败类，以至卑官小吏舆夫走卒，皆外交记者所可与接触之人物，外交记者心目中，绝无阶级之观念，惟以如何乃可尽其职务为交际活动之目的，故其品性为完全独立，不受社会恶风之熏染，不为虚荣利禄所羁勒，是为养成外交记者资格之先决问题。

从以上引文中，我们可以看到，我国早期报人论及新闻职业道德品质和素养，在很大程度上，受到传统的伦理道德观念和西方新闻伦理思想的影响。邵飘萍先生所提到的记者理想人格，如侠义、勇敢、诚实、勤勉、忍耐，威武不能屈，富贵不能淫等等，是中国封建社会士大夫阶级典型的理想人格和追求的道德品质在新闻道德中的具体表述。另外，“超阶级”、“独立自由”等品性，又和西方新闻道德观念一脉相承。显示了西方资产阶级新闻观点对于我国早期的新闻学研究和新闻实践的深刻影响。

在西方，19 世纪后半期，自由竞争的资本主义达到顶峰时期，资本主义国家的报刊事业有了更为广泛的发展。当时流行着自由主义的新闻理论。认为报纸“是其业主的财产”，“报纸业主可以自负盈亏地出售其产品”，“它对社会不承担任何义务，报纸享有绝对的自由。”报刊在激烈的竞争中为了攫取利润，争夺读者、广告和销售市场，相互之间展开了激烈的竞争，这种弱肉强食、不择手段的竞争导致了许多报人的腐败和报纸的堕落，从而给社会带来了种种弊端，如黄色新闻充斥报端，以卑劣手法争抢新闻，编辑方针一味迎合广告大户，以色情、凶杀、耸人听闻和揭露个人隐私等低级趣味吸引读者而危害社会道德，正如埃德温·埃默里所著之《美国新闻史》描述这一时期黄色报刊的弊端那样：“这类报纸制造谎言，是因为说谎者有利可图；换句话说，使他们愚蠢可卑和臭名昭著的原因就在于此，他们投了一部分道德败坏的人的所好。”①

正是在这样一种报纸商业化日趋严重、报业垄断日渐加速的社会背景下，资产阶级新闻界的堕落，不仅为广大人民群众不满，也引起资产阶级阵营中一些有识之士的担忧，因为资产阶级

① 〔美〕《美国新闻史——报业与政治、经济和社会潮流的关系》埃德温·埃默里、迈克尔·埃默里著，苏金琥等译，新华出版社出版。

新闻道德的腐败直接威胁着新闻业的声誉。为了缓和报业间的竞争矛盾，挽救新闻业的道德危机，他们发出了反对滥用自由、自由须同责任相联系的呼声，随之提出报刊的社会责任理论以替代曾被奉为新闻理论经典的自由主义理论。同时，一些国家的新闻从业人员开始制定有关职业行为准则，出现了新闻道德规条，要求报业自律。1874 年，瑞典成立了舆论家联谊会，致力于维护新闻事业的尊严与责任，防止新闻从业人员的沉沦和社会对新闻界的攻击。1914 年，瑞士新闻业总会通过决议，提出了新闻职业道德规范。1908 年，美国密苏里大学新闻学院院长沃尔特·威廉姆斯为学生拟订了一个“记者守则”，这个守则此后被译成 50 多种文字，并为世界报业协会所采用。在这以后，“美国报纸编辑人协会”、“美国记者公会”、“联合国记者协会”以及日本新闻界所先后制定的新闻记者的工作原则和自律条例，成为资本主义社会中最具代表性的新闻职业道德规范。截止到 1990 年，世界上大约有 70 多个国家和地区订有新闻工作者的职业道德准则。

第三节　资产阶级新闻职业道德的主要内容及评价

一、资产阶级新闻职业道德规范的主要内容

资产阶级新闻职业道德规范，是在资产阶级的道德伦理思想的指导下，通过对资产阶级新闻实践的总结，概括出来的有关新闻从业人员履行新闻职守的行为准则。

西方资本主义现代新闻事业，萌芽于十四世纪末、十五世纪初，在沿地中海岸的一些国家和城市，如威尼斯，开始出现和流行的手抄新闻，反映了资本主义商品经济的萌芽和壮大。这段时期是欧洲文艺复兴运动时期，一些先进的资产阶级知识分子，以

人文主义思想作为武器，对封建制度进行了猛烈地批判。他们提出的反对禁欲主义、提倡纵欲主义，反对神学、提倡科学，反对人身依附、提倡平等自由的主张，其核心就是向封建统治者争自由、争平等、争民主、争权利。资产阶级的这一人文主义思想反映在新闻出版领域，则是以“新闻出版自由”的形式表现出来。最先提出这一伟大口号的资产阶级思想先驱——英国的诗人、小说家、政论家约翰·弥尔顿（1608—1674），在《论出版自由》一书中，谴责了封建主义的文字检查制度，提出了思想自由的光辉论点。从弥尔顿的思想出发，形成了关于“观点的公开市场”的概念。那就是让想说什么的人都自由地表达自己的思想，限制这种表达被认为是不道德的。新闻是否自由就成了新闻道德中判断善恶的标准，并最终以法律的形式肯定下来。

当资本主义走过血与火的原始资本积累阶段，饱尝了因过度的竞争带来的社会秩序紊乱和道德价值沦丧的恶果后，对社会应负有责任的理论逐渐占上风。20 世纪初报刊的社会责任理论（又称新自由主义新闻理论）应运而生。这个理论的一个前提是，自由是伴随着义务的。在这种认识的基础上，报刊出版者们开始把自由和责任联系起来，强调新闻自律，并制定出一些道德条目，目的在于对新闻团体和新闻工作者进行道德约束，维护现存的社会秩序。

从理论的角度来看，资产阶级新闻职业道德规范主要是围绕着“自由”和“责任”，也就是“权利”和“义务”这两大主题而制定的。

从新闻实践的角度来看，资产阶级新闻职业道德规范，是在报纸的商业化倾向日趋严重、黄色新闻泛滥、竞争和垄断日渐加速的背景下产生的。首先见诸于文字的是密苏里大学新闻学院院长沃尔特·威廉姆斯博士为学生制定的“记者守则”，以后“美国报纸编辑人协会”、“美国记者公会”、“联合国记者协会”和日本新闻界都先后制定了新闻记者的道德原则和条例。此外，英国、法国、澳大利亚、挪威、埃及和智利等70多个国家订有新闻工作的职业道德守则。把这些道德守则条目作一归纳，主要有如下一些基本内容：

（一）新闻自由：如《美国报纸主编协会新闻准则》第二条规定："要把新闻自由作为人类的一种极端重要的权利来加以捍卫。"日本《新闻伦理纲领》第一条规定："新闻之自由。除有损公益或法律所禁止的情况外，新闻拥有报道、评论之完全自由，其中也包含批判禁令本身之自由。这一自由，理应作为人类的基本权利而彻底维护之。"等等。

（二）社会责任：资产阶级新闻职业道德规范，把社会责任作为一个重要的律条摆在十分显目的位置。在这些职业道德准则中，社会责任是围绕着两个主题进行表述的。一是尊重公众的"知晓权"，二是不能滥用新闻自由。如《记者行为原则宣言》（1954年国际记者联合会）第一款规定："尊重真理及尊重公众获得真实新闻的权利是新闻记者的首要责任。"《记者道德条例》（美国记者公会）第一款规定："新闻记者之第一责任为报道正确的、无偏见的事实于公众之前。"美国《职业记者社（Sigma Pelta chi）道德法规》规定："责任：公众有权知道那些对他们具有重要意义的事件，实现公众的这一权力是大众传播工具的最高使命。"在许多记者行为规范和职业道德守则中，认为滥用新闻自由，可能影响当事人的声誉和社会的安定，新闻报道必须对社会负责。在如何防止新闻自由权力的滥用方面，许多职业道德规范作了细节上的规定。例如：瑞典的出版守则中有这样的意思：避免描述犯罪新闻，非报道不可时要保护受害人。对于嫌疑犯、被捕者、被告人或被定罪者，应该尽量不提及姓名，特别在判决被搁置时更是如此。美国《职业记者社道德法规》认为："新闻工作者在采访和报道新闻过程中，要时时注意尊重别人的体面、安宁、权力和福利。新闻工具不应发表有损于一个人的声誉或道德品质的非官方的指控而不给被指控者以回答的机会。新闻工具必须防止侵犯一个人的隐私权。”

（三）真实准确：真实准确是新闻的生命，许多国家的新闻职业道德准则把报道真实新闻作新闻道德规范的重要内容。一些国家对新闻真实准确有细则规定，如：“为建立信义，报纸的报道文章必须真实。……标题应完全依据文章的内容来拟定，标题应比内容更精炼。照片和电视图像应准确反映所报道的事件，而不应不适当地突出细微末节。”“报道的原则是正确忠实地传播事件之真相。”（日本《新闻伦理纲领》）

（四）客观公正：新闻工作者必须站在公正、客观的立场上，成为公众的代表。在报道新闻时，不掺杂个人的感情偏爱，不发表有偏见的言论。美国一些记者守则和新闻职业道德规约写明：“社评中出现蓄意背离事实真相的党派偏见，是违背美国新闻业精神实质的。”他们认为公正无私的健全做法是把新闻报道与表明见解的文章明确区分开。新闻报道中不应含有任何表明见解之词或任何偏见。”

（五）廉洁诚实：为保证新闻工作者履行真实准确、客观公正地报道新闻的职责，行使新闻自由传播的权利，西方资本主义国家在制定新闻职业道德规范时，把廉洁诚实作为新闻工作者的最基本的职业道德品质来看待。在他们看来，一个不诚实，接受贿赂的人，是无法站在公正的立场散布消息的。因此，在众多新闻职业道德规则里，关于诚实廉洁这一品质的规定，表述得比较详细和具体。如美国职业记者社规定：新闻工作者除对人民的知情权承担义务外，不对任何其他利益承担义务。接受礼品、恩惠、免费旅行、特殊照顾，或其他特权，有损于新闻工作者及其顾主的正直品格。任何有价值的东西都不应接受。新闻工作者应避免接受本职工作以外的其他工作。或卷入政治活动，或担任公职，或在居民组织中供事，如果这些有损于他们及其顾主的正直品格的话。新闻工作者及其顾主在个人处世方面，应防止受到利益冲突的牵连。”美国报纸主编协会新闻准则规定：“违背公众福利而去谋求私利，不管出于何种原因，都是与诚实的新闻职业不相容的。”对于报纸刊登广告也作了规定。一般来说，发行量大的报纸，广告的价值也偏高，有些报纸为了获得高价广告，就虚报发行数字，这种对广告户的不诚实行为是受到指责的。

（六）遵守法制：这主要是规定记者要尊重公民的隐私权。报纸为了吸引读者，迎合一部分人的低级趣味，热心报告某些人的私生活，这样常常引起纠纷。所以，保护私人秘密，不损害不应损害的人的声誉就成了新闻道德中的内容之一。如“报纸不得侵犯私人权利或感情，除非确有把握认为这样做是为了公众的权利，而不是为了满足公众的好奇心。”（《美国报纸主编协会新闻准则》）

（七）作风正派：鉴于西方资本主义国家报刊、广播、电视黄色、暴力等不利于公众的新闻泛滥。新闻职业道德守则提倡记者应具备高尚的情趣，避免和反对低级趣味的报道。如美国的一些电台、电视台在向联邦通讯委员会申请营业执照时，必须提供该台的营业情况报告。这使得电台、电视台在制订道德法规时，更为详细具体。如电视台规定：“要避免下流镜头，不要不健康地突出表演者的生理细部。”电台法规在“新闻”部分有如下规定：“要回避那些与事实报道无关紧要的不健康的、耸人听闻的、或会引起惊恐的细节。广播新闻时，要注意方式，避免制造恐慌和不必要的惊骇。”

（八）保护消息源：记者从不愿意公开姓名的人士得来的消息后，要保守信用和秘密，这是记者的最起码的职业道德。这种情况常常在法庭上和法律发生冲突。如每个公民应负有出庭作证的义务，记者在恪守保护秘密消息来源的职业道德时常常要犯蔑视法庭的罪名。但美国记者公会的《记者道德条例》规定:“新闻记者应保守秘密,亦不许在法庭或其他司法机关之前说出秘密消息之来源。”

(九)更正与答辩:报纸刊登了虚假的消息,要及时更正,将错就错是对读者不负责任的表现。登了批评意见,要允许被批评的人答辩,而且要给予同样的地位和条件,否则将被认为是不公正的。

这些职业道德规范除一般的道德原则以外,还规定了新闻工作者个人品质方面的内容。例如:庄重、守信、同情心、礼貌、举止大方等等。

西方资本主义各国制定道德原则的目的主要是:①保护用户,即读者、听众、观众及一般的公众;②保护和鼓励在职的新闻人员或与采访、写作、播发有直接关系的其他人员;③指导编辑和其他对新闻的内容、承担完全的法律责任的人;④确定业主、股东和对任何特定形式的大众交流工作有绝对控制权的政府的职责;⑤处理刊登广告者和其他出钱使交流工具为之服务的人们的事宜。”(《多种声音,一个世界》第336、337页)。

二、对资产阶级新闻职业道德规范的评价

二十世纪初,西方一些发达的资本主义国家陆续制定和推出新闻职业道德规范,经过几十年新闻实践的检验和理论的总结,已逐步形成体系和具备相对稳定的内容,它是人类共同的精神财富的一部分。其优秀的、进步的、合理的因素我们应该学习、借鉴,其糟粕、虚伪的东西则应予以剔除和批判。

(一)资本主义社会新闻职业道德,是资本主义市场经济逐步走向成熟阶段后,资本主义的商业道德在新闻职业中的具体表现。

在资本原始积累过程中,由于对资源、劳动力和剩余价值的

过度榨取，造成了掠夺性的恶性竞争。马克思在《资本论》第一卷第二十四章，以大量的历史事实指出：所谓资本原始积累就是劳动者与劳动资料相分离的过程，这种剥夺的历史是用血和火的文字载入人类编年史的。并概括地说，资本来到世间，从头到脚，每个毛孔都滴着血和肮脏的东西。在剩余价值转化为利润的过程，资本家为了追逐利润，什么缺德的事都干，甚至不惜犯罪，不怕上绞刑架。资本家为了追逐利润，不仅在生产过程中拼命榨取剩余价值，而且在产品上采用以次充好，卖假货、掺假等卑劣手段追求更大的利润。这无异于谋财害命，危害整个社会利益。

资本主义原始积累时期的这种掠夺性的残酷竞争，发展下去无疑会危及和毁灭资本主义制度。为维护现存社会制度，保护资本主义社会的整体利益，资产阶级不得不寻求法制、道德等手段来对资本主义的市场经济进行规范。社会经济发展的趋势要求建设良好的职业道德，这是历史发展的逻辑，资本主义也不能例外。恩格斯曾于 1844 年 9 月至 1845 年 3 月，撰写了《英国工人阶级状况》一书，用大量的事实揭露了资本主义早期原始阶段道德败坏。到 1892 年，经过近半个世纪的观察和研究，恩格斯以 72 岁的高龄为该书德文第 2 版写了序言。他说，这本书中所描写的，是“资本主义剥削的青年时期”和“早期阶段”。“至少就英国而言，现在在很多方面都已成为过去。现代政治经济学的规律之一（虽然通行的教科书里没有明确提出）就是：资本主义生产愈发展，它就愈不能采用作为它早期阶段的特征的那些琐细的哄骗和欺诈手段。”因为这些琐细、狡猾的手段在大市场上已经不合算了。那里时间就是金钱，那里商业道德必然发展到一定的水平。资本主义市场经济逐步走向成熟、法制、规范化，与之相适应规范商业竞争行为的各种职业道德应运而生，新闻职业道德也是在这样的历史背景下产生的。20 世纪初，由于报纸的商品化趋势愈来愈明显，为争夺读者市场，最终目的是赢得广告市场，给报纸的老板带来更大的利润，报纸展开了激烈的竞争，为迎合部分读者的低级趣味，一些报纸大量描写色情、暴力，甚至捏造消息欺骗读者。这引起了大多数读者的不满，也妨碍了社会的安定。一些新闻界人士提出了新闻传播的社会责任问题，并提出应制定新闻职业道德规范，以便抑制黄色新闻的泛滥，避免使用不正当竞争手段给报纸带来相互残杀的恶果。资本主义社会新闻职业道德的目的是为了维护资本主义社会秩序服务的，但客观上却在规范新闻职业，约束新闻工作者的不良行为，调整新闻事业与社会的关系方面确实起了积极的作用。它是市场经济逐步走向规范化、成熟化和法制化的产物，是社会经济发展之后必然带来道德建设的进步的反映。

（二）资产阶级新闻职业道德是资产阶级价值观，“人权”理论等在新闻领域的反映。

资产阶级在夺取政权后，将自由、平等、博爱载入了它们的国家宪法中。并以欧洲资产阶级启蒙运动提出的“天赋人权”理论作为根据，为资产阶级个人自由、私人财产神圣不可侵犯提供理论依据。政治上实行民主选举、三权分立，并把舆论监督作为制约立法、行政、司法的第四种势力看待。资产阶级的这些意识形态特征，必然会反映在新闻伦理道德方面。其具体表现就是以抽象的“民主”、“独立”、“自由”、“超阶级”、“无党派”的概念来表述新闻职业道德准则。如“要把新闻自由作为人类的一种极端重要的权利来加以捍卫”，“除忠实于公众利益之外，报纸不承担任何义务”等等，资产阶级的新闻实践不可能承诺和履行这些规范。因此从某种意义来说：这些条文不过成了资产阶级以此来标榜和炫耀其“客观、公正”的幌子，是资产阶级道德虚伪性在新闻职业道德上的反映。

（三）资产阶级新闻事业本质上的谋利性与新闻职业道德存

在着深刻的矛盾，反映在资产阶级新闻职业道德规范的条文上，表现为概念含糊、抽象、自相矛盾、不容易操守。

如“报纸不得侵犯私人权利或感情，除非确有把握认为这样做是公众的权利，而不是为了满足公众的好奇心。”（《美国报纸主编协会新闻准则》）

保护隐私权这是法律规定的，尊重公民隐私权是新闻职业道德规范，但资本主义社会，报纸、电视为争夺受众市场，满足部分人的低级趣味，常常靠揭人隐私来制造轰动效应。扩大报纸发行量，赢得更多的广告商。最终获得利润。如果用非常明确的表述来禁止侵犯隐私，这无疑会断了资本主义国家大部分新闻传媒的财路。所以在上述条款中才会留下一条退路。在这里“公众的权利”和“公众的好奇心”的区别界限是什么？人们不得而知。

（四）新闻事业有其内部的规律性，这些规律是共同的，既存在于社会主义的新闻事业中，也存在于资本主义新闻事业中。

如新闻的真实性、时效性、公开性、新鲜性等。这些是新闻的基本特性。近代和现代新闻事业首先萌芽和产生于资本主义的商品经济中。资本主义的新闻道德规范从一定程度上反映了人们对新闻规律的认识，我们应吸收其合理的成份，尊重新闻具有的那种“连植物也具有的那种为我们所承认的东西，即承认它具有自己的内在规律”，（马克思语）。丰富和完善社会主义新闻事业的职业道德内容。

第四节 社会主义新闻职业道德规范

社会主义新闻职业道德规范，是在共产主义道德的基本原则指导下，通过对社会主义新闻工作实践的总结和升华，所形成的社会主义新闻工作者的职业行为准则。这是一种有别于资产阶级新闻职业道德的崭新的新闻职业道德标准，是社会主义道德体系的一个组成部分。

社会主义新闻职业道德是一种崭新的新闻道德，因为它和资产阶级新闻职业道德有着本质的区别：社会主义制度是以生产资料公有制为主体的社会制度，建立在消灭了阶级剥削和压迫的经济基础之上的社会主义道德伦理，呈现出以往任何阶级社会形态所不具有的崭新面貌。它以共产主义道德的基本原则作为出发点，以社会主义的集体主义道德观代替了资本主义的利己主义道德观。社会主义道德的这些基本特征反映在新闻职业道德方面，集中表现在两个基本原则上，即：社会主义新闻事业的宗旨是全心全意为人民服务；社会主义新闻工作的思想路线和工作作风是实事求是。

社会主义新闻职业道德是一种崭新的新闻道德，因为它继承了马克思主义的新闻伦理思想，并以此作为自己向剥削阶级的新闻伦理以及形形色色的错误新闻观展开斗争的思想武器。

马克思、恩格斯在从事革命报刊工作时，十分重视新闻工作的职业道德。他们虽然没有撰写过这方面的专门文章，但是他们通过对一些资产阶级报刊不道德行为的批评，通过对无产阶级报刊的使命、性质、原则等问题的阐述，这就从另一个方面提出了虽然不系统但却相当深刻的新闻伦理思想。概括起来，主要有以下几个方面：

（一）新闻工作者应具有坚定的政治立场

马克思认为报刊应有自己的始终如一的政治立场，无论在什么情况下，都要讲自己的真实思想，这是报刊的政治道德。他批评一些报刊撰稿人向反动派妥协，是“最无气节，最软弱，最糊涂的作家”，是一个“可怜的两栖动物，和两重人格的人。”他认为迎合反动立场写文章，是做政治投机生意，“既没有自己的理性，又没有自己的观点，也没有自己的良心，”[①] 是出卖灵魂的报人。马克思认为资产阶级报刊最大的不道德在于它们自愿接受“黄金的链条和官方的链条。”[②]

（二）办报为广大人民群众的利益服务，乃是新闻道德规范的核心。

马克思指出：人民的报刊和无产阶级新闻工作者应当“生活在人民当中，它真诚地和人民共患难，同甘苦、齐爱憎”，[③]“真正的‘好的’人民报刊，即和谐地融合了人民精神的一切真正要素的人民报刊才能形成。”[④] 在《摩塞尔记者的辩护》这篇论文中，马克思特别指出：“一个新闻记者在极其忠实地报道他所听到的人民呼声时，根本就不必随时准备详尽无余地叙述事情的一切细节和论证全部原因与根源”，“只要报刊有机地运动着，全部事实就会完整地被揭示出来，”[⑤] 从而使报刊“变成人民的文化和精神教育的强大杠杆。”[⑥]

（三）尊重事实，维护新闻真实性是新闻工作者起码的职业道德。

马克思、恩格斯视新闻真实为新闻的生命。1842 年，《莱比锡总汇报》被普鲁士政府查禁后，《莱茵——摩塞尔日报》对此作了歪曲事实的报道，马克思就这件事在报纸上发表评论说：“《莱茵——摩塞尔日报》以自己本身的例子证明了不真实的思想必然地，不由自主地要伪造不真实的事实，因此也就会产生歪曲

---

① 《马克思恩格斯全集》第 1 卷第 134 页。
② 《马克思恩格斯全集》第 12 卷第 163 页。
③ 《马克思恩格斯全集》第 1 卷第 187 页。
④ 《马克思恩格斯全集》第 1 卷第 190 页。
⑤ 《马克思恩格斯全集》第 1 卷第 211 页。
⑥ 《马克思恩格斯全集》第 40 卷第 329 页。

和撒谎。”[①] 马克思按照“谁是根据事实来描写事实，而谁是根据希望来描写事实，”和“谁在表达社会舆论，而谁在歪曲社会舆论”[②] 的标准，对当时欧洲形形色色的报刊作了许多瘅恶彰善的评论。马克思、恩格斯在他们的新闻思想中，始终坚持把真实性原则放在首要位置。列宁进一步阐述了这一思想。他在许多讲话、文章和批示中，反复强调报纸要全面、系统、真实地提供材料，他认为报纸“要向公众全面报道和阐明真相，不浮夸，不武断，不造谣，不作见不得人的私人报道。”[③] “我们应当说真话，因为这是我们的力量所在。”[④]

（四）新闻工作者应具有高尚的情操和健康的思想品德，报刊要注意思想性。

19 世纪报刊的规模和影响，已经能够使人们从整体上考虑它在社会上的独立作用了。马克思、恩格斯在投身革命斗争时，就注意怎样运用报刊去引导、教育和唤醒民众的问题。马克思认为报刊“是把个人同国家和整个世界联系起来的有声的纽带，自由的出版物是变物质斗争为精神斗争，而且是把斗争的粗糙物质形式理想化的获得体现的文化。”[⑤] 由于马克思高度重视报刊在传播信息，精神交往方面的巨大作用，因此，他强调报刊的宣传内容应该健康、要注意报刊的思想性，反对刊登不健康的东西。他们对一些下流报刊的报道以为是“野蛮理论”，“血腥逻辑”、“简直是公开歌颂刽子手”[⑥] 对黄色报纸和下流报道，马克思是持严厉谴责和批判的态度的。

---

① 《马克思恩格斯全集》第 1 卷第 202 页。
② 《马克思恩格斯全集》第 1 卷第 191 页。
③ 《列宁全集》第 9 卷第 213 页。
④ 《列宁全集》第 9 卷第 283 页。
⑤ 《马克思恩格斯全集》第 1 卷第 74 页。
⑥ 《马克思恩格斯全集》第 8 卷第 577—579 页。

（五）保持廉洁自律的记者形象，反对新闻报道受金钱的奴役和左右。

马克思、恩格斯是在对资产阶级报刊进行批判时，阐述这一新闻职业伦理道德原则的。在用金钱的特权代替以往的一切个人特权和世袭特权的资本主义社会里，马克思发现，商品经济的原则对报刊的政治态度起着决定性的影响。他对英国《泰晤士报》为商业利益而出卖自己政治立场的行为进行了猛烈的抨击。认为"《泰晤士报》不过是一家'商业企业'，只要决算对它有利，它对决算是怎样作出的毫不介意"。[①] 他提出新闻记者应廉洁自律，写作原则是不讲违心的话，不为金钱而丧失立场。

我们说社会主义新闻职业道德是一种崭新的新闻道德，并不因此而否定它对古今中外人类社会道德优秀的、合理的因素的吸取和继承，甚至不否定对资产阶级新闻道德中反映新闻事业规律的合理因素的借鉴和继承，正是因为社会主义新闻职业道德善于从不同道德体系中吸取精华和养料，故而才表现出它的体系科学、内涵博大且易于操守的鲜明特色。

社会主义中国第一个新闻工作职业道德规范条例是在1981年由中宣部新闻局和中央新闻单位共同商拟制定的《记者守则》（试行草案）。该守则共分10条，主要内容有：

一、同党中央保持政治上一致；

二、深入调查研究，充分掌握第一手材料；

三、严格尊重事实，严禁弄虚作假；

四、学习和掌握唯物唯证法，切忌主观主义、片面性和绝对化；

五、工作严肃认真，一丝不苟；

六、坚持真理，敢于斗争；

---

① 《马克思恩格斯全集》第30卷第365页。

七、积极向领导机关反映情况；

八、遵守宪法、法律、党纪和所在单位的制度、不泄密、不搞不正之风；

九、谦虚谨慎，向群众学习，甘当人民的小学生。

十、认真学习马列主义、毛泽东思想和党的路线、方针、政策，苦练采访、写作基本功。

在这个《记者守则》的试行草案制定十年之后，即 1991 年 1 月 19 日，中华全国新闻工作者协会第四届理事会第一次全体会议一致讨论通过了《中国新闻工作者职业道德准则》，这是中华人民共和国成立后的第一个正式颁布的新闻工作职业道德规范，也是我国新闻发展历史上第一个统一的、系统的新闻职业道德规范条例。它的问世，标志着我国社会主义新闻职业道德规范进一步系统化、科学化，这对于加强我国新闻战线的思想建设，提高新闻队伍的整体素质，无疑具有深刻的现实意义。1994 年 4 月，中华全国新闻工作者协会第四届第二次全体会议对《准则》进行了第一次修订，1997 年 1 月，中华全国新闻工作者协会对《准则》进行第二次修订。修订后的《中国新闻工作者职业道德准则》更为全面、系统地概括了社会主义新闻道德规范的主要内容，既体现出马克思主义新闻伦理思想的基本精神，也反映了新闻传播活动的职业道德要求，因而具有很高的实践价值和很强的指导意义。作为对《准则》的补充和完善，中共中央宣传部、广播电影电视部、新闻出版署、中华全国新闻工作者协会于 1997 年 1 月联合颁布了《关于禁止有偿新闻的若干规定》，中华全国新闻工作者协会同时发布了《建立新闻工作者接受社会监督制度》的公告。近几年来，全国的许多新闻单位还根据本地区、本单位的实际情况，从《准则》的精神出发，制定出了一些更为具体的工作守则或规范措施。如《中央电视台新闻工作者职业道德规范》（1993 年 6 月 7 日）。这些规定、公告、措施是我国新闻职业道德规范体系的有机部分，它们对于我国社会主义新闻伦理思想的发展和新闻队伍的职业道德建设，同样发挥着重要而积极的作用。

附录：中国新闻工作者职业道德准则

中国新闻事业是中国共产党领导的有中国特色社会主义事业的重要组成部分。新闻工作者要适应形势发展的需要，努力学习和宣传马克思列宁主义、毛泽东思想和邓小平建设有中国特色社会主义理论，坚决贯彻执行党的基本路线、基本方针，坚持以科学的理论武装人，以正确的舆论引导人，以高尚的精神塑造人，以优秀的作品鼓舞人，牢牢把握正确的舆论导向，为人民服务，为社会主义服务，为全党全国工作大局服务，为推进社会主义物质文明建设和社会主义精神文明建设，实现我国社会主义现代化的宏伟目标努力奋斗。

继承和发扬党的新闻工作优良传统，树立良好的职业道德，维护新闻工作的严肃性和声誉，对于发挥新闻舆论的引导作用，对于建设一支政治强、业务精、纪律严、作风正的新闻队伍，保证新闻事业健康发展，具有十分重要的意义。树立正确的世界观、人生观、价值观，自觉遵守新闻职业道德，应该是每一个有理想、有抱负、有操守和富于敬业精神的新闻工作者对自己的基本要求。

一、全心全意为人民服务

为人民服务是社会主义道德建设的核心，是社会主义道德的集中体现，也是我国新闻工作的根本宗旨。

新闻工作者要在党的领导下，发挥密切党和政府同人民群众联系的桥梁、纽带作用，坚持对党、对国家负责和对广大群众负责的一致性。

努力使党和政府的方针、政策及时、准确、广泛地同群众见面，为人民群众提供参与政治、经济、文化等社会生活以及了解世界所需要的新闻和信息，热情宣传他们建设社会主义的伟大创造和奉献精神，准确反映他们的愿望、呼声和正当要求。

支持符合人民利益的正确思想和行为，勇于批评、揭露违背人民利益的错误言行和消极腐败现象，积极、正确发挥舆论监督作用。

牢固树立群众观点，满腔热情地做好群众工作，密切联系群众，重视群众来稿，妥善处理群众有关建议、批评、申诉和检举的来信、来访，开展多种多样为群众服务的活动。

二、坚持正确的舆论导向

新闻工作者要增强政治意识、大局意识、责任意识，坚持正确的舆论导向。在新闻报道中，要弘扬爱国主义、集体主义、社会主义主旋律，动员和团结全国各族人民投身到建设祖国、振兴中华的伟大事业中来。要坚持团结稳定鼓劲、正面宣传为主的方针，造成有利于推进改革开放、建立社会主义市场经济体制、发展社会生产力的舆论，有利于加强社会主义精神文明建设和民主法制建设的舆论，有利于鼓舞和激励人们为国家富强、人民幸福和社会进步而艰苦创业、开拓创新的舆论，有利于人们分清是非、坚持真善美、抑制假恶丑的舆论，有利于国家统一、民族团结、人民心情舒畅、社会政治稳定的舆论。新闻报道不得宣传色情、凶杀、暴力、愚昧、迷信及其他格调低劣、有害人们身心健康的内容。

三、遵守宪法、法律和纪律

新闻工作者必须在宪法和法律的范围内活动，自觉遵守宪法、法律和宣传纪律。

坚定地宣传、贯彻党的理论、路线、方针、政策。不得利用自己掌握的舆论工具，宣传同中央决定相违背的内容。

维护宪法规定的公民权利，不揭人隐私，不诽谤他人，要通过合法和正当的手段获取新闻，尊重被采访者的声明和正当要求。

维护司法尊严。对于司法部门审理的案件不得在法庭判决之前作定性、定罪和案情的报道；公开审理案件的报道，应符合司法程序。

严格遵守和正确宣传国家的民族政策和宗教政策，坚决维护各民族的团结，维护安定团结的政治局面。严格保守党和国家的秘密，自觉维护国家的利益和安全。

四、维护新闻的真实性

真实是新闻的生命。新闻工作者要坚持发扬实事求是的作风，深入基层、深入实际、深入群众，加强调查研究，报实情、讲真话，不得弄虚作假，不得为追求轰动效应而捏造、歪曲事实。

力求全面地看问题，防止主观性、片面性，努力做到从总体上、本质上把握事物的真实性。

采写和发表新闻要客观公正。不得从个人或小团体利益出发，利用自己掌握的舆论工具发泄私愤，或作不公正的报道。

工作要认真负责，避免报道失实。如有失实，应主动承担责任，及时更正。

五、保持清正廉洁的作风

新闻工作者要坚持发扬清正廉洁的作风，自觉抵制拜金主义、享乐主义、个人主义思想的侵蚀，坚决反对“有偿新闻”等不正之风，树立行业新风。

新闻工作者不得以任何名义索要、接受或借用采访报道对象的钱、物、有价证券、信用卡等；参加各种会议和活动不得索取和接受任何形式的礼金；不得在企事业单位兼职以获取报酬；不允许个人擅自组团进行采访报道活动；不得利用职务之便谋取私利。

新闻报道和经营活动要严格分开。新闻单位不得用新闻形式做广告；不得向编采部门下达“创收”任务。记者编辑不得从事广告或其他经营活动。

坚持廉洁自律，提倡勤俭作风，记者不得向被采访地区或单位提出工作以外的个人生活方面的特殊要求。要自觉遵守财经纪律和财务制度，严禁讲排场、比阔气、挥霍公款。

六、发扬团结协作精神

团结协作，形成合力，是社会主义新闻工作的一大优势。新闻界同行之间应建立平等、团结、友爱、互助的关系。提倡互相学习，相互支持，开展正当的业务竞争。

尊重同行和其他作者的著作权，反对抄袭、剽窃他人的劳动成果。

在同国外新闻界交往中，要维护祖国的尊严，维护中国新闻工作者的尊严。

（本准则于 1991 年 1 月中华全国新闻工作者协会第四届理事会第一次全体会议通过，1994 年 4 月第一次修订，1997 年 1 月第二次修订。）

下　　编

第九章　新闻舆论

一百多年前，马克思和恩格斯在《新莱茵报·政治经济评论出版启事》中指出："报纸最大的好处，就是它每日都能干预运动，能够成为运动的喉舌，能够反映出当前的整个局势，能够使人民和人民的日刊发生不断的、生动活泼的联系。"① 这段话深刻而又鲜明地揭示了新闻事业和舆论的关系。由于新闻事业具有反映舆论、表达舆论、组织舆论、引导舆论的作用，因此，舆论运动的规律始终支配着新闻报道活动，舆论也因此而成为报纸的旗帜和灵魂。我们学习和研究新闻舆论，其目的是使我们的社会主义新闻事业能坚持"以正确的舆论引导人。"

第一节　舆论界说

一、舆义演变

什么是舆论？舆论是公众的意见或群众的言论。英文一词中"public opinion"，解作"公众的意见。"

我国的舆论一词，在古代早已有之。《晋书·王沉传》载："自古圣贤乐闻诽谤之言，听舆人之论。"此处之"舆人"即为众人。在其他一些典籍，有"舆诵"一词作为对应，也有"舆情"之说，即民众的意愿。在我国古代"舆"最早是指车，"舆人"

① 《马克思恩格斯全集》第7卷第3页。

即为造车的人。《周礼·考工记·舆人》中说："舆人为车"，就是指舆人造车的意思。此后，"舆"逐渐演化为轿，"舆人"也指抬轿的人。而造车和抬轿之人，泛指下层的普通大众，舆论就是普通大众的言论或意见。

以上，我国古代典籍对舆论的演变诠释和英文一词对舆论解释，两者之间十分契合和相似。也许有人会说，这两者的近似是巧合，不过是对舆论一词作字面上的解释而已。为此，就有必要对人类早期原始氏族阶段的舆论状态作些进一步探究。

人类早期的原始氏族阶段，在征服自然的进程中取得巨大成就，但是，由于生产力水平的极度低下，生活资料的极度匮乏，生存条件也极度严酷，神话传说也因此而滋生。诸如：盘古的开天辟地，女娲的炼五色石补天，神农的教民稼穑等等，都是我国古代神话传说中的人物。马克思在《政治经济学批判》导言中说："任何神话都是用想象和借助想象以征服自然力，支配自然力，把自然力加以形象化……"① 恩格斯则借助摩尔根对人类古代社会研究的成果，就原始社会舆论说道："除了舆论以外，它没有任何强制手段。"②

北美洲的原始部落易洛魁人，每五个血缘关系，部落在完全平等和各自独立的基础上结成永世联盟。联盟的机构是联盟议事会，对联盟的一切事务作出最后的决定。议事会由 50 个地位和权限平等的酋长组成，在议事过程中具有表决权。会议在聚集起来的民众面前公开举行，会场四周围着决策之外的其他成员；每个易洛魁人都可以发言，都有权参加讨论和发表自己的意见。不仅男子，而且妇女们也可以通过她们选定的发言人陈述自己的看法。后来，人们又在其他地方也发现了同类的原始社会的舆论形

---

① 《马克思恩格斯选集》第 2 卷第 113 页。

② 《马克思恩格斯全集》第 4 卷第 165 页。

态。

这种由全体氏族部落成员的舆论来议事和决策的制度，维系于社会公有制的基础。对此，路·亨·摩尔根在《古代社会》一书中说："它的全体成员都是自由人，都有相互保卫自由的义务；在个人权利方面平等，不论酋长或军事首领都不能要求任何优越权，他们是由血族关系结合起来的同胞。自由、平等、博爱，虽然从来没有表达为公式，但却是氏族的根本原则。"恩格斯为此而赞叹道："这种十分单纯质朴的氏族制度是一种多么美妙的制度啊！没有军队、宪兵和警察，没有贵族、国王、总督、地方官和法官，没有监狱，没有诉讼，都由当事人的全体即氏族和部落来解决，或者由当事人自己解决，在大多数情况下，原来的习俗就把一切调整好了。"①

我们从人类古代公有制社会的舆论形态中，可以看到几个特点：

一是全民性。这一社会的舆论，是最严格意义上的公众意见，公众则具有"全民"含义，构成舆论的主体要素，是形成舆论活动的最理想的主体条件，也为后人给舆论作定义界说提供了"质"的规定性。

二是一律性。这一社会的生产和生活资料的公有制，社会公众的全民性，就使舆论的生成和运作的形态，不具有相互对抗的性质，因而这个阶段的舆论是一律的，代表着全体社会成员的共同意志。

三是直接性。这一阶段全体社会成员的意见，不仅具有就事议论和表达主张等直接决策的功能，而且还具有维持社会生产和社会秩序的行为规则的直接作用，因而既是原始的舆论，又可谓原始的"法律"。

---

① 《马克思恩格斯全集》第21卷第111页。

随着生产力的发展，剩余产品的不断增多，私人占有财产的出现，人类社会也发生了深刻的变革，等级、特权和阶级开始从氏族中分化出来，从此舆论就被打上了阶级的烙印。在我国，夏至西周是奴隶制形成和发展时期，奴隶主贵族的生活起居和国家的政治、军事、法律制度都由“礼”来详细规定，对于平民和奴隶的暴力镇压就是施以“刑”。这种“礼”、“刑”都是为维护奴隶制度服务的。然而，有压迫必有反抗，“道高一尺”必定要“魔高一丈”，民众之声以激怒方式表现出来。到春秋时期，奴隶反抗奴隶主的斗争更加普遍、深入和尖锐。当时各诸侯中，齐国有“役人”举行暴动，沈国发生奴隶集体逃亡即“民溃”，卫国也有“匠人”举行暴动。这正是阶级矛盾尖锐化所引起的奴隶们的舆情激怒。我国历史上的“厉王止谤”，压制人民的言论，引起广大民众的激烈反抗，最后推翻了他的统治，就是一个有力的佐证。

这就说明，由于社会制度的变革，舆论的主体、性质、形态也发生了变化。

首先，舆论的主体——公众这一概念，开始被阶级这根标尺分为不同等级的社会集团，在奴隶制社会分为奴隶和奴隶主两大对立阵营。每一集团又由一定数量的成员组成集团内部的“公众”体系，从根本上改变了原始公社的全体成员为公众的这一含义。

其次，舆论的公众意见或言论这一要素，在奴隶主贵族统治阶级与奴隶和平民被统治阶级之间，开始具有不可调和的对抗性，成为阶级社会舆论的一个基本因素，从而也改变了原始公有制时期的舆论不具有对抗的性质。

再次，舆论这一社会意识形态，在变化中始终存在。在阶级社会的任何一个时代的统治思想，都不过是统治阶级的思想。但是，无论奴隶主贵族如何以“礼”和“刑”压制被统治阶级的言论，被统治、被压制的舆论始终存在，甚至活跃在不同的阶级社会形态之中。

第四，舆论这一社会巨大的精神力量，在变化中显示不可轻估的作用。在统治阶级倒行逆施，阶级矛盾激化到不可调和之际，被统治阶级的舆情激怒起来，就像决堤的洪水、爆发的火山，鼓起革命的暴力行动，最后把统治阶级推翻，实现社会制度的更迭。

可见，“公众”这一舆论要素，已由原始公有制“全民”或“全体社会成员”的含义，演变为某个政治、经济利益大致相同的集团成员了。

由于舆义的这一演变，所以一些研究舆论的学者们大都从进入阶级社会后的舆论形态人手，来给舆论作定义界说。例如：

“舆论是社会生活中经济政治地位基本相近的人们或社会集团对某一事态大体相近的看法。”①

“舆论是社会生活中一部分群众或一定集团对某种事态发展所持的大体一致的意见。”

显然，这些定义揭示了舆论的阶级属性，是对进入阶级社会中的舆论本质的揭示。简要地说：（一）阶级的出现，使舆论主体分化为统治集团与被统治成员，由此分成了不同属性的两种舆论行为。（二）构成社会最基本的矛盾——生产力和生产关系，就以阶级斗争的形式出现，舆论也不可避免地带有相恃性和对立性。（三）阶级的出现，使社会组织成员的阶级关系经常发生变化，舆论的形态也出现多样化的格局，如出现国家、政党、社团等的舆论并存局面。（四）舆论表达的方式也呈现多种多样的态势，有“有形”舆论、“无形”舆论、“反馈”舆论等等。

---

① 甘惜分：《新闻理论基础》，中国人民大学出版社。

二、舆论特征

作为社会意识的舆论，具有和其他意识形态相区别的特征。舆论的特征主要表现在以下几个方面：

一、舆论不是一种独立的意识形态。属于社会意识形态的政治、法律、道德、科学、艺术、宗教等等，都有自己的特定反映对象，都是以社会存在的某一特定的方面或特定的领域作为自己的反映对象。如政治是以社会的组织与管理为反映对象；哲学是关于人的世界观的学问；舆论则不然，它仅仅针对政治、法律、道德、科学、艺术、宗教等方面的问题或事态作出自己的评价和判断。它并不属于其中任何一个特定的领域；它同每种社会意识形态保持着紧密、有机的联系，时刻关注着社会各种问题或事态的发生、发展和结局，但又不能只专注于其中某一个方面或某一事态。它像流星，遨游在社会各个领域之间，时隐时现，哪里出现问题，发生了事态，就在哪里闪光，发挥作用。它干预各个领域的问题或事态，各种意识形态也都不同程度地渗透到舆论中来，并且在舆论中得到表现。实际上，舆论依存在社会问题或事态上，依存在人们的思想、感情和意见之中，随着社会问题或事态的发生而出现，随着人们的思想、感情和意见的活动而运动，并随着问题的解决，事态的平息而转移或隐没。

(2) 舆论一般是对有争议的问题，也就是社会的“热点”和“焦点”问题而生发的。

(3) 在阶级社会中，舆论具有一定的阶级性。人们的思想状况基本上是受他所处的物质利益地位所决定的。不同阶级或阶层的人们对事态大致有着不同的看法。在封建社会中，封建统治者与农民，在资本主义社会，资产阶级和无产阶级，侵略者和被侵略者等等，当涉及各自的根本利益时，是不可能有共同的舆论。

(4) 现阶段，舆论仍有正确和错误之分。

舆论的这一特征，表现在两个方面。第一，这是由舆论的内容所决定的。当舆论反映了广大人民群众的意愿，并符合时代发展潮流的时候，它是正确的、革命的；当舆论歪曲了广大人民群众的意愿，阻碍时代发展潮流的时候，它就是错误的、反动的。第二、这和舆论的表现形式有关系。舆论是一种社会意识，社会意识在现代社会呈现出多发性、多层次、散点式的形态。舆论就是由这些多发性、多层次、散点式的社会意识集合而成的一种特殊的社会意识形态。反映在它的表现形式上，则有政党舆论、社团舆论、公共舆论、阶级舆论等等，因此，这种社会集合意识所包含的党派观点、阶级分歧、地位差异、文化教养都会在不同的舆论形式中显现出来，并相互碰撞，相互抵砺，以此形成变幻多端，五花八门、良莠掺杂、此消彼长的舆论生态环境。

(5) 舆论在社会中是一种“普遍的、隐蔽的和强制的力量”①

就一般意义而言，人类社会维系自身秩序的规则分为两种。一种就是法律，另一种就是伦理道德。伦理道德要靠人的信念和舆论的力量发挥作用。

第二节　新闻舆论

从近代报刊出现300多年以来，由于报纸、通讯社和广播电视的迅速发展，人们运用新闻传播媒介对各类事态发表意见，这就使人类社会的舆论形态中出现了一种新的形式——新闻舆论。新闻舆论以最新事态为内容，以人们关注的社会问题为依据，以新闻传媒为载体，用来传播舆论、引导舆论和形成舆论，对社会生活的各个方面起着不可替代的舆论干预、协调、引导和监督等

① 《马克思恩格斯全集》第1卷第237页。

重要作用。这里，我们将对新闻舆论的内在涵义、基本特征、载体功能、构成机制等方面作探讨。

（一）新闻舆论的界说

对于新闻舆论界说，先要明确新闻和舆论的各自含义。新闻是新近发生的事实的报道，舆论是社会公众的意见；新闻舆论则是社会公众通过新闻传媒对最新事态的意见表达。这里所指的社会公众——最新事态——意见表达三个因素，可称为新闻舆论的“三要素”。客观事物之间的诸因素，是作为一个系统而存在和发展的。新闻舆论的三个因素正是相互联结的一个系统。在我国，人民是舆论意见的主要表达者，改革和建设中的最新事态和问题是新闻舆论的本源，而报刊广播电视是位于其间的舆论载体。这里先举几例：

辽宁台安县德生村农民赵宝清跨村承包 300 亩水田，从报上学来稻菜轮作技术，仅水稻一项就收入 17 万多元，群众称他是“报发户”。

上海南汇县老港乡园林专业户沈文宫订购数百种报刊书籍，用学到的科技知识指导种植养殖业，仅园林的 1000 多株铁树价值就达 20 多万元，每年出售花卉收入总在万元左右，成为“报发家庭”。

北京大兴县辛庄村二等伤残军人刘汝才订阅十几种报刊，利用信息搞养殖，十多年来收入近百万元，成为一个在全国小有名气的养殖专业户。

这类新闻舆情正是体现出其中的三个因素：

1. 社会公众是新闻舆论的主体。我国的工人、农民、知识分子和其他爱国者、劳动者，是社会基本成员，成为新闻舆论的主体部分。从新闻舆论传播过程看，其主要环节是：传播→接受→反馈→接受→传播。在这个传播过程中，其起点和终点都是受传者；或者新闻舆论活动的出发点和归结点，都是为人民群众所接受并变成精神动力，有效地为人民服务。所以，人民的社会生活是新闻舆论的源头，人民的开拓创新是新闻舆论的依据，人民的舆论意志是新闻舆论传播的活水，而人民的社会实践又是检验新闻舆论效应的唯一标准。

上引事例表明，一些地方的农民成为“报发户”或“报发家庭”，主要是依靠报刊或有关书籍学习种养技术和知识，把科技知识变成了生产力，促进了农村经济的发展，走上了振兴经济和勤劳致富的道路。人民群众既是新闻舆论的受传者，又是新闻舆论的反馈者，这只有人民掌握了社会物质和精神生产资料，在社会主义制度下才能成为现实。与此相反，在资本主义社会，新闻传播工具为统治当局和垄断资本集团所控制或占有，新闻舆论被资产阶级用作愚弄和奴役劳动群众或基层居民的精神工具。其一个论点，系西方大众传播学中一度流行的所谓“枪弹论”，即把新闻舆论当作“枪弹”，把受众当成“靶子”，视人民群众为毫无精神防御能力的“阿斗”和“群氓”。这正是西方某些国家的资产阶级利用新闻媒介奴役劳动群众，在新闻传播理论上的一种赤裸裸的表现。两种不同社会制度的舆论主体，真是泾渭分明，毫不相同。

2. 最新事态是新闻舆论的源头。对最新事态的关注和传播，是新闻舆论的一种特征，也就成为新闻舆论的一个要素。这个要素规定三个基本原则：一是新闻舆论的真实性，即客观事态是反映和评价的对象，离开对社会事态的反映，新闻舆论就成了利用传媒进行说谎或造谣的谎言和谣言；二是新闻舆论的及时性，这是由新闻媒体的功能所决定的，即社会公众运用传媒对最新事态的意见表达，其中就包含及时性因素，如果忽视这一特性，新闻舆论也就与一般性舆论毫无差异了；三是新闻舆论的选择性，社会最新事态不可能都成为反映和评价的对象，需要根据方针政策的精神和人民群众的需要，予以筛选、取舍、归纳和综合，使之集中和突出，以影响社会舆论，造成良好的社会环境。

前引的“报发户”正是勤劳致富的一种最新事态，具有真实性、及时性和选择性原则，成为乡村居民走上富裕道路的一种新兆头和新趋向。它渊源于社会生活，又为新闻媒体广泛传播。“报发户”是劳动者对报刊信息和科技知识的重视应用的结果，又为周围群众“赞誉”的一种称谓。所以，新闻舆论对最新事态的选择，需要对社会事态予以鉴别和区分，从社会出现的种种事态中发现最新事态，从纷纭复杂的事件中选择人们所关注的事件，从现实生活诸种问题中择取具有社会意义的问题予以传播述释。因此，报刊广播电视必须以最新事态和问题为依据，帮助受众认清社会前进的方向，正确对待社会各种现象，提高社会主义建设的责任感。这正是新闻舆论传播的出发点。

3. 言论表达是新闻舆论的形式。舆论是社会公众的言论，新闻是新近事实的报道，这两者之间，既有联系，又有区别。新闻和舆论都是一种社会意识形式，都以社会事实或事态为依据，也都以客观、真实、公正、全面为原则，这是共性。然而，对社会事态所表现出的思想、感情和态度，在对事态的选择、分析和综合的基础上，其区别在于：一种是报道，一种是表达或述评；一种是间接式，一种是直接式；一种是“无形”的，一种是“有形”的。新闻舆论正是人民群众以报刊广播电视为载体所表达的一种舆情。我们上引的最新事态中，有的以种种事实报道了“一个名副其实的‘报发家庭’。”有的则以述评形式，把“报发户”与“暴发户”相比较：一个是“奉公守法，前程似锦”，一个是“违法乱纪，前程暗淡”。并申言“要积极发展‘报发户’，坚持惩治‘暴发户’。”这里，某些新闻报道和述评所表示的意见和态度，虽并非群众所言，但因以人民群众创新活动为依据，在一定程度上也反映着人民的意志和态度，因此，对于新闻舆论这个要素，需要我们明确其特性，了解其内在关系，把握其客观准则，并根据社会事态和问题的不同性质和内容，采取相应的形式——或是述评，或是来信，或是讨论，或是访谈，或是调查，以便于社会公众对事态表达意见，发表言论。

（二）新闻舆论的基本特征

客观事物都有自身的特征，呈现出不同的形状和征象，新闻舆论也不例外。以新闻传播工具为手段，以反映和引导舆论为目的的新闻舆论，有着鲜明而独特的个性特征。这种区别于一般舆论的个性特征，既同舆论含义相联，又与传播媒体相关，也和新闻改革深入程度相应，是在不断深入改革中逐步开阔、延伸和发展的。也就是说，新闻舆论这种社会意识形式，由于传播和形成舆论方式的改变，摆脱了那种已经过时的陈旧的状态，带来了舆论传播形态的新变化，从而有其运作规律可以遵循。现就新闻舆论的特征作如下概括：

1. 舆论指向——社会事态的范围大。新闻舆论所涉及的范围，无论是政治、经济、文化和社会生活，还是新人、新事、新风、新貌等社会风气，或是社会的正面、侧面、负面的事态和问题，几乎无处不及。就是说，新闻舆论的触角，能近及周围事态的发展变化，远涉海外发生的重要事件；能细触事态变化的微梢，广猎纷纭的大千世界，正是范围广大，内容丰富，既无处不及，又无远不至。特别是新闻传播事业的日益发展，印刷投递和电子传播的覆盖面不断扩大，为更多的受众提供了接收舆情信息的条件，不仅可供事态发源场的群众接受，而且也为远离事态现场更广大的人民群众所得知，从而会广开眼界，受到启迪，发生影响。现就1995年春节期间人民的欢庆生活略举几例：

上海市长途电话条条线路爆满，国际长途中美国、日本、加拿大等华人较多的地方电话特别忙；引人注目的是节日打长途电话的顾客中出现了不少留沪过年的民工。[①]

深圳农历除夕之夜，有关单位为留在深圳的民工举办了规模空前的万人饺子宴。民工们一边可口品尝，一边开怀畅谈，大屏幕电视正播放着中央电视台联欢晚会的精彩节目。[②]

中央电视台已举办了共13届春节联欢晚会，每届平均收视率为7.7亿观众，已达到中国之最吉尼斯纪录，但世界之最吉尼斯纪录未能通过，如果连办并通过卫星覆盖世界更广范围，争取打破纪录仍然有望。[③]

这几件事态虽属于新闻报道性的，但从事态中体现的思想情感及现实和希望，也带有舆论性和评述性。一是其舆情的触角由首都到南方深圳经济特区；二是其事态的范围由国内到东瀛和北美国家，面向更广；三是其形态有人们同国际电话通话、别开生面的万人节庆以及对未来的展望；四是其影响也很广泛，不仅在事发现场和当地，而且经媒体的传播也影响到国内外不少地区。所以，新闻舆论指向的范围更大，这是一个优势，特别是广播电视的新闻舆论传播，更有其独特的长处。

2．舆论主体——社会公众参与的程度高。舆论指向的及远性，关系舆论主体的参与程度。在我们国家，权力机关依靠立法、行政、司法行使权力管理国家，而社会公众则运用舆论参与各项社会事务管理或监督权力机关运行。报刊广播电视作为两者之间联系的纽带，发挥着提高政务活动公开性和透明程度的重要的作用。近年来，城乡人民关注的一个热点问题是干部中的消极腐败现象和行业的不正之风。党和政府加强了反腐败斗争和廉政建设的力度，严厉查处违法违纪的案件，清除了一批腐败分子，

① 见1995年《新民晚报》2月5日、6日有关报道。
② 同上。
③ 同上。

取得了阶段性的明显成效。宁夏回族自治区纠正行业不正之风，办公室曾发起反对用公款大吃大喝、送礼及铺张浪费宣传活动，倡议各级干部克勤克俭渡春节。他们首先通过新闻媒介征集用语，随之一呼百应，收到来自四面八方的应征稿件，其中也包括一些处省市群众来稿。从中选出56条银川彩色电于大屏幕上每天40次滚动播出，然后选出10条制成宣传画四处张贴，形成声势。群众反映："这种活动早就该搞了，我们老百姓绝对支持。"这正是江泽民同志在重庆考察时所指出的："群策之力则无不成，群力之举则无不胜。"对新闻舆论来说，群策群力是增强生命力和作用力须臾不可缺的基本因素。人民的参与带有舆情的汇集、交往、传播的流程。在上述例子中，通过新闻媒介征集一种政务活动的用语，得到群众的"绝对支持"，这是参与的起始；这种传播和反馈的相向形式，提高了社会公众的参与程度，获得了应有的社会效应。

3．舆论导向——社会受众的领域广。新闻舆论运作中社会公众参与程度高，社会受众的领域也广，这也是一个舆论导向问题。社会生活中出现的各种事态，必然会有正面和负面、主流和支流或顺势和逆势之别，可谓良莠齐生，纷纭复杂，不以为奇。这就需要我们从整体上认清事态趋向，从宏观上识别事态的不同征象及其性质，并从发展中深谙人民群众的意志，使新闻舆论运作有利于对人民活动和生活的正确引导。毛泽东同志说过：革命党是群众的向导，在革命中未有革命党领错了路而革命不失败的。我们由此可联想党的报刊广播电视作为群众向导的历史意义，而新闻舆论导向的受众领域也就很广。这里就1995年2月上旬在学生中出现的某些新动向，举例如下：

团中央和全国学联组织"中国大中学生'95新春爱心行动"，有50多万大中学生到各地开展铁路春运、城乡社区、科技文化以及义诊、咨询和保健等服务活动。

北京寒假期间一批批学生去西安、云南和南海等地，不光游玩而且进行修学旅游，有的考古，有的绘画写生，有的采集植物标本，有的体验民俗风情。

首届全国家用电脑学习用户调查表明，约有83%的用户主要是孩子当作工具，有78.4%用户希望电脑价格在4000元以内，城市地区有中小学生的家庭60%左右想购买一台家用电脑。

新闻媒介传播的这类舆情态势，使大中学生的学习和社会性服务相结合，能增强群众观念和爱心意识；学生们的专项旅游活动的悄然兴起，既改变了传统性的过寒假方式，更能增加见闻和知识，助长学用一致的新风气；而家用电脑进入寻常百姓家，这是生活较为富裕的一种征象，并有助于学生们学习计算机的知识。所以，新闻舆论传播，不仅反映大中小学生的志向和活动，也是对与此相关的千万学生家长、社会服务社团和生产厂家有着针对性很强的导向作用。新闻舆论这一显著特征，能使人们在关注社会事态中的注意力更为集中，把分散的舆情向基点靠拢，以形成颇有声势的舆论态势。因此，在市场经济条件下，对那种认为新闻事业不再具有引导舆论作用，而仅仅是"信息流通的事业"或"社会交往的工具"之说，应作正确鉴别和剖析，免受其片面和错误的影响。

（三）新闻媒介的载体功能

现代新闻事业的出现和发展，使新闻媒介和舆论成为形影相随的一对"孪生兄弟"，即新闻舆论就是现代报刊的产物。马克思曾把报看作是"广泛的无名的社会舆论的工具。"① 他还形象地把报刊比喻为驴，而它驮的麻袋便是舆论。由于两者的密切关系，所以马克思经常使用"报刊以及整个社会舆论"这一概念。新闻媒体通过传播信息，表达言论，以传播某种思想，体现新闻

① 《马克思恩格斯全集》第7卷第523页。

机构的立场和观点，并借以影响和引导社会舆论；社会舆论也借助于新闻载体来反映意见，表达主张，扩大影响范围，以此形成某种意向或社会思潮。在现代社会，由于科技的进步、交往的频繁、信息的沟通，广泛的社会舆论更要依赖于新闻传播媒介才得以生存；离开新闻传媒这个载体，社会舆论就难以表达和扩散开来。现代新闻传播媒介，对于新闻舆论有着代言、放大、反馈等重要作用。

1. 新闻舆论的代言人。任何报刊广播电视都属于一定阶级、政党或集团，成为其代言人。马克思在谈到报刊使命时说，“是热情维护自己自由的人民精神的千呼万应的喉舌”。我国早期的新闻学者徐宝璜在其《新闻学》一书中写道：“代表舆论，亦新闻纸重要职务之一。……国内各报出版时，其发刊词亦多曰，‘将代表舆论’，可见此职务，早为世所公认。”而我们社会主义的新闻事业，不仅是党和政府的耳目喉舌，而且也真正成为人民的喉舌耳目。在党和政府和人民群众根本利益一致的前提下，运用新闻媒体反映人民意志，表达人民的愿望，这正是代表人民舆论的体现。

当前，我国正处在由传统计划经济向社会主义市场经济转变的重要时期，需要提高干部和群众的文化素质，促进科技兴业的好势头，加快四化建设的进程，并增强各业发展的后劲。这是党和人民共同的志向，一些地方也采取了有力措施。浙江省到1994年11月底，共有2128名村干部进入大专院校培训，分期分批被施以一年半以上专业正规学历教育，全面提高村干部队伍的素质。湖北枣阳市政府为自费进大学深造的1500多农民子女制定了优惠政策，帮助他们在20多所大专院校深造，已有350名完成学业回乡正在大显身手。

这是较多事例中的二例新闻舆论，也可从局部看到全局，从中央培养“四化”、“四有”人才的的大政方针看到一些省市正在加大举措的力度，也从部分学成回乡的数百名农民子女中看到“正在大显身手”的实效。新闻舆论的作用在于：使人们理解和掌握治穷先兴智、兴业靠科技这一真理。因此，党和政府的方针、政策和主张需要通过舆论促进贯彻并造成舆论时，新闻传媒就成为最佳的首选途径。而新闻媒介经过宣传这些大政方针，也能形成强势的社会舆论，这正是新闻舆论成为代言人的所在。

2. 新闻舆论的“放大镜”。“放大镜”系喻指反映、报道和述评事态所用的文字、声音、图像经由新闻媒体传播而扩大了影响，具有了社会性，媒体犹如“放大镜”。马克思说：“报纸是作为社会舆论的纸币流通的。”① “只是由于用货币作媒介，个人财富才实现为社会的财富。这个财富的社会性质，就体现在货币这个东西上。”② 马克思对新闻媒介和舆论的关系作了精妙的比喻和解释。新闻媒介作为舆论的载体，有着类似于货币把个人财富赋予社会性质的同样功能。例如：1993 年冬到 1994 年春，我国一些重大改革举措陆续出台，其中影响面最广、与人民利益直接挂勾的是有关价格机制的改革，一些日常生活消费品，特别是农副产品上涨幅度较大，群众对此议论纷纷。大家关注的焦点问题是：实行市场经济，全面推行价格机制改革，国家怎样实行有效的宏观调控，保障人民群众生活的基本消费品的价格相对稳定？这些问题经新闻媒体或作报道，或发表言论，或刊播群众来信，或公布有关单位组织的社会调查结果，从不同方面反映了群众的忧虑和关注，引起党和政府的高度重视，党中央和国务院就此专门召集“菜蓝子”工程会议，指示各级政府部门要把平抑农副产品价格，保持日常消费品的价格和群众承受能力相符的工作放在稳定大局的高度来对待，并把十几种日常消费品作为国家监控的

① 《马克思恩格斯全集》第 7 卷第 523 页。

② 《马克思恩格斯全集》第 25 卷第 649 页。

商品。这些措施的实施，引起广泛的舆论反映，人民群众称赞这些改革配套措施的及时出台，增加了对改革闯关的信心和勇气。现就外国的报纸与通讯社的报道和评论来看：1994 年日本《东京新闻》6 月 16 日报道：日电通公司对北京、上海、广州和重庆 1800 户居民进行“中国消费者调查”，超过一半的人回答现在的生活“非常满意”和“相当满意”，80％的人认为 10 年后的生活水平会更好。① 1995 年《拉美社北京 1 月 23 日电》：“中国在避开风险、深化经济改革和保持新时期社会稳定下迈进了 1995 年。”“人们收入的不断增长提高了消除发展过程中出现的一些消极因素的能力。”② 无须赘言，外报外电的这类报道和评论，还是客观和公正的，能触及世人关注的我国焦点问题。新闻舆论一经放大，其镜面的光亮会四散开来，在广大空间发挥其社会功能。

3．新闻舆论的“反馈器”。上面的论述已涉及到新闻舆论的反馈。人们日常生活中，舆论是在相互交流思想观点中自然形成的，这正是舆情信息的交融和反馈。同样，新闻舆论的传播需要由受众作出反映，这是反馈的一种形式，要看舆情信息容量的有无和大小，鉴别其舆情内容有普遍意义还是限于局部，看其表达的思想观点的正误程度，还要看报纸广播电视的舆情传播是否符合客观需要，等等。

据报道：随着生活水平的逐步提高，人们越来越注意饭店旅馆的文化条件，下饭店要看有无电视，住宾馆要看有无报纸。报道举例说：“日前记者家里来了几位老乡，晚上带他们去住旅馆，相邻的两家小旅馆，一家三人间，每床 9 元，但没有电视；另一家三人间，每床 16 元，但有个大彩电，结果他们非常坚决地选

① 引自 1994 年 6 月 27 日《参考消息》。

② 引自 1995 年 1 月 31 日《参考消息》。

择了后一家。”“记者采访了几位具有中专以上学历的人士，请他们谈谈对宾馆订报纸的看法，他们几乎一致认为，房间没有报纸的宾馆，不是好宾馆。”“另据山东省旅游局人士介绍，宾馆要‘升级达标’，为旅客订报是一条重要标准。这确是有远见的规定!”①

这篇报道仅涉及人们在饭店旅馆时需要电视和报纸，属于宏观性的信息反馈，也说明我们办好电子和印刷新闻媒体的重要使命及其责任感。为此，在社会主义市场经济条件下，要注意舆论传播的反馈，从宏观上掌握受众构成的新变化，深知不同行业层次的需求趋向，增强新闻舆情传播的内含和力度，并沟通传播和接收之间的渠道，从而调整传受的相向关系，发挥媒体这个新闻舆论“反馈器”的作用。舆论运作过程要经历“舆论形成→舆论传播→舆论反馈→舆论再生”的环节，其中“舆论反馈”是舆论再生的前提，成为整个运作过程的重要环节，也是舆论从初始阶段向高级阶段发展的重要条件。新闻传媒由于讲究时效性，是充当舆论反馈器的最好工具。

（四）新闻舆论的构成机制

新闻舆论不同于一般舆论，是由社会舆论演进而来，自有其广延性、导向性、集中性、可控性等特点。我们研究新闻舆论的构成机制，是要理解这一“有机物”的构造和功能，掌握相互之间的有机联系，驾驭新闻舆论运作规律，用来为改革、建设的宏伟目标和人民大众的共同利益服务。这里涉及首要因素、舆论诱因和评价标准问题。

1. 大政方针是舆论机制的首要因素。党的报刊广播电视，历来以宣传党的方针政策为已任，以客观事态为新闻舆论的依据，影响社会舆论，引导群众前进。有人却认为，“市场经济条

① 1995年1月18日《齐鲁晚报》。

件下的新闻事业，不再具有阶级喉舌功能”；也有人说：“市场经济宣传……坚持不坚持正确导向关系不大。”这种新闻思想，有害于正确理解我们新闻事业的本质属性和新闻舆论的构成机制。众所周知，任何报刊广播电视，都要为一定的阶级、政党或集团所控制，被一定的经济关系所制约，也为一定的群体意志所左右。江泽民同志在全国新闻工作研讨班的讲话中说：“作为现代化的传播手段，能够最迅速、最广泛地把党的路线、方针、政策贯彻到群众中去，并变为群众的实际行动”，“能够及时地传播国内国际的各种信息，直接影响群众的思想、行动和政治方向。”这正是新闻舆论这一“有机物”构成机制的诸种因素，其中“路线方针政策”是机制中第一位的首要因素，占据“主帅”位置。所以，那种否定新闻事业“阶级喉舌功能”、无视新闻舆论“正确导向”的说法，是从根本上歪曲党的报刊广播电视的重要使命，是理所当然应予唾弃的。

2. 社会事态是舆论机制的构成诱因。报刊广播电视宣传党的方针政策，一旦成为群众的实际行动，就会出现社会新事态——或开辟新途径，或进行新试验，或创造新业绩，发展市场经济，建设社会文明，这就成为新闻舆论机制的构成诱因。“诱因”是指导致某种事情发生的原因，也是形成新闻舆论的来源。在社会事态中，一般呈出为正面和负面两种类型：正面事态有助于形成一个健康而文明的社会环境，有利于改革、建设和社会生活的正常进行；负面事态则构成种种社会问题或弊病，有害于社会文明建设及社会生活正常运转，甚而诱发人心不安。

现就正面事态看：有的县农民们做工不忘务农，十分重视科技兴农，把自己的“家”办成科研所，一家兴科，四乡受益。有位农家妇女花120万元购买中科院的一项专利，如今已是事业发达，家大业大，专利结出了累累硕果。有的县由农民合股创办了45家科研机构，为农民开展科研提供咨询、技术指导服务，全县已有980多位农民从事科研活动。这类事态，就成为新闻舆论机制构成的诱因。一是标志着农民解放思想，更新观念，冲破旧的习惯势力的束缚，以科技行业为龙头；二是事态中包含着新创造、新趋势和新业绩，成为市场经济发展和社会文明建设的重要活力；三是显示出社会生产力的发展，诸如“一家兴科，四乡受益”、“事业发达，家大业大。”这都代表着社会先进的生产力，昭示着社会发展的正确方向，体现着人民群众的共同意愿。

新闻舆论的社会事态这一诱因，是人们在贯彻大政方针中发挥智慧才干和精神动力的实绩，能使人进发，促人图强，催人创业，人们也会予以评价，得出正确结论。这里，有人却把社会问题视为诱发新闻舆论的“唯一原因”。这种观点的偏颇，在于忽视客观事物中正面和负面并存，但主要是无视方针政策的首要因素和社会公众对新闻舆论的评价因素。所以，对任何事物抓住一点而不及其余的看法，都是不可取的。

3. 公众议论是舆论构成的评价机能。社会事态的生发必然引起公众的关注，公众对事态关注的方式之一是议论，就其实质而言则是所作出的价值判断，由此而形成的新闻舆论，是社会公众对事态所作价值判断的物化结果。那么，新闻舆论是依据什么标准来评价这些社会事态呢？当然是社会公众的愿望、志向和共同需要。这里就1995年农历除夕中央电视台春节联欢晚会节目的收视情况看：由高科技电视发展公司信息调查中心对全国10个城市的1400户6671名观众进行电话随机调查，观众以“好”、“一般”、“差”和“不知道”四项标准做出简短评价：认为“好”、“不错”的观众占总数的82.9%，认为“一般”的观众占15.04%，评价为“差”和“不知道”的观众占2.03%。这表明大多数观众对晚会节目所作的“满意”评价；一部分观众还作出了除夕节目的整体印象：气氛热烈、温馨，使人感受到欢乐的节日气氛。[①] 这正是社会公众议论对舆论构成机能的集中体现。马克思曾作过深刻的论述："一定的外界物是为了满足已经生活在一定的社会联系中的人的需要服务的。"[②] 在我们社会主义国家，生活在社会联系中的人民群众的共同需要，形成了价值判断的标准。新闻舆论的形成机制，离不开传媒这一工具；社会事态的生发，由传媒及时地向公众反映；公众对事态的议论和评价，又需要新闻媒介的及时反馈。

由此可见，大政方针、社会事态和公众议论，是新闻舆论构成的有机物统一体。其中，首要因素是大政方针，构成诱因是社会事态，评价机能是社会公众。这三者是相辅相成的有机联系，缺一不可，成为新闻舆论活动的客观准则，必须遵循不逾。

第三节　舆论引导

新闻媒介具有反映舆论、表达舆论、组织舆论、引导舆论的功能。其中，引导舆论，在这四种作用中占据最重要的地位，甚至可以说，引导舆论，是现代报刊、广播电视的最主要的任务。马克思认为："报刊最适当的使命就是向公众介绍当前形势、研究变革的条件、讨论改良的方法、形成舆论、给共同意志指出一个正确的方向。"这一论断指明，新闻媒介引导舆论具体表现为报道、分析当前形势，研究改造社会、解决社会问题的各种途径，在公众中形成和新闻媒介立场相同的强大舆论，把公众的意志统一起来。

在我们社会主义国家，报纸、广播电视是联系党和政府与人民群众的桥梁和纽带，是社会主义建设的舆论工具。1980 年，

① 引自 1995 年《中国电视报》第 6 期。
② 《马克思恩格斯全集》第 19 卷第 405 页。

邓小平同志在《目前的形势和任务》的报告中，特别突出地强调了新闻传媒的地位和作用，提出了“要使我们党的报刊成为全国安定团结的思想上的中心，”[①] 这一观点，是对我国现阶段新闻传媒在社会生活中重要地位作用的最新认识、评价。“舆论导向”，“坚持正确舆论导向”，“以正确的舆论引导人”，这些重要命题的提出，反映了我们对新时期新闻传媒功能作用、根本任务以及有中国特色的社会主义新闻学党性原则的最新认识。而邓小平同志关于报刊是“思想中心”的论断，则为我们深化舆论导向的认识和实践奠定了思想基础。

正确引导舆论，是党的宣传思想战线极其重要的工作。目前，我国有几千家报纸，上万家刊物，几百座电台、电视台，覆盖面广，影响力大，每天同广大群众见面，随时随地影响着人民群众的思想和行动。正如“水能载舟，亦能覆舟”一样，正确的舆论导向，能够凝聚人心，振奋精神，激励斗志，促进团结；而错误的舆论导向，却会混淆视听，涣散人心，瓦解斗志；造成政治、经济和社会不稳定的严重后果。现在，我们这样一个有十一亿人口的大国，有五千万党员的大党，正在从事建立社会主义市场经济体制，实现“三步走”发展战略目标的前无古人的伟业，而面临的国际形势复杂多变，国内情况又千差万别。在这种情况下，坚持以正确的舆论引导人，保持安定团结而又生动活泼的政治局面，为全党和全国人民有领导有秩序地进行改革和建设创造一个良好的社会舆论环境，就显得更加重要了。

正确引导舆论，最根本最重要的是要牢牢把握党的基本路线不动摇，通过有力的宣传和思想动员，把全党全国人民的思想进一步统一到党的基本路线上来。要在纷繁复杂、眼花缭乱的社会现象中，正确把握形势，增强全局观念，切实生动地宣传好党的

---

① 《邓小平文选》第2卷第255页。

路线方针政策，让党和政府改革开放的重大举措，尽快地为人民群众所理解，变为人民群众的自觉行动，最大限度地动员和鼓舞人民群众投身于建设有中国特色社会主义的事业。

在当前建立社会主义市场经济的新形势面前，我们研究舆论引导，提倡和要求新闻媒介“以正确的舆论引导人”，是因为这一课题有着十分强烈的针对性。

在如何认识社会主义市场经济的问题上，存在一种思想误区。这种思想误区认为市场经济是自由经济，多元化利益主体的经济，所以政治体制上也应多元化。反映在对新闻媒介的认识上，就是不赞成新闻传媒是党和国家的舆论工具。提出办报、办台应以市场为导向。在这种错误的理论的影响下，极少数新闻单位出现了不良的倾向：

——有的报纸不是集中精力办报，而是集中全部心思赚钱，造成报纸内容贫乏，质量低下。或背离办报宗旨，把版面出卖给企业搞公关，作广告。

——有的报刊为了扩大发行，多赚钱，就以迎合低级趣味为手段，撰写刊登格调低下的东西。有人把这方面的问题归纳为“星”（歌星、明星）、“性”（黄色淫秽）、“腥”（凶杀、暴力）等等。也有人将这方面的问题归纳为“红色的秘密”，即靠泄露党和国家的机密去吸引读者；“金色的诱惑”，即迎合人们快快发财的心理，报道靠坑蒙诈骗等违法手段发财的“经验”；“黄色的刺激”，即性描写等煽情下流的色情报道；“黑色的压抑”，即杀人放火的社会黑暗面。

——有的报纸为了扩大影响，追求经济效益和知名度，热衷于轰动效应。更不可思议的是，有的报纸竟然崇尚“虽不流芳百世，也要遗臭万年”的信条，说什么“不犯错误，不挨通报批评，报纸就出不了名；犯了错误挨了批评，报纸反而更能吸引读者。”

在办台方面，随着系列台、专业台的竞争日趋激烈，有些电台干脆将节目承包出去，少数承包人为追求经济效益，打着和企业协办的旗号，为单纯追求收听率，以提高节目的知名度，拉更多的广告和赞助，置节目质量于不顾，一味迎合一些不健康的情趣，或选择一些耸人听闻的话，或讨论一些不适于在广播中传播的“问题”。

某些地方和部门视办电视为摇钱树，私自滥办乱建电视台，由于节目把关不严，个别台甚至出现了为死刑罪犯点歌“壮行”的严重播出事故。

上述种种现象，从反面说明，如果我们不能用正确的、健康的舆论去占领新闻阵地，而是任其按商品交换关系发展，那么其后果，轻则会使我们报纸、广播电视节目流于媚俗，严重则会出现错误的政治导向，鉴于问题的严重性，我们对这些问题必须在理论上作正本清源的工作。

首先，新闻舆论属于上层建筑意识形态范畴，它不具备一般商品的素质，其物化形态如报纸为精神产品，具有商品属性。我们的新闻事业，是以党和政府领导并主办的报纸、广播、电视、通讯社为主体，以部门、行业、企业所办的媒体为辅助的多层次、多特色的整体结构。这种新闻结构与广大受众发生关系，相互影响，形成一种引导与服务的运行机制。这种特殊的精神产品生产和被受众接受、“消费”的运行机制，不是一种市场机制，而是一种导向机制。在市场经济条件下，物质产品的生产与消费，导向是市场，买主是上帝，求利是法则，因此其运行是市场机制。这种市场机制对于精神文化产品生产导向机制的影响有积极的一面，况且，精神文化产品如报纸具有商品的属性，它已进入消费领域。但是，市场机制有影响消极的一面，即求利性、短期回报性，具有极大的腐蚀作用。我们必须清醒地认识到，新闻媒体生存发展改革的机制，决不是一般商品生产企业的市场机制，党性原则是第一位的，思想性、指导性时刻不能忘。

其次，新闻媒介生产的是精神产品。精神产品的生产同物质产品的生产具有完全不同的特点，价值规律、市场机制并不是指挥棒。包括西方资本主义国家在内的任何一个国家，精神产品的生产都不取决于完全满足于市场需求以及经济效益，而是要毫无例外地把社会效益，即把对人们思想、社会心理、社会生活的影响放在第一位。我们正在建立的社会主义市场经济体制是同社会主义基本制度紧密联系在一起的，经济上并不是搞私有制，政治是上并不是搞多元化。我们经济上的目标是发展综合国力，消灭两极分化，实现共同富裕；政治上目标是健全完善民主法制，建设社会主义精神文明。宣传思想战线的任务，就是要以正确的舆论引导人。

在当前，以正确的舆论引导人，就是要以有利于进一步改革开放，建立社会主义市场经济体制，发展社会主义社会生产力的舆论引导人；以有利于加强社会主义精神文明建设和社会主义民主法制建设的舆论引导人；以有利于鼓舞和激励人们为国家富强、人民幸福和社会进步而艰苦创业、开拓创新的舆论引导人；以有利于人们分清是非，坚持真善美，抵制假恶丑的舆论引导人；有利于国家统一、民族团结，实现政治稳定、经济稳定和社会稳定的舆论引导人。

正确引导舆论，还要求十分讲究引导艺术，以提高引导水平。从社会实践看，提高新闻舆论引导水平，要遵循唯物辩证的方法。具体说，有以下几个方面：

（一）宜解不宜避，坚持舆论引导的鲜明性。

新旧体制转换必须会出现许多新问题，发生许多新矛盾。如新旧思想观念的对立、利益的重新分配、竞争带来的人与人的关系改变等等。这些问题客观存在，不可回避。新闻舆论应发挥疏导、调节作用，化解矛盾。近年来，我们的新闻舆论宣传发挥了较大的作用，诸如：从搞活国有大中型企业到抑制通货膨胀，从打破平均主义的大锅饭到妥善安置待岗待聘的职工，从铁路部门每年一度的组织好春运工作到1995年规劝民工们留在打工地点过春节的新措施，这些问题都是社会关注的热点和焦点，许多新闻媒介对此作了宣传和引导。对正确的、做得好的加以弘扬；对错误的予以针砭。态度坚决、旗帜鲜明，不因矛盾突出而绕道走。由于把改革的进程、成就、问题、困难、措施以及前景如实告诉了公众，使人民群众全面了解改革的艰巨性和发展的美好前景，从而增强责任感，树立勇渡难关的信心。

（二）宜缓不宜急，把握舆论引导的渐进性。

建立社会主义市场经济体制是改革的总体目标，也是富国强民之路。对此，新闻舆论宣传坚定不移，满腔热情。然而完整、成熟的现代化市场经济体制是一个庞大的系统工程，要经历一个渐进的过程，不可能一蹴而就。因此，新闻媒介引导舆论要有冷静的头脑，科学的态度，不能超越阶段，急于求成。切忌在报道上刮风起哄，搞“一窝蜂”、“大哄大嗡”、“一边倒”似的报道。近几年，一些地方出现“开发区热”、“股票热”、“房地产热”、“造市热”，不少地方竞相攀比，盲目上项目、搞开发，带来宏观上的失控。这除了经济工作中的失误之外，一些新闻媒介的推波助澜也起了负作用。

新闻舆论在引导人们思想观念向正确方向发展中是一个渐进的过程，其方式是循循善诱、春风化雨、润物无声，而不能急于求成、拔苗助长、用搞运动的方式来解决思想意识问题，否则会事与愿违，带来负作用。1993年上半年开始，报刊广播电视比较集中地宣传了党中央惩治腐败的决心和采取的重大措施，振奋了民心，促进了反腐败斗争的深入开展。但是也有一些新闻媒介出现欠妥当的提法和遣辞造句不太确切的报道，容易使人们造成反腐败斗争是在搞“运动”的印象。例如：四川某报在9月初的一版头条打出大字标题。“各地反腐败斗争如火如荼”。北京某报在一个专版的文章中提出：“1993 年，世界反腐败斗争风起云涌”；“6 月，中国反腐败风云迭起”；“8 月，中国再次掀起‘廉政风暴’，并迅速席卷全国各地”。还有一份报纸，在报道反腐败时竟提出“中华民族到了最危险的时候。”这与实际形势明显不相符。鉴于“文化大革命”期间以群众运动的形式搞“大批判”、“大字报”等带来的社会震荡的教训，邓小平同志多次强调不要搞群众运动，人人过关。上述这种情况，明显是犯了急躁幼稚的毛病。

（三）宜全不宜片，讲求舆论引导的辩证性。

唯物辩证法，既是马克思主义的世界观，又是方法论。讲求辩证法，反对片面性，这是提高舆引导艺术的重要指导思想。毛泽东同志说过，片面性就是思想上的绝对化，就是形而上学地看问题……不能用肯定一切的观点或否定一切的观点看我们的工作。对改革的主要成就和存在的问题、矛盾和困难，新闻媒介都应全面反映。让人们群众了解全面情况，作出正确判断，分清主流和支流、现象和本质，不可以偏概全，以点代面。新闻工作坚持以正面宣传为主的方针，是为改革开放和现代化建设营造一个良好的舆论环境。从辩证的观点来看，既然有以正面宣传为主，也就必然有个“以批评揭露为辅”的问题。新闻舆论在讴歌光明、向上的美好的事物时，对社会上的阴暗面，对假、恶、丑的东西则要予以揭露批评。对“反面事物”的这种批评性报道是整个新闻舆论的一个组成部分。与正面宣传相比，在份量上只能占次要位置，但是它和正面宣传相辅相成，互相构成了客观全面的新闻舆论。我们的新闻媒介重视舆论监督，注意运用的舆论的优势抑制社会的一些腐败现象。“焦点时刻”、“焦点访谈”、“中国质量万里行”等一类专栏里的批评性报道深受人民群众欢迎，就是对新闻舆论应注重全面、辩证地反映社会生活这一道理的有力证明!

（四）宜诱不宜硬，注意舆论引导的启发性。

在传统经济体制下，资源配置主要是由自上而下的行政指令来实施。这种方式反映在宣传报道上，就是以传播纵向的行政指令为主要任务，容易造成居高临下、发号施令、单向灌输多，双向交流少；指令性用语多，协商启发少；硬性教化多，循循善诱少。市场经济条件下，各个经济实体成为独立自主的经营者，纵向行政指令趋于淡化，横向经济信息活动频繁。社会成员以平等的角色和身分参与市场竞争，平等意识普遍增强。这些变化要求我们大力改进报道方式，多用启发式、参与式。“《钱江晚报》现象”在这方面的经验和启示值得参考和借鉴。他们采取许多新的报道形式，不断开辟新栏目，如“夜间值班电话”、“挂牌值班”、“记者在您身边”等等，并邀请领导干部当一天记者，为专栏写一篇文章。杭州市一位副市长到《钱江晚报》当了一天“记者”，采访了城郊结合部的卫生问题，并通过报纸披露了情况，促使这些卫生死角尽快改变了面貌。当前社会的“热点”、“焦点”问题不少，群众要求解决或解答的问题也日益增多，有些是政府部门能够解决的，有些是政府部门一时难以解决的。这也需要新闻宣传部门协助解释，疏通引导。《钱江晚报》采取的这贴近生活、贴近群众，用春风化雨的引导手法协助政府有关部门解决群众的难点和疑点，对于稳定、加强团结和积极鼓劲大有裨益，值得借鉴和提倡。

第四节　舆论监督

社会公众运用新闻媒介，对偏离或违背社会正常运行规则的行为依法实施的新闻批评，称之为舆论监督。舆论监督是新闻媒介的一项重要职能，也是研究新闻舆论的一个重要课题。

1987年10月，党的十三大政治报告指出："要通过各种现代化的新闻和宣传工具，增加对政务和党务活动的报道，发挥舆论监督的作用，支持群众批评工作中的缺点错误，反对官僚主义，同各种不正之风作斗争。"1992年10月，党的十四大政治报告中强调："强化法律监督机关和行政监察机关的职能，重视传播媒介的舆论监督，逐步完善监督机制，使各级国家机关及其工作人员置于有效的监督之下。"1993年11月，党的十四届三中全会通过的《中共中央关于建立社会主义市场经济体制若干问题的决定》中，又把"发挥法律监督、组织监督、群众监督和舆论监督的作用"，同加强廉政建设、反对腐败相联系。《决定》指出："加强廉政建设、反对腐败是建立社会主义市场经济体制的必要条件和重要保证，也是关系改革事业成败，关系党和国家命运的大事，必须切实抓紧抓好。"

在确定把建设社会主义市场经济体制作为我国新时期深化改革的总目标模式后，党和政府为何强调舆论监督？人民群众为什么会越来越自觉地运用舆论监督这个武器？新闻传播媒介如何正确行使舆论监督的职能和权利？对于这些问题，我们将就舆论监督在宏观调控、民主政治、法制建设、社会保障等方面的作用，做些分析和述评。

一、宏观调控手段

市场经济的发展，需要宏观调控，而不能失控。因为市场经济不是自由放任的经济，特别是在经济体制转轨时期，市场发育不成熟，竞争机制不规范，加强宏观调控尤为重要。"宏观调控"，是指以经济杠杆调节为主，配以法律和必要的行政手段对市场经济的运作实施调节控制的综合措施，通常把政府为弥补市场失灵而采取的其他措施也列入宏观调控范畴。舆论监督是宏观调控的重要配套手段，其作用是：

（一）注意监视经济运行中出现的异常现象，提示人们防止经济失控带来的负效应。

90 年代以来，我国经济经过一度徘徊后迅速崛起，呈现高速发展的大趋势。但是，由于主要依靠高投入而不是主要依靠技术进步实现的，所以必然带来需求的迅速扩张、资源的高消耗及其“瓶颈”制约。从 1992 年下半年，我国经济发展又开始露出失衡苗头，诸如速度、投资攀比、重复引进和建设现象，导致通货膨胀和物价上涨。对此，党和政府及时采取调控措施，对经济运作的一些无序现象进行治理，既保持了经济的适度增长，避免大的波动，又使某些领域的过热势头得以抑制，取得了预期效果。而重视舆论引导和监督作用，也是这次宏观调控取得成效的一种重要因素。

——针对某些地方竞相攀比搞“经济开发区”，致使大批良田沃土被占用或弃置荒芜，引起农民群众的不满，一些新闻舆论机构及时报道和评述这种不正常现象，宣传保护耕地和不盲目攀比的典型，如获得 1992 年全国广播新闻一等奖的广播新闻：“江苏常州市科委不占农田搞开发”。这类新闻对制止乱占良田，遏止“开发区热”等失衡现象，起到了舆论先导的重要作用。

——针对社会上一度出现的民间集资热、股市风潮等金融大战，某些新闻媒体及时发表经济学专家的意见和看法，指出炒股是带有很大风险的投机行为，告诫人们在股市面前要有心理承受能力。当民间集资热开始膨胀时，新闻舆论媒介又揭露其中一些人利用集资进行诈骗的犯罪行为。最为典型的是：新闻媒体对原长城机电公司总经理沈太福等犯罪分子利用非法集资手段诈骗 10 亿巨款予以揭露，为政府整顿金融市场的混乱状况，作了社会舆论准备。

——针对商业、加工业过热，而农业生产受到冷落，农民种田积极性受到挫伤，甚而出现“抛荒”现象，新闻舆论及时呼吁加强农业的基础性地位，并报道农村摊派过多、农民负担过重等等，引起社会的关注和重视，有助于促进各地认真切实贯彻党中央和国务院关于农业和农村工作的各项方针、政策。

（二）维护市场经济正常运行秩序，监督无视或违反市场行为规则的不良现象。

宏观调控措施的一个重要方面，是运用综合手段来维护正常的市场秩序，而舆论监督作为法律制约一种中介性的补充手段，有着不可替代的重要作用。市场主体是指参与市场活动的生产者和经营者，评判市场主体行为的一个重要标志，就是衡量其是否遵循市场正常的运行规则和秩序。当前，一些市场主体的“犯规”和“违法”行为主要是：哄抬物价，囤积居奇，欺行霸市，地方保护，走私贩私，侵吞国有资产，非法牟取暴利，产销假冒伪劣产品，侵犯职工合法权益等等。这些严重违背市场规则和秩序的行为，成为舆论监督配合法律制裁的主要对象。近年来，新闻舆论逐步加大了批评和揭露的力度，受到党、政府的重视和人民群众的热烈欢迎。

新闻媒体不仅限于对市场主体行为的监督，也包括对政府部门的监督。比如，一些行政部门尚未从计划经济的思维模式中解脱出来，依靠行政命令手段干预经济活动，给国有企业转换经营机制、走向市场和自主经营造成极大的困难，甚而仍用旧体制的价值标准来衡量市场经济的新事物，如采用“一平二调”、改变企业性质和实行地方保护主义等。据报道：

河北某县政府违反村民意愿，强制性地把一家村办企业改为县办，并改变这家企业的所有制性质和行政隶属关系，引起村民和企业干部职工的强烈不满。

一些私营、个体、合资企业由于惧怕某些行政管理和执法部门的歧视，给自己戴上一顶“红帽子”，即把自己的私有性质的企业改头换面挂上集体所有制的经营执照，以此作为保护伞，免得管理和执法部门找麻烦。

湖北某市服装厂等五家企业，伙同市税务部门钻国家出口退税政策的空子，通过开空头支票和假完税等手段，骗取退税款1218.89万元，从中获得大量非法收入，市长和税务局长因支持和参与活动而分别受到党纪政纪处分。

某些行政管理和执法部门的这类思想观念和行为，排斥公平竞争的市场平等原则，不利于市场和企业的正常发育，也有损于国家和人民的利益，因而成为舆论监督的重点对象。

（三）对管理权力和经济领域滋生的腐败现象进行监督，加大反腐倡廉的力度。

腐败作为一种不良的社会现象，是败坏党风和社会风气，腐蚀人们的正义和良知的毒素。腐败容易在两种情况下滋生：一是失去监督的权力往往容易发生腐败；二是失去道德价值规范的行为容易滋生腐败。在经济体制转换时期，由于自主性、竞争性、开放性等市场经济特点，与权力集中、计划指令、部门行业控制等计划经济特点并存，这种暂时无序的经济运行状态，给某些腐败因素的滋生以可乘之机，并蔓延开来，成为政府和群众痛恨的一大社会问题。新闻传播媒介就要加大对腐败现象进行揭露和曝光的力度。据报道：四川省原民政厅副厅长石喜平、原万县地区行署副专员杨忠诚利用职权收受巨额贿赂和贪污公款，被依法分别判处有期徒刑7年、12年。安徽省纪检监察部门在反腐败斗争中，采取一系列有力措施，加大反腐败斗争的力度，1994年已有9名地市级领导干部和47名县处级干部受到党纪处理。

新闻媒体揭露这类腐败现象，起着举一反三、以一儆百的重要抑制作用。舆论监督是新闻媒介运用群众舆论力量来纠正偏离社会正常秩序的那种逆向行为，其目标主要有三个方面：一是对准以权谋私、以职谋私、以业谋私行为，以避免和消除与发展市场经济相反的权力经济；二是对准用公费吃喝、出国旅游，浮华奢侈，挥霍浪费大量建设资金的现象，抑止与艰苦朴素、勤俭创业相悖的权力行为；三是对准丧失社会基本道德价值规范的谋利行为，如侵吞公款、经济贿赂、制黄贩黄等，实施舆论监督。

行政调控配以舆论监督，两者相辅相成，是经济手段和精神力量的有机结合，也是经济基础和意识形态相互作用的生动体现，表明物质文明和精神文明的建设两手齐抓共管，共同促进，对造成良好的社会舆论环境和发展市场经济，具有十分重要的意义。

二、民主政治窗口

建立社会主义市场经济体制，这是一项宏伟的系统工程，其整体建构应包括三个层次：一是市场体系本身的整体建构；二是市场经济体制的整体建构；三是“新型市场经济——新型民主政治——新型精神文明”的整体建构。经济体制是政治体制的基础，政治体制制约经济基础，这是马克思主义关于经济基础和上层建筑作用与反作用的常识性原理。

当前，我国的改革是沿着以经济体制改革带动政治体制改革的思路运行。邓小平同志在设计建设有中国特色社会主义宏伟蓝图时指出：“我们提出改革时，就包括政治体制改革。现在经济体制改革每前进一步，都深深感到政治体制改革的必要性。不改革政治体制，就不能保障经济体制改革的成果，不能使经济体制改革继续前进，就会阻碍生产力的发展，阻碍四个现代化的实现。”[①] 邓小平同志指出：“我们政治体制改革总的目标是三条：第一，巩固社会主义制度；第二，发展社会主义社会的生产力；第三，发扬社会主义民主，调动广大人民的积极性。”[②] 这不仅

① 《邓小平文选》第3卷第176页。
② 《邓小平文选》第3卷第178页。

是政治体制改革的指导方针，也为新闻体制改革指明了方向，就是新闻舆论监督要增强公开性、民主性和参与性，引导人民群众发扬主人翁精神，促进社会生产力的发展，为巩固社会主义制度打下坚实基础。

这里，先举几例：有的市政府在多家新闻媒体刊播一则广告，引来59位巾帼参加"我想当副市长"的角逐。有10名职工在各条战线开展"主人明星标兵"活动中，经过层层推荐评选，被聘为"市长联络员"。有位大学教育学博士经过"过关斩将"，在168位竞考教委工作的应试者中成为佼佼者，当上省主管高校工作的副主任。有的高校推出学生社会实践活动新形式，30名优秀大学生在本校行政机构挂职锻炼一个月。报刊广播电视所刊播的这类新思路和新举措，显示了政治体制改革的潮头和民主政治建设趋势。

然而，我们仍处于社会主义初级阶段，由于经济体制转换，民主政治建设还要推进，法制配套尚需完善，因此，政治体制改革，不可能一蹴而就，操之过急，跨越社会发展的历史阶段。这为某些权力主体带来空隙，为自己的地位和名声滋生"吹牛"浮夸风。据《劳动报》1994年11月20日报道，年终将至，浮夸现象又在部分企业滋生。例如某家大型企业一份财务报表表明：国有资产比上一年增值1000余万元，但是经市审计部门审计，结果却大相径庭，其资产增值竟是零。又如某区有家大型企业1993年国有资产帐面总额为2亿余元，比上年增加139.2万元，审计后扣除无法收回造成的潜在亏损，国有资产比上年实际仅增值42.5万元。有些单位报喜不报忧，或者多报喜，少报忧。分析他们的心理，据说是有"五怕"——怕给单位抹黑，怕影响自己政绩，怕上级追查，怕影响与兄弟单位的关系，怕捅娄子、惹麻烦。实际上，这种报喜不报忧，或多报喜少报忧的做法，是下级对上级的封锁和欺骗。

由于有些政府部门和企业人员的民主和法制观念淡泊，不尊重人民群众的批评和督政权利，使新闻批评和舆论监督的机制难以充分发挥作用。比如：因举报批评某些公务人员以权谋私等腐败行为而遭到打击者有之；新闻从业人员因揭露重大灾情灾害而受到多方限制、百般刁难、限期离境者有之；因按当地领导公开申言“不能只报喜不报忧”报道当地某些弊症而受阻者有之；甚至因曝光某些人依仗权势欺压百姓、隐瞒实情而被收缴砸坏采访工具，受到威胁、殴打拘禁者更有之。这些不尊重公民和新闻从业人员权利的不正当行为，屡屡见诸报刊，引起人民群众极大不满。固然，这类现象只是我们行使舆论监督权利中遇到的少数情况，是主流中出现的支流，属于主旋律音调中的个别噪音；但却损害了人民群众通过媒体参政议政督政的权利，表明包括舆论监督在内的社会制约机制尚不健全，民主政治建设有待加大力度。

新闻民主和舆论监督是社会生活民主化的一个尺度，对于舆论监督承受能力的强弱是衡量民主政治建设程度的标志，也是权力机构运行的整体效应体现。我国宪法第四十一条规定：“中华人民共和国公民，对于任何国家机关和国家工作人员，有提出批评和建议的权利；对于任何国家机关和国家工作人员的违法失职行为，有向有关国家机关提出申诉、控告或者检举的权利，……这正是人民群众运用新闻媒介实施舆论监督的法律依据。一些决策部门和领导干部也呼吁和建议提供真实的准确的信息，以增加“下情”的透明度，便于判断和决策。新闻媒体在供人民群众进行批评和交流情况时也创造了某些新形式，如“批评和建议节目”、“设立举报监督热线电话”、“投诉信箱栏目”等，深受社会公众的欢迎。这表明人民的民主意识增强，批评监督的自觉性提高，权利得到进一步的尊重和保障。

由此可见，新闻舆论反映民情民心的程度，是社会民主生活的“晴雨表”；社会公众运用传媒表达要求和呼声的经验，是社会民主政治建设进程的衡量标尺；而新闻舆论的公开性、民主性和参与性的程度越高，也越能体现和发挥社会主义民主政治的优越性。加大舆论监督的力度，拓宽舆论监督的领域，使新闻传媒成为马克思所期望的“人民精神随时睁开的眼睛”，这是我国政治体制改革的一项重要内容，也是民主政治建设的重要趋向。

三、监督机制因素

民主和法制，是建设有中国特色社会主义的重要组成部分，两者相互联系，相辅相成，不能离开民主讲法制，也不可脱离法制讲民主。新闻舆论宣传，也必须把民主和法制有机地结合起来。既要同封建专制主义划清界限，也要同资本主义民主和资产阶级自由化区别开来；既要反对不讲民主或压制民主的官僚主义和专制主义，又要反对只要民主不讲法制的无政府主义和极端民主化。因而，只有同时促进民主和法制建设，社会主义民主政治才能朝着正确的方向发展。

党的十一届三中全会以来，邓小平同志拨乱反正，总结了“文革”十年浩劫中民主和法制受到严重践踏的历史教训，高瞻远瞩地阐明加强民主和法制建设的重要性。他指出：“我们国家缺少执法和守法的传统，从党的十一届三中全会以后就开始抓法制，没有法制不行。”又具体指出：“党要管党内纪律的问题，法律范围的问题应该由国家和政府管。党干预太多，不利于在全体人民中树立法制观念。”① 并提出了“一手抓经济建设，一手抓法制建设”的著名论断。对新闻传媒来讲，这都是重要的指导思想。正确处理舆论功能和法制建设的关系，其主要方面是：

（一）新闻舆论对社会生活运行中出现的偏差行为的反映最为敏感，起着舆论先导的重要作用，因而是制订和实施有关法制

① 《邓小平文选》第3卷第163页。

的依据之一。

社会公民按照宪法赋予的权利，运用传媒对社会现象进行批评和监督，其时效性、空间性和接近性有着难以替代的优势。这也就是新闻舆论能及时向立法、执法机关提供真实的事实和情况，以引起重视和关注，促使立法机关制订有关法规条例，规范制约社会行为，维护社会正常秩序。

自党的十四大以来，我国制定颁布了诸多规范市场秩序的重要法规条例，如《中华人民共和国劳动法》、《反不正当竞争法》、《广告法》等。在这些法规出台之前，几乎都有一个共同特征，就是新闻舆论已就违反市场正常行为的现象作了及时、相当集中的揭露和反映。如《劳动法》颁布前，新闻媒体报道了不少用人单位侵犯劳动者合法权益的事件。特别是在三资和私营企业，劳动者职业无保障，失业无保险；许多企业私招滥雇工人，不依法签订劳动合同，有些企业随意解雇工人，工人却不能依法保护自己的权利；有的企业强迫职工加班加点，却不按规定付予合理的报酬；工人的劳动条件和生活环境也令人担忧。而深圳“11.19”玩具厂一场大火吞噬70多位工人生命的特大事件；福建一外资企业把女工关进狗笼的事件，更使人触目惊心。新闻媒介对这类现象的报道和述评，引起社会舆论的强烈反应和关注。在社会各界的努力下，一部旨在保护劳动者合法权利、促进劳动关系和谐协调发展的《劳动法》，在广大职工急切期望和舆论呼唤声中终于诞生。

（二）新闻舆论对社会不良现象的监督具有间接性，只有与法律监督和行政监察协同运行，才能增强社会制约机制，起到标本兼治作用。

对于经济体制转型期间所出现的某些无序现象，如假冒、腐败、欺诈等，已引起社会公众的强烈不满，急切要求强化社会制约机制。但是如何强化？有人建议，在“强化社会制约机制中，应强调侧重于舆论监督。”我们认为，这种看法夸大了舆论监督在社会制约机制中的地位、性质和作用，容易混淆甚至颠倒舆论监督与法律监督行政监察的关系。

江泽民同志在党的十四大政治报告中指出：“强化法律监督机关和行政监察机关的职能，重视传播媒介的舆论监督，逐步完善监督机制，使各级国家机关及其工作人员置于有效的监督之下。”这一重要论述，就明确了诸种监督机制的相互关系，其中既有秩序的先后，又有“强化”和“重视”的区分。前者是权力对权力的制约关系，具有直接性和强制性；新闻舆论是非权力实体，对权力主体的制约属于间接性，要通过纪检、监察、法制等权力机关发挥作用。这些年，报刊广播电视配合检察院在全国设立的举报机构，大力宣传报道，造成舆论动员，就显示出巨大威力。例如：有的受贿者听广播看报后自虑问题严重，就向检察部门自动投案；有些严重经济罪犯慑于法制的威力和媒体的压力，或投案自首，或中止犯罪活动。

这类事实表明，新闻舆论以事实为基础，以法律为准则，以群众舆情为依据，能在更广阔的范围反映险象行为，揭露违法现象，成为行政监察机构的“了望哨”和“监察岗”。所以，社会诸种制约机制的协调运作，其社会效应无疑地会强于单一的制约功能，也有助于形成一种社会制约系统和网络，增强监督的力度。新闻舆论监督这种中介性的机制，其效应主要有：一是有助于权力主体自诫自律，使之慑于舆论监督的社会影响，促使良知的苏醒；二是新闻舆论昭示逆区，警示险区，显示检察空区，有助于行政机关对违法乱纪者实施物质和精神的双重制裁；三是新闻单位对权力阻碍群体制约的行为，可采取不同形式提供险情，有助于行政机关实施有力措施，取得重大突破；四是新闻舆论宣传社会公认的伦理道德规范，是制约被监督对象的重要精神力量。

可见，行政监察、法律监督和舆论监督，在社会制约机制中所处的地位是主辅关系。这种地位不能倒转，关系不能互换，作用不能替代，这是由各自的特性所规定，也是社会主义民主和法制建设的要求。

（三）新闻舆论监督必须纳入法律的轨道，在法律允许的范围内实行监督，不可“越雷池一步”。

我国宪法第四十一条规定公民对于国家机关和工作人员有提出批评和建议的权利，对其违法失职行为有提出申诉、控告或者检举的权利。这一条中，也指明“不得捏造或者歪曲事实进行诬告陷害”。从法制角度讲，舆论监督具有双重性，既受法律保护，也受法律制约。如果一旦越出法制轨道，不仅会发生侵法行为，损害国家和人民的利益，也有损于自身的形象。从1991年1月到1993年3月，武汉两级法院审结新闻单位侵犯名誉权、肖像权案19件，被告新闻单位败诉的14件，占73.3%。这说明目前新闻法制尚不健全，一些新闻工作者法制观念淡薄，不能正确区分正当舆论批评与新闻侵权的界限。这些经验教训提醒我们：一是舆论宣传和监督的基本方向，必须符合宪法和法律的规范，不能有相悖于党和国家的大政方针和法律规则；二是言论自由不能凌驾于法律之上，新闻单位及其记者不是“法官”，也不是“无冕之王”，不能自作主张和自行其事；三是新闻舆论不能随意解释法律条文和含义，更不能进行歪曲法律的宣传；四是新闻报道不能含有侮辱、诽谤他人，侵害公民的名誉权和隐私权的内容，违者要负法律责任；五是新闻宣传报道不准违背法律规定，泄露党和国家的有关机密。

当然，行政机关要依法保护新闻机构和新闻从业人员正当的合法权益，对侵犯新闻工作者权益的行为也要追究法律责任。最高人民法院院长任建新在1988年的一次会议上说：“处理报刊上发表文章引起名誉纠纷，要区分正当的舆论批评与侵犯名誉权的界限，既要依法保护公民的名誉权，又要依法支持舆论监督。”随着社会主义民主和法制建设的不断完善，新闻机构实施舆论监督，也必然有法可依，有章可循，逐步形成良性的社会舆论环境。

四、社会公平保障

党的十四届三中全会作出的《中共中央关于建立社会主义市场经济体制若干问题的决定》指出：“建立以按劳分配为主体，效率优先、兼顾公平的收入分配制度，鼓励一部分地区一部分人先富起来，走共同富裕的道路。”这一决定体现了我国的社会制度的特征，遵循了市场经济的基本规律，反映了人民群众的愿望，从而使我国的市场经济宏观抽象的概念有着丰富的内涵。报刊广播电视宣传贯彻这一重要方针，应着力体现“效率优先、兼顾公平”的思想和原则，传播新思维、新举措、新经验和新问题，增加舆论引导和监督功能。这里先就农村情况举几例：

有的村经村民代表决定实施“农龄工资”，领取数目根据集体收入浮动，年终结算兑现。

有的偏僻小山村实行最低工资制，规定企业职工年收入不低于3000元，即可防止企业干部以权谋私，也使职工劳动报酬得到保障。

有地处孟子故里的村庄推出《农民退休制》实施办法，按男女退休年龄每月领取规定的退休金。

有的市首富村集体经济迅猛发展，全年人均收入26270元，退休农民每月的退休金也令人惊羡，高达1500元。

有的小康村在发展市场经济中，因父母或岳父母帮助劳动，全村已有70多户除承担赡养义务，还给老人发劳务费。

新闻媒体所传播的这些事例，都出现于农村，虽是局部的，但也有一定的代表性，表明市场机制的发育，农村经济的发展，人际关系的改善，因而在不同范围和程度上体现了“效率优先、兼顾公平”的原则。诸如：规定基数，保证生活；根据效益，获取报酬；效率越高，收入越多；离岗退休，老有所养；帮助劳动，也有酬劳。还正是市场机制启动下在某些农村逐步形成的社会公平保障制度。对于社会公平保障的因素，可以作如下概括：

一、是社会主义公有制经济为主体的一个基本特征，成为城乡群体参与社会市场活动的一项基本准则。

二、是社会机体和经济实体深入改革、转换机制、充分发挥作用的一项十分重要的配套改革措施。

三、是为各类性质的产业开展竞争、增强活力，创造公正平等的客观环境，以促进社会生产力发展和社会全面进步。

四、是合理调整和保证国家、集体或企业、个人三者利益的一项基本制度，能防止贫富悬殊、两极分化，成为现阶段社会生产力的发展水平的一个客观要求。

五、是维护社会稳定和人心安定，保证社会正常活动和市场正常运转，实现国家长治久安的一项基本措施。

社会公平保障，应是社会主义新型市场经济体制的题中之义，不仅包括公平合理的物质利益分配制度，合理拉开差距而避免由于少数人收入畸高形成两极分化，也包括运用法律制约和舆论监督等维护公平竞争的综合手段。而如果单纯追求效率而不兼顾公平，必然会导致不正当手段达到的非法暴富和滋长腐败，生成非法“致富症”和官僚“腐败症”，前者干扰了市场正常发育的外部环境，后者破坏了市场正常发育的内部秩序。这样，将使贫富悬殊、两极分化在地区与地区、群体与群体、个人与个人或家庭与家庭之间三个层次上逐步扩大发展起来，造成人心不安，引起社会震荡，其后果不堪设想。

为此，舆论监督在发挥社会公平保障作用方面，近年来依法加大反对不正当竞争行为和揭露遣责贿赂贪污等腐败现象的力度；并扩大监督的范围，依靠人民群众反腐倡廉的积极性，取得了阶段性成效。如“中国质量万里行”活动，依靠群众监督、社会监督和舆论监督，打击了坑害国家和百姓的非法致富行径，广大群众拍手称快。据 1994 年 12 月 23 日《光明日报》报道：“从国家技术监督局获悉：全国“打假”两年来，移送司法机关审理的制售假冒伪劣商品违法者达 3800 多人，被判刑的 941 人，其中无期徒刑 15 人，死刑 12 人。

据全国第七次“打假工作协调会议”对“打假”形势分析后指出，“对成绩绝不能估计过高，对难度绝不能估计不足。”其中一个重要原因是：“有的制售假冒伪劣商品的违法行为与干部的腐败行为和地方保护主义密切相关，使‘查假’、‘打假’难度加大。”[①] 这就需要我们保持清醒。在经济体制转型期间，以权谋私的腐败现象和使用非法致富的不正当手段所引起的社会分配不公现象，仍将持续相当长一段时间。新闻媒介应以法律之剑，政纪之鉴，群众之力，做好发挥舆论监督作用的工作，任重道远，不可松懈!

---

① 见 1994 年 4 月 7 日《中国消费者报》。

第十章　媒介批评

媒介批评，是目前我国大陆新闻传播学界开始关注的一个话题。

它的凸显，来自于几个方面的原因：

一是大众传播学从80年代初舶来中国大陆，经过近二十年的介绍、研究，俨然已成为一门“显学”，无论传播学界，还是新闻实践部门，都自觉或不自觉地运用传播学说中的一些观点、方法来研究新闻传播现象，从事新闻传播活动。从80年代中期开始兴盛起来的“媒介调查”、“受众调查”、“广告市场调查”等等就是一个显例。

二是改革开放以后，我国大陆新闻传播事业发展迅猛，特别是邓小平南巡讲话，中国共产党第十四次全国代表大会提出了建立社会主义市场经济体制，在这种经济、政治和文化背景下，大众传播业更是以前所未有的发展势头追赶西方发达国家的大众传播业，大潮汹涌，泥沙俱下，一个为传播界和受众乃至整个社会所忧虑的现象——媒介及媒介产品——大众文化受商业化侵蚀的趋势也开始露出了端倪。

三是近些年来，国外和港台的一些媒介批评理论，包括大众文化批评理论被陆续地译介到我国大陆学界，并引起了一些学者和传媒界的高度重视和极大兴趣。

上述三种情况，给媒介批评的研究和开展，带来了深刻的影响。

传播学理论的引进、并开始在我国大陆生根开花，这为媒介批评提供了理论依据和实施操作的具体方法。事实上，海外将媒介批评纳入传播学这一庞大学科体系，当作是大众传播学的一个重要内容。这表明媒介批评理论是传播学的一个分支或者流派。

大众传播业的迅猛发展，除了带来容易为人们所感受到的信息流通，空前活跃，媒介发展，一派繁荣的具象之外，更重要的是所生产的媒介产品——大众文化，代表着一定时代和一定社会的思潮和文化走向，在深刻地影响甚至是改变着传统社会的思想、政治、经济、文化、道德、价值，面对这一现象，传播学界不能不给予媒介批评以更多的关注。

海外媒介批评理论，特别是传播学研究中的批判学派的理论之介绍引进，给我国大陆关注和研究媒介批评问题，提供了最为直接的参照体系和思想养料。

但是，目前在我国大陆，将媒介批评当作一门学术来予以认真探讨研究的工作还十分薄弱。有人将此概括为“三少”现象，即媒介批评少深广、少学术、少知识更新。迄今为止，媒介批评研究的专著尚未在我国大陆发现，这种局面，显然与目前我国大陆的大众传播事业的发展状况不相称，本章试图对媒介批评的对象与特性，内容与方法等作粗浅的探讨，并运用马克思主义的基本观点和方法，对欧美及港台关于媒介批评的学术观点及流派作批评性的介绍，以此作为一扇窗口，让读者能窥见户外媒介批评研究的方法和思路。

第一节　媒介批评的对象和特性

顾名思义，媒介批评就是对大众传播媒介的批评，是对媒介自身作用及媒介产品的理性思考。如果我们从学术的角度对什么是媒介批评作一个较完整的概括，即：媒介批评是以传播学理论为基础，按照一定社会和阶级的利益和理想，根据一定的批评标准，对大众传播媒介及其产品——大众文化的是非、善恶、美丑等问题所作的价值判断和理论鉴别。

媒介批评有广义和狭义之分。广义的媒介批评是对一切与媒介有关的问题的分析和评判。[①] 它起码涉及到三个层面的内容。

（一）大众传播媒介的文化层面。主要是指大众传播媒介与社会、与人类、与科学技术的关系；比如：传播媒介与人类社会发展的关系、大众传播与社会控制、科学技术的进步对传媒的作用和影响、大众传播的社会功能等等。

（二）本体层面。这是大众传播学研究的基本范畴。也是媒介批评的基本范畴。这方面包括传者和受众研究、传播工具研究、传播的内容研究、传播的效果研究等等。

（三）现象层面。这是指大众传媒生产的产品，传播给受众的各种信息——新闻节目、天气预报、经济信息、文艺节目、商品广告、流行歌曲和时装表演等等。

狭义的媒介批评，即是指对大众传播媒介生产的产品，如新闻报道、文艺节目、通俗音乐、商品广告等等的批评。我们将这些媒介产品概括为“大众文化”。而人们将“大众传播媒介视为研究大众文化的主要对象，前者是观察后者的一面镜子。”[②]“大众传媒既然是大众文化的主要载体，那么，以监督传媒作为职志的媒介批评理所当然且责无旁贷地要把大众文化作为自己的评判客体。”[③] 其目的，是对大众文化和制造生产这些大众文化的传播媒介实施监督评判，以达到引导大众文化方向，推动现代化的健康发展之目的。因此，从本质上讲，媒介批评“是一种特殊的

---

① 参见吴迪《媒介批评：特性与职责》《北京广播学院学报》1995年第5期。

② 吴迪《“文化工业”“品味文化”与“文化阶层”——西方大众文化研究管窥》，《电影艺术》1995年第6期。

③ 吴迪《媒介批评：特性与职责》《北京广播学院学报》1995年第5期。

社会文化批评。”①

媒介批评的特性，是和文艺批评、政治经济学批评、社会学批评相互比较所表现出来的差异。

不同的批评有不同的范畴。文学艺术批评面对的是文学艺术作品和文学艺术现象，它主要将文学艺术作品当作研究的“文本”加以解读和阐释。文艺批评，是在文艺欣赏的基础上，按照一定的批评标准，对文艺作品所作的相适应的科学分析论断。文艺批评的对象包括一切文艺现象，诸如文艺作品、文艺运动、文艺思潮、文艺流派、作家的创作以及文艺批评本身等等。其中心是文艺作品。在文艺批评中，文艺欣赏过程中的审美判断是文艺批评的最主要的范畴，也是文艺批评的主要标准。政治经济学批评面对的是社会的政治经济现象。它主要将社会的组织管理、经济运行体制等问题作为自己研究的对象。而媒介批评面对的则是大众传播媒介，以及大众媒介生产的产品，传递的信息。由于媒介批评将大众文化作为自己的最主要、最直接的研究和批评对象，因此“它把研究对象从传统的文学经典及高雅文化中解放了出来，注重对大众文化及媒体的研究。他们打破了传统的有关‘文化’乃是‘文学’经典为代表的精英文化的观念，而文化的研究和探讨也要突破旧有的只关注和进行文学批评的极为狭小的领域。”② 由于本质上属于一种特殊的大众文化批评，因此媒介批评和社会学批评、政治经济学批评相比，它更关注时代思潮和文化的走向，和文艺批评相比，它虽然也涉及文艺审美，但并不驻足高雅的象牙塔中，它关心的是大众文化中的艺术。“可以说，一切大众传播媒体——从书刊、报纸到广播、影视，从录音、录

① 吴迪《媒介批评：特性与职责》《北京广播学院学报》1995 年第 5 期。

② 张颐武《文化研究和大众传播》《现代传播——北京广播学院学报》1996 年第 2 期。

像到街头广告上面的一切信息，都在媒介批评的视野之内。当然，庞杂之中也有集中，广泛之中也有侧重，媒介批评的重点在发展最快的电子媒介，尤其应该放在影响巨大的电视上面。电视在中国的发展是大大超前的，包括有线在内，中国的电视台达三千余家，电视观众有八亿之众，进入90年代以来，仅每年生产的电视剧就有六七千部（集），对于这种耗资巨大，影响深广的“魔匣子”，媒介批评不能不给予更多的关注。”①

第二节　媒介批评的标准和类别

媒介批评是以大众传播媒介及媒介产品为主要对象开展的批评。批评离不开对被批评对象作价值的判断。而价值判断与评价是密不可分的。这无疑就涉及到评价——亦即批评的标准问题。媒介批评的标准，实质上就是媒介批评的价值取向。那么，作为学术意义上的媒介批评，具有何种基本的价值取向呢？关于这个问题，台湾的媒介批评理论家黄新生作了较为详细的阐述。

第一个取向，是以评判（evaluation）作为求知的方法。很显然，评判涉及到价值判断。（关于这一点，从语言学层面也可以得到论证。“evalualion”的组词词根，实际是来源于“value”，即价值。）大众传播媒介不是一套“客观的”或中性的事实，而是社会成员主动的创造，其中隐含着信念和目的。因此，在批评大众媒介时，不能诉诸非人性的方法，相反，应该不忌讳价值的判断，而是分析和阐明大众媒介所创造的价值与人们生活的关系。为人们提供指导和解释生活的意义。

第二个取向，是以解释（interpretation）作为求真的方法。大众媒介产品像其他的艺术和文化品一样，是意识形态的产品，

① 吴迪《媒介批评：特性与职责》《北京广播学院学报》1995年第5期。

这就是说，媒介之文化产品表达或传播某种社会意识形态和特定的价值观念，并从某种特定的角度肯定某种价值体系或否定某种价值体系。但是，在大众媒介的文化产品的表层，往往经过了精美的“包装”，使得这种特定的意识形态往往掩埋不彰，不易察觉。这就有赖于批评家的解释而加以揭示与剖析，指出其背后的意义和内在的涵意。这种解释活动的目的，在于使一般的受众从“意义的消费者”，转变成为“意义的生产者”。换种说法，就是对媒介所传达的意义不予全盘的接纳，而尝试着去解释或再创造原作者所提供的意义。

第三个取向是以批判（Criticize）作为求善的方法。本质上，媒介机构是工业与商业的组织，以工厂装配线的方式生产文化产品，目的是扩大利润。在装配生产线上，个人的创造力和自由要受到约束、控制或压制。而这种集体制造的方式，可以迎合或操纵受众，不但抹杀了个性，而且强化了物性。从这个角度出发，批评家应具有批判的精神，也就是以否定性的思考，意识的启蒙、现状的改变，透视媒介中的物化关系，激起受众独立判断能力，以避免沦为商品化媒介下的牺牲品，这种批判性的批评，其目的，是促使受众去思考、感受和回应，并拓展个人的心智，完善个人的人格。①

概括起来说，求知、求真、求善、求美，是媒介批评的最主要的标准。

但是，大陆和台湾是“一国两制”，不同社会制度会产生不同性质的新闻传播媒介。台湾的媒介批评理论主要是欧美的舶来品，两种不同社会制度的媒介批评标准，会因为不同的经济基础，不同的意识形态，不同的媒介制度，而有着很大的差异。

首先，在对于求知、求真、求善、求美等价值标准的认识

① 参见黄新生著《媒介批评》，五南图书出版公司印行。

上，存在着根本的差别。

资产阶级的新闻媒介理论，在为受众提供所谓“知”的评判认识标准，是以抽象的“客观”、“中立”这些概念作为依据的。这种“客观主义”的新闻传媒标准，刻意标榜“超阶级”、“无党性”，主张对社会现实进行“纯客观”报道和评述，用抽象的“人性”，“社会公众”、“全人类”的概念来掩饰资本主义制度下只有少数人享有新闻自由和媒介垄断的社会不公。同时，“客观”、“中立”、“人性”等这些概念，还是资产阶级的新闻理论和媒介用来攻击和抵毁社会主义新闻事业的炮弹。每每论及“客观”、“中立”的新闻自由观时，所谓的“共产主义的集权制度”就是它们轰击的主要靶的。

社会主义新闻理论，是以唯物主义作为自己的指导思想。在遵守“客观、公正、真实”的新闻传播原则的同时，不忌讳新闻传播事业的意识形态性质，公开宣称自己的无产阶级的党性原则，并且将是否真正做到了“为社会主义服务和为人民服务”作为衡量新闻事业的最根本的标准。

其次，在对于求知、求真、求善、求美的价值标准的实践上，存在着根本的区别。

资产阶级新闻媒介在打着“自由、客观、公正”的旗帜，对社会全体公众进行传播的时候，为达到宣传其价值体系或意识形态的目的，往往在新闻传播实践中出现了内容与形式，真与美的分离与脱节。为了使资产阶级的意识形态掩埋不彰，不易察觉，它们在大众传媒的文化产品的表层，往往经过了精美的包装。不仅电影、电视剧等文艺性的产品是如此，新闻报道亦如此。

社会主义的新闻事业，由于其根本宗旨是“为社会主义服务，为人民服务”，这就决定了它可以自觉地站在唯物主义的立场，遵循“实事求是”的思想路线，公开鲜明真实地表达自己的观点和意见，在社会主义新闻实践过程中，只存在着对真和善的反映程度和手段问题，只存在着“美”去如何更好地表现“真”与“善”的问题，而不存在着“真”与“美”的脱节和分离。

再次，在对于求知、求真、求善、求美的价值标准的道德评判上，存在着根本的区别。

在资本主义制度下，一切事物，包括物质生产和精神生产，都是商品生产，因而物质产品和精神产品都以商品的性质而表现出来，甚至工人的劳动本身也成为商品。在资本主义制度下的生产的社会化和生产资料的私人占有这一巨大且又深刻的社会矛盾面前，人的本质和人的劳动被异化。在私有制统治下，“劳动所生产的对象，即劳动的产品，作为一种异己的存在物，作为不依赖于生产者的力量，同劳动相对立”，“对对象的占有竟如此表现为异化，以致工人生产的对象越多，他能够占有的对象就越少，而且越受他的产品即资本的统治”，[①] 一百多年前马克思在他的名著《1844 年经济学哲学手稿》中，对资本主义制度下异化现象的批判，并没有因当今资本主义社会表面上的继续繁荣而丧失其现实意义，相反，正如马克思所预言的那样：“私有财产只有发展到最后的、最高的阶段，它的这个秘密才重新暴露出来，私有财产一方面是外化劳动的产物，另一方面又是劳动借以外化的手段，是这一外化的实现。”[②]（在这里，“外化”的概念等同于“异化”笔者注），“工人生产的财富越多，他的产品的力量和数量越大，他就越贫穷。工人创造的商品越多，他就越变成廉价的商品。物的世界的增值同人的世界的贬值成正比。劳动不仅生产商品，它还生产作为商品的劳动自身和工人，而且是按它一般生产商品的比例生产的。”[③] 在当代资本主义社会，人创造了财富，

① 《马克思恩格斯全集》第 42 卷第 91 页。
② 《马克思恩格斯全集》第 42 卷第 100 页。
③ 《马克思恩格斯全集》第 42 卷第 90 页。

创造了商品。但商品、财富反过来成为奴役人、压迫人的异已力量。这一异化现象不仅没有消失，反而因为“物”的越来越丰富、越来越强大而变得更为严重和加剧。这就是为什么西方资产阶级的思想家们和有识之士要为之大声疾呼“人非机器”的原因。西方批判学派的代表法兰克福学派甚至认为：马克思的异化理论更多地看到了生产过程的异化，而没能注意到在当今发达资本主义国家已同样被异化的消费过程。他们还从传播学的角度，对发达资本主义社会中日趋严重的异化现象作了思考和批判。在《启蒙的辩证法》一书中，法兰克福学派的代表人物霍克海默与阿多诺以“文化工业”这个术语取代“大众文化”这个概念，揭示了大众文化在资本主义社会是整个商品生产和消费体系的一部分。“它们完全坠入了商品世界里，为市场而生产，以市场为目标”(阿多诺)“它使人认同于他们的非人化”，“不管通过什么媒介，通俗文化处处证明了它真正的特性：标准化，陈腐，保守主义，平庸，操纵人的消费者商品。”① 所以，法兰克福学派把这种异化劳动之余作为消遣的大众文化看作是异化劳动的延伸，用霍克海默的话说：“在闲暇时间里统治人的这种机械性和在工作时统治人的机械装置绝对是一样。”② 异化劳动产生了私有制，私有制作为手段又加深了劳动的异化，这是马克思在对资本主义制度进行批判研究时的重要发现，因此，他强调指出，要消灭异化劳动，结束人的相互异化，必须废除私有财产，“而要消灭现实的私有财产，则必须有现实的共产主义行动。”③ 而社会主义作为共产主义的初期阶段，在以生产资料归全民所有的公有制的

① 转引自李彬《政治·经济·文化——一种关于批判学派之理论探究的辩析》一文，《北京广播学院学报》1994.2期。

② 同上。

③ 《马克思恩格斯全集》第42卷第140页。

基础上，为消除资本主义制度下的异化现象提供了坚实的经济基础。在社会主义制度下，大众传播媒介及其产品不是商品，而是党和政府及人民群众相互交流信息、沟通情况、提供知识、教育和文化娱乐的手段和工具。社会主义的精神文化产品生产是以实现其社会效益为最高准则，社会主义的大众传媒及传媒产品属于精神文明范畴，其目的是“实现以思想道德修养、科学教育水平、民主法制观念为重要内容的公民素质的显著提高，实现以积极健康、丰富多采，服务人民为主要要求的文化生活质量的显著提高”，[①] 社会主义制度下的大众传媒及传媒产品这些特性，是由“满足人民群众日益增长的物质和文化需要”这一根本目的所决定的，这无疑为避免和防止出现类似资本主义制度下的异化现象提供了物质经济基础和道德意识的保证。但是，我们也应该注意，在改革开放的新形势面前，特别是在当前建立社会主义市场经济新体制下，随着西方资本主义积极的文明成果和腐朽糟粕的一并涌入，随着一些从事精神文化生产的人将“一切向钱看”的原则引入精神文化的生产领域，随着大众传媒的商业化倾向的抬头，一些错误的理论观点，一些偏离了社会主义精神文明建设方向的大众媒介实际运作，也开始出现，并且有蔓延之趋势。“有偿新闻”的屡禁不止，新闻职业道德的严重滑坡，街头小报的色情暴力内容，电影电视剧中的“儿童不宜”画面等等现象，都一齐向我们敲响了警钟！处在市场经济大潮中的中国大众传播媒介，必须要有严肃的媒介批评作为监督！

综上所述，社会主义的媒介制度和资本主义的媒介制度存在着根本区别，因此各自的媒介批评的标准体系自然也就不同。但是，这并不能由此而否定在作具体的、微观的批评时所具有的客观标准和所应遵守的媒介批评的客观性原则。

---

① 《中共中央关于加强社会主义精神文明建设若干重要问题的决议》。

作为“学术批评”的媒介批评（media Criticism）兴起于70年代，与30年代的“哲学的批评”和50年代的“报章的批评”有显著的不同，对“媒介批评”的分类，就是从两个方面进行的。①

先说哲学的批评。

大众媒介随着工业革命而兴起，知识分子根据个人的观察和本身的体验，对大众媒介有不同的反应，或者赞赏、或者抨击，其特征是不作具体的内容分析，流于空泛的议论，统称为哲学的批评。从1930年到1950年，发生在美国的“大众文化辩论”（Mass culture debate）就是一个显例。

事实上，大众文化辩论远溯十九世纪末，当时欧洲知识分子对于刚出现的大众媒介，不是悲观的论调排斥之，就是以乐观的态度接受之。及至本世纪30年代，欧美知识分子针锋相对，壁垒分明，可分为三大派别：

（1）保守的精英派；

（2）激进派；

（3）自由多元派。

保守的精英派之代表人物，是杜克维尔（Alexis de. Tocqueville)、艾略特（T. S. Eliot)、卡塞德（Ortega Y. Gasset）与麦当诺（Dwight Macdonald)。他们以历史性对比，划分传统的社会与工业的社会，并认为工业社会造成了庸俗的“常人”（Common Man 普通人.）这种“普通人”汲汲于物质的追求，罔顾道德伦理，破坏社会的优良传统，再加上大众媒介的出现，大量制造娱乐，供大众消极地消费，结果，个人原创造力遭扼杀，传统的高等文化为之降低。这派精英观点，是以怀旧伤感的心情，悲念旧秩序的消逝，忧虑大众媒介的崛起。

① 参见黄新生著《媒介批评》，五南图书出版公司印行。

激进派有米尔斯（C. Wright Mills）、阿多诺（T.Adorno）、霍克海默（M. Horkheimer）与马库塞（H. Marcuse）等人。他们从“真正民主社会”的角度，认为大众媒介体系受精英控制与操纵，不符民主的原则，其悲观、否定的论调，显然与保守精英派如出一辙。激进派声讨大众社会与大众媒介，是有感于19世纪欧洲发生工业革命，破坏传统的社会结构，瓦解主要的社会团体，(如家庭与宗教)，到了20世纪时，“大众人”趋于孤立疏离，无所依附，便加入群众运动，认同狂热偏执的政治教条，受政治精英操纵利用，导致了法西斯主义的兴起，而大众媒介沦为政治精英的统治工具，用以灌输政治教条，控制大众的情绪，维护极权统治。总括起来，激进派把极权主义与政权的抬头，归咎于大众社会与大众媒介的出现。

至于自由多元派，以席尔斯（E. Shils）、贝尔（D. Bell）和熊彼得（J. Schumpeter）等人为代表。他们痛斥前两派的论点，认为工业社会中，不同的价值与利益冲突，相互制衡，符合民主制度的精神，而大众媒介报道各类观点，客观公正，促使意见自由流通，不但强化民主的运作，而且更为社会创造更好的文化品质。

上述三派的共同基点，是以社会观为基础来评判大众媒介，也就是说，从大众社会的本质，剖论大众媒介的优劣。因此，所论述的问题无非是：什么样的社会是好的？什么样的文化对大众有益？

但是以今日的眼光来看，哲学意义上的媒介批评，不以大众媒介的内容本身为评判的对象，没有实质的分析，终究是浮夸的空调与争论。

其次谈谈报章的批评。这类评论主要是报社记者或专栏作家所撰述的，对象通常是电视媒介。这类型的批评影响深远，很受报社与读者的重视。

报章的批评主要有四种形式：

(1) 影视评论

(2) 随笔专栏

(3) 评论

(4) 周评

早期的报章批评，往往把电视视为“毒蛇猛兽”，危害社会大众，故其论点在保护消费者，为电视观众提供“消费指南”，作为选择节目的依据。但一般说来，报章批评最严重的缺陷在于：

(1) 不完整：记者和专栏作家在报社截稿时间的压力下，往往对新推出的节目，作即时性评判，很难深入。而且有时屈从报社编辑政策，以吹捧为能事，沦为明星或演艺人员的“起居注。”

(2) 受利用：记者所评论的节目，往往是媒介机构大力宣传的“好的”、“重要的”作品，被牵着鼻子走，间接地受人利用，成为广告代理人。

由此，有些新闻记者被称为“假批评家”（Pseudo Critic），所以，我们读报章批评时，常常要问：记者所采用的评判标准是否前后连贯？记者的评判是自己的意见呢、或是根据媒介机构发布的新闻稿改写的？记者是站在谁的立场作评判？是为媒介机构的利益？是为演艺人员打知名度？还是真正为读者服务？

最后谈的是学术的批评。学术的批评主要是由学院派学者撰写的、或发布于学术期刊、或以教科书形式出版，主题专精所强调的是理论的探讨，通常引不起一般大众的兴趣，主要的读者群是学者与学生。

学术批评的出现是晚近的事。以电视为例，学术的批评约兴起于70年代。究其原因，是社会科学家在50年代至70年代之间，模拟自然科学的实证主义，强调“客观的事实”与“科学的规则”，而忽视以评判与价值作为研究取向的媒介批评。在这段时期，唯一例外的是电影批评，由于电影批评一向与文学批评、文化诠释的领域结合，故一枝独秀，不受实证主义风气的影响。

不过，到了70年代，学者的研究取向有了转变。有些人主张对媒介内容作分析性的描述，探究媒介所传播的价值，并从社会与文化的观点作意义的诠释。

这种转变，阿德勒（Adler）的说法很具代表性，他指出：

“有关电视的问题，不在于评估什么节目对大众有益，而在于要了解电视界定与表达文化方面，所扮演的重要角色。我们需要进一步了解，电视为我们制造什么样的情景环境。我们需要进一步了解，电视怎样描述我们与外在世界。我们需要探讨电视如何发扬故事与戏剧的优良传统。我们最需要的，是建立适当的标准，作透彻的批评。”

从此，大众媒介批评的领域引进多种学术理论作为指引，诸如人文学科（文学、历史、哲学）、社会学、人类学与心理学等等，奠定了媒介批评的学术地位与价值。

举电视批评为例，在新研究取向的导引下，显现了两个主要的途径。

第一个途径称为“内涵分析”。

在这个途径中，有下面几个重要的学理角度：

(1) 类型研究

(2) 心理分析方法

(3) 美学分析

(4) 叙事体分析

(5) 社会学分析

(6) 神话分析

第二个主要途径称为“情节脉络分析“（Contextual analysis）（有上下文的，与上下文有关的）。

它的发源地在欧洲，受到结构主义、社会人类学、马克思主义文化理论、社会语言学与文化研究的影响，强调从社会情景来诠释电视内容的意义，主张电视是一种社会机构，一种社会对话形式，与其他社会机构相关互动，更与其他类表达方式与意义模式互为补益，因此，电视所表达的意义不是孤立的，也不是单独存在的，必须从社会情境脉络中去赋予意义，诠释意义。

这个途径有下面几个重要的学理角度：

（1）政治经济学

（2）批判理论

（3）依附理论

（4）结构理论

（5）符号学理论（semiotic theory）

根据以上的说明，显示西方学界逐渐强调学术的媒介批评，藉各种理论的指引与分析方法的运用，以期了解与诠释大众媒介在人类文化环境中，所扮演的角色与所潜摄的意义。这个方向恰似聚纳百川的海水，蓬勃壮阔，颇值得我们引用和参考。

第三节　媒介批评的内容和方法

媒介批评的内容包含在媒介批评的对象之中。大众传媒所涉及到的三个层面——文化层面，本体层面和现象层面，既是媒介批评的对象，也是媒介批评要关涉的内容。媒介批评的内容实际上是对这三个层面的分解和细化。

首先我们分析媒介批评第一个层面上的内容，即文化层面的内容。这一层面的媒介批评属于宏观意义的批评。其关注的问题主要是：传播制度与社会政治、经济制度的关系；人类传播史批评；大众传播与大众文化的关系；大众传播与科学技术；（西欧批判学派和当前“信息时代”问题的讨论就是最显著的范例)。[①] 大众传播媒介和意识形态问题；跨国传播过程中的控制与反控制、渗透与反渗透、扩张与反扩张问题；不同制度下的大众传播之比较分析；国际传播新秩序问题等等。

媒介批评第二个层面上的内容，即本体层面的内容。这一层面是大众传播学研究的基本范畴，也是媒介批评的主要对象，它属于中观意义的批评。其批评研究的问题主要是：大众传播的传播者研究、大众传播的受众研究、大众传播的内容研究、大众传播工具的研究、大众传播的效果研究、大众传播的社会功能和作用研究等等。

媒介批评第三个层面上的内容，即现象层面的内容。主要是指大众传播生产的文化产品、传递给我们的各种信息。这一层面的媒介的批评属于微观意义的批评。其主要的内容是：对大众文化的意义和作用的批评。具体包括：对新闻节目的评价与分析；对文艺节目的批评和介绍；对通俗流行歌曲、时装表演、商品广告作品的批评与研究。对消闲书刊、报纸杂志、通俗读物、电视录像、CD、VCD 内容的鉴别与批评等等。

由于媒介批评的对象广泛，内容庞杂，因此批评的方法也呈多样化。总的来说，媒介批评的方法依批评的对象和内容的不同而有所区别。我们介绍以下几种主要的批评研究方法：

1. 哲学的批评方法。这种批评的方法是以社会人文关怀及哲学反思的精神关注大众传媒，是一定时代的社会思潮和哲学思想在媒介批评、传播研究上的反映。这种批评方法，一般来说，都有一定的哲学思想和世界观作为理论的指导和方法论。如：马克思主义的辩证唯物主义和历史唯物主义，这既是在社会主义制

① 有关“西欧批判学派和当前‘信息时代’问题的讨论”，参见张隆栋主编的《大众传播学总论》第 287 页，中国人民大学出版社出版。

度下开展媒介批评的指导思想，又是方法。还譬如：欧洲自40年代开始兴起的传播批判学派，其对媒介的批判，主要就是运用哲学批评的方法。如二战后西欧思想界出现的西方马克思主义学说、弗洛伊德的精神分析、存在主义、现象学、结构主义、语意学、后结构主义、后现代主义等哲学派别或思潮。哲学的批评方法多用于宏观层面上的媒介批评。

2. 实证的批评方法。这种批评的方法是以调查统计分析和科学实验为主要的手段，开展的媒介批评研究。实证的批评方法深受行为科学和经验主义的影响，主要针对传播的效果分析。传播学中的主流，亦称为传播学的传统学派，主要运用了这种研究方法。并将此作为一种研究方法的“典范”，（国内也有译作“范式”）而加以推广。美国传播学者吉特林在其代表作《媒体社会学：主控典范》（Media Sociology: the Dominant Paradigm, 1978）对这种方法作了定义：“传播领域中的主控典范是指二次世界大战以来，与拉扎斯菲尔德的研究有关的方法、概念、及结果：亦即针对媒介内容所作的特定的、可测量的、短期的、个人的、态度和行业的‘效果’研究。”[①] 实证的批评方法多用于中观层面上的媒介批评。

3. 艺术的批评方法。这种批评方法，是借鉴文艺批评的方法而开展的媒介批评。由于大众媒介的产品——大众文化，主要是以电影、电视剧、书籍、报刊、流行音乐、时装表演、广告作品等形式表现出来，因此，大众在欣赏和消费大众文化的过程中，有着类似于文艺欣赏的经验。而“文艺批评是以文艺欣赏为基础，按照一定社会和阶级的利益和理想，根据一定的批评标准，对艺术作品的是非、善恶、美丑所作的埋论上的鉴别和论

① 转引自张锦华著《传播批判理论》第4页，黎明文化事业公司出版。

断”。[①] 文艺批评的这些任务、方法，在很大程度上被媒介批评借来用于大众文化的批评。例如：文艺批评的标准，一般都是从两个角度出发，或者说从两个方面进行的：一是考察艺术作品对社会生活的作用和影响的好坏，这是社会评价标准，特别是政治的、道德的评价标准；一是考察艺术创作本身的成败、得失，这就是艺术评价标准。而媒介批评在对大众文化开展批评时，也要依据一定的标准。这些标准概括起来，无非是社会的道德、政治标准和表现手法上的艺术标准。具体说：要对媒介产品——电影、电视剧、广告、流行歌曲、畅销书刊等大众文化的具体作品，进行分析批评，以鼓励奖掖思想内容健康，有利于社会朝文明、健康方向发展的作品，批评和抵制庸俗、腐朽、落后、粗制滥造的文化垃圾，以担负起观察与监督的守望社会的作用。正因为媒介批评要依照社会评价标准担负上述重要的职能，因此我们可以将媒介批评看作是一个园地，一个广场，一个学校。它是传播工作者和媒介批评家们开展批评与自我批评的场所，是广大受众发表意见，交流观感，认识大众传媒的正、负功能，进行自我教育的一个重要途径。另外，媒介批评还需要依照一定的艺术评价标准，对大众文化作品，具体说，就是要对电影、电视剧、广告作品、流行音乐、畅销书籍等等的艺术表现形式进行诠释和批评，批评家们应该对大众文化作品的艺术价值作出为一般欣赏者所不易作出的准确判断和准确评价。严肃的批评，应该是前人所谓的“舍易见之粗，而论难识之精”。[②] 媒介的艺术批评任务主要在于引导和提高大众的欣赏水平和鉴别能力，并由此反作用于大众文化，提高媒介制作大众文化产品的品位和水平。使之避免因过分商业化而流于被文化精英所抨击的“文化工业品”。

---

① 王朝闻主编《美学概论》第325页，人民出版社出版。

② 葛洪《抱朴子》。

除上述几种主要的媒介批评方法之外，我们还可以依媒介批评的对象和职能，采用定性、定量、定性与定量结合的方法。还有内容分析法、阶级分析法等等。如果根据不同的学理背景，还可分为：心理分析法、美学分析法、社会学分析法、语言学分析法等等。由媒介批评所依据的不同学理而形成不同的批评方法，使得媒介批评理论呈现出流派众多，百家争鸣的景象。

第四节　国外媒介批评理论简介

媒介批评理论是大众传播学的一个分支学科。在国外，媒介批评是指大众传播学的另一支学派——传播批判学派，或者说，是运用传播批判学派的理论对大众媒介所作的批评分析。因此，对国外媒介批评理论的介绍，实质上就是对传播学中的批判学派源起与发展的介绍。①

传播批判理论学派（下称批判学派）不是特指某一体系分明的研究派别，而是包含了许多不同的研究流派与主张。本世纪40年代以来有着广泛影响的如德国法兰克福学派的“文化工业”批判、政治经济学派（又称“政治经济传播媒介理论学派)、“思想统治”理论学派、社会科学学派（又称“结构机能主义研究学派”)、多伦多学派，除此之外，还有国际传播及新科技影响等领域中的帝国主义批判、女性主义研究、英国的当代文化研究、法国的语意分析及后结构主义批判等等，都是以批判作为取向的研

① 该节主要的参考文献：《传播批判理论》张锦华著，黎明文化事业公司出版。《媒介批评》黄新生著，五南图书出版公司出版。《媒介分析方法》黄新生译，远流出版事业股份有限公司。《文化研究与大众传播》张颐武，《现代传播——北京广播学院学报》1996.2期。《政治·经济·文化——一种关于批判学派之理论探究的辩析》李彬，《北京广播学院学报》1994.2期。《大众传播学总论》张隆栋主编，中国人民大学出版社出版。

究，批判学派的共同特点是反对传播学中的传统学派以行为主义取向的量化传播研究，并企图从社会权力结构的运作，探讨媒介在控制与抗争之间所扮演的角色。他们基本上都与马克思主义理论有所关连，同时也或多或少地援引当代各家学说，如弗洛伊德及拉康的精神分析、存在主义、现象学、结构主义、语意学、后结构主义、后现代主义等等。

批判学派率先在欧洲兴起，绝非偶然。

二战后，当美国向西欧进行渗透和扩张，推行“马歇尔计划”之际，正是传播学的传统学派理论传至欧洲之时。美国的传播学经欧洲“照搬”和应用后，一是暴露了它的缺陷，二是表明它不尽符合欧洲的实际。英国、德国等主要西欧国家的传播界纷纷对传统理论提出质疑和批判，并寻求建立西欧或本国的传播学体系。他们指出，美国传播学理论比较肤浅，系统性不强，商业色彩浓厚，由于脱离社会多种因素去考察人类传播活动，未能深刻揭示传播现象的本质和规律等等。再者，西欧在二次大战后，马克思主义思潮曾一度兴起，对批判学派的研究产生了很大的影响。

批判研究之所以能在本世纪 70 年代以来受到学界普遍的重视，自然也有其社会历史及学术背景。就时代背景而言，大众媒介从 50 年代至 60 年代已成为极为庞大的信息传播机构，公众对媒介的依赖愈发密切，政治机构对媒介的运用也愈发敏感，同时在 60 年代普遍发生于欧美各国的社会抗争、暴动、种族冲突、劳资纠纷、学生运动、反战示威，甚至政治丑闻（例如“水门事件”），使得媒介在社会动乱年代所扮演的“政治”角色引起许多争议。政治传播学者布鲁勒（Jay Blumler）指出，当时的社会危机也引发了媒介危机，许多社会群体认为媒介扭曲了他们的本质。参与柏克莱大学学生运动的传播学者吉特林（Todd Gitlin）即曾就当时主要的电视及报纸如何歪曲“民主社会学生会”组织

的情形写成《全世界正在关注》(《The Whole World Is Watching》)一书。(1980 年出版)

在激烈的社会冲突及媒介角色的争议中，传播学者自然难以保持价值和立场中立的实证主义者形象。逐渐有更多的学者怀疑是否仅从短期的行为态度层面验证传播的效果是学者们的划地为牢。从 70 年代开始，传播学者重新反省行为主义研究模式，尝试不同的研究路径，有的人将传播效果的观念从短期的态度改变扩及长期的认知塑造层面，有的则企图从宏观的社会结构角度解释传播的功能。除了在实证主义典范之下拓展研究面向，展开所谓的中度效果（moderate effects）研究之外，也有些学者转向已在英法等欧洲国家蔚然成风的传播批判研究，借以不同的理论和方法，探讨当代大众传播与社会之间的关系，由于不同的理论背景和学术方法，因而形成了多种学派。以下简要介绍主要的几个派别。

法兰克福学派。法兰克福学派指的是德国法兰克福大学社会研究所的成员所持的学术观点。其主要成员有：霍克海默（Max Horkheimer)、阿多诺（Theodor W. Adorno)、马库塞（Herbert Marcuse）等人，所主张的“批判的社会理论”（Critical Theory of Society)，被称为“批判学派”(Critical Schools)。

法兰克福学派所关切的重大问题是：在资本主义工业社会中，科技文明急速扩张，尊崇“工具理性”，致使个体失去批判能力，无法对社会采取否定性思考，从而形成马尔库塞所谓的“单面向社会”（One - Dimensional Society）对个体的主宰操纵。法兰克福学派希望以“批判理论”进行启蒙，以集体的理智的抉择，驾驭工具，改变环境。

法兰克福学派以对“文化工业”的批判而著称于世。在他们看来，大众媒介所生产的大众文化，深受发达资本主义社会中日趋严重的异化现象的影响。正如法兰克福学派中致力于大众文化研究的洛文塔尔所言："在现代文明的机械化工作进程中个体的衰微带来了大众文化的兴起。"法兰克福学派的成员认为文化工业所产生之大众文化异于早期的"精英文化"。十七世纪至十九世纪末之精英文化或艺术，既反映社会现实，又批判社会现状，所以是独立自主的。至于大众文化工业，却以标准化与假个体化的方式，破坏了艺术与文化的自主性。这是说，文化工业以组织的形式，结合科技与技术，如工厂装配线一般制造大量标准化产品，其内容与结构大多类同，这些产品不但过滤不合流行的观点，复制现存的社会关系，而且以休闲娱乐麻痹大众意识，满足虚假的需要。面对标准之文化品，受众的反应亦一致，变得消极无助。因此，从本质上讲，大众文化同整个社会的异化统治相一致，构成异化体系的一个组成部分，文化在这里不再标志为一种富有创造性的人的生命的对象化，而仅仅体现为对个性的消灭。大众文化是以机械性节奏，标准化的模式榨干人的生命能量，使人在完全被动的接受中痴呆化。

法兰克福学派批评文化工业的更深刻的意义，在于他们将批判的锋芒直指资产阶级的意识形态。他们觉察到，到晚期资本主义阶段，统治阶级越来越依赖于意识形态的操纵，无产阶级越来越同化于富裕社会的消费观念，异化现象的无孔不入已经导致批判意识的消失，所有的意识形态都服务于既定秩序，使之神圣化、普遍化。文化工业给个人提供了逃避现实的娱乐世界，不必思考和改变现存的社会关系。

法兰克福学派对传播学研究的传统学派持否定和批判的态度，认为这种以量化、实证的方法从事的、以传播效果调查测量为中心的研究，遵循着行政导向和市场导向的原则，是在为现行的制度提供"合理性"和"合法性"的解释。法兰克福学派主要学者之一的阿多诺，与传统学派的开山祖师拉扎斯菲尔德合作研究失败的例子，可以提供很好的说明。拉扎斯菲尔德在1938年邀请阿多诺加入他的“普林斯顿广播研究计划”，该研究原以广播市场调查为主，目的是分析广播听众的喜好及满意程度，作为商业广播网有效经营之用。其资金由洛克菲勒基金会赞助。这显然是一个市场取向的研究，而研究者被期待扮演行政角色，是在既定目标下，为委托机构执行市场调查计划的居间工作者，而非批评委托机构的社会角色。因此，阿多诺于1939年即退出该计划，他在事后讨论时指出：“自然在普林斯顿广播研究的架构之下，并没有多少空间可以从事这种‘批判性质’的研究。它是来自洛克菲勒基金会，明白地表示它需要的调查是在美国现行的商业广播制度的范围之内。这也就是说，有关这个制度本身、它的文化、社会现行状况，以及它的社会经济基本前提都不需要再加以分析。”① 阿多诺对传统学派的量化实证研究只注重研究的技巧，并复制现有体制的物化实践方式颇表不满，他说：“令我特别困惑的是这样的方法论有封闭循环的危险：为了要掌握文化物化的现象，依据现行经验社会学的规则，研究者必须使用已物化的方法，也就是那个所谓的‘程式分析师’（Program analyzer），它十分具有威胁力地站在我跟前。每当我面临到‘测量文化’的要求时，我就自省到‘排除测量心态’才真正是文化。”②

法兰克福学派的文化工业批判，代表西方激进的知识分子对大众文化的消极抵制的观点，表现着强烈的“文化精英”取向。然而，他们的批判未能向实践的方向发展，不以资本主义社会制度的根本改变为目标，因此，不仅被人讥为臆想空测，就连他们也怀疑起自己的理论甚而人类自身。阿多诺的一句名言，可以说很形象地表达了他们那种出于救世而归于悲观的共同感受：“除

---

① 转引自张锦华著《传播批判理论》第65页。

② 同上。

了绝望能拯救我们外就毫无希望了。”①

当代文化研究学派。当代文化研究学派起源于1964年在英国伯明翰大学成立的当代文化研究中心（Centre for Contemporary cultural studies）简称CCCS。其代表人物有霍尔（Stuart Hall）、霍格特（Richard hogart）、威廉斯（Raymond williams）和汤普逊（E. P Thompson）等。这些知名学者多为文学评论者、文学或史学教授。但他们中的一些人出身寒微，与工人阶级及大众文化有着深刻的联系。如霍格特、威廉斯及与他们并肩战斗的战友，著名的英国社会史的大师汤普逊均有在战后英国的成人教育机构中任教的经验，而CCCS的创始人，当代文化研究学派最具代表性的人物霍尔，则是生于牙买加的棕色人种。他们在战后的大学教育的普及及学院体制的改造之中登上了昔日被垄断的人文及社会科学的舞台，改变了英国思想的走向。

这种改变首先在于他们以一种边缘化的、批判性的立场及马克思主义的方法论对于“文化”进行分析，扩展了“文化”的内涵，提供了一种全新的分析策略。这一分析策略凸显了两个取向，为“文化研究”日后的发展奠定了基础。一是它把研究对象从传统的文学经典及高雅文化中解放了出来，注重对大众文化及媒体的研究。他们打破了传统的有关“文化”乃是“文学”经典为代表的精英文化的观念，而文化的研究和探讨也要突破旧有的只关注和进行文学批评的狭小的领域。当代文化研究学派力图贴近当代的日常生活，回应大众文化及媒体的挑战的愿望。因此，把焦点集中于人们在日常生活中接触的文化，探索世俗生活的文化形态及表征成了“当代文化研究”赖以存在的前提和条件。

文化研究学派企图超越精英文化的研究，固然有其理论上发

① 转引自《政治·经济·文化——一种关于批判学派之理论探究的辩析》李彬，《北京广播学院学报》1994年第2期。

展的原因，但也与当时的社会历史背景紧密扣合。二次世界大战后，大众文化（尤其是美国模式的流行文化），包括电影、电视、流行音乐、杂志等，在传播科技的发展，资本主义的包装及超级强国的威力之下，大举渗透各国，社会文化生态产生剧烈的变化，大众文化构成民众生活中极重要的空间。相应而产生的消费崇拜趋势、性别角色的刻板化现象、媒介殖民主义现象、社会弱势族群，包括宗教、种族、女权主义等意识形态的冲突，均是传统的精英文化研究所无法解释的，因此成为文化研究学派的首要课题。

二是马克思主义的方法论的运用与发展。文化研究学派中的威廉斯等人均是著名的马克思主义者，与英国的工人运动传统有着千丝万缕的联系。在他们的一系列著作中均凸显其马克思主义的理论及思想背景。威廉斯本人首倡著名的“文化唯物论”（Cultural Materalism），主张“文化”并不仅仅是物质现实的反映，而且是物质现实的不可分的部分。它参与、介入了物质现实的不可分的部分，它参与、介入了物质现实的发展与变化，并铸造了物质现实本身。他将语言及指涉活动视为社会物质过程的一个不可缺少的部分。而汤普逊的名作《英国工人阶级的形成》一书，亦强调工人阶级在获得自身的阶级“意识”之前，并未能形成一个阶级。因此，他们的马克思主义立场均带有强调“文化”“意识”的西方马克思主义的特征。这使得“文化研究”突破了仅仅局限于孤立的“文本”读解的传统思路，始终与社会、政治、意识形态和历史紧密结合，在注重理论的进展中保持世俗的关怀，使理论与文化实践之间具有不可分的联系。

由于这样的思想资源的运作，使得“文化研究”完全超越了法兰克福学派的“文化工业”的批判模式，超越了对“大众文化”的简单的否定的立场。具体表现在以下两个方面：

首先，“文化研究”对于大众文化的“受众”的研究从根本上改变了对于“大众”的“文化白痴”的传统看法。无论是威廉斯还是霍尔，或者是菲斯克（Pohn Fiske）均强调了作为文化的接受者的“受众”的主动性。霍尔在他的《制码/解码》中运用了语言学的模式对于大众传播进行了分析。他指出，图像文化如电视的符号虽然也是指代的符号，是一个能指，但它却比语言更易为人所相信，其制码的“自然化”更为容易，文本是受主流意识形态支配的东西。霍尔指出，文本需要通过受众的解码的过程才可能发挥作用。这种解码的过程固然仍受意识形态的支配，但却仍是一个开放性的空间。霍尔提出了三种“解码”的方式。一种是“统治/霸权”的方式，也就是解码者完全认同和接受制码的意图；二是某种谈判的方式，在认同中亦有抗拒的因素；三是一种颠覆性的读解，在旧的、预设的意义之中产生全新的意义。这种分析显然已强调了“受众”并非一个铁板一块的被动者，而是能够在文化霸权的争夺中发挥作用的角色，他也有自身的主动性。菲斯克在讨论受众的位置时，用了一个有关“房屋”的比喻。他指出：“居住房东的房屋的我们，可以把房屋变为我们的‘空间’，住房子的是我们，而不是房东。”① 这个“空间”乃是一个“中间”性的空间，“它以‘他们’的产品来达成‘我们’的目的的一种艺术。”② 菲斯克的分析极大地强调了受众的积极性和能动性。在这里，阿多诺式的消极的受众被重新认识了。

其次，被“文化研究”学派视为文本的资源已不复仅仅是文学经典，而诸如广告、MTV、肥皂剧等都被纳入了研究的视野。威廉斯就坚决反对以“缺少美学价值”作为攻击大众传媒的理由，他认为这种凝固的“高雅”价值观可能成为一种压抑的借

---

① 转引自《文化研究与大众传播》张颐武《现代传播——北京广播学院学报》1996年第2期。

② 同上。

口。他还对传媒中的作品加以肯定。并认为媒体对高科技的依赖及其传播广泛的特征并不是一种局限，而反过来成为一种积极的力量。

总之，“当代文化研究”提出了一系列新的理论分析的主张。这些主张都把视点集中于大众文化的再阐释之上。正像特纳所指出的：“流行文化是考察日常生活之结构的空间，进行研究不仅仅有学术上的目的，……同时也有政治上的目的，考察日常生活之权力关系的构成，并籍以显示此架构下的利益分配的状况。”①这些研究往往认为法兰克福学派的“文化工业”批判的理论极度地简单化了。它刻板地描绘了大众传播的功能，乃是一种精英主义的、现代主义的文化乡愁，而非对当下文化的明智反应。

“当代文化研究”学派是以对西方主流话语的批判与反思的姿态登上理论批判的舞台的。它一面以“大众文化”的研究代替了对于“经典”的研究，另一方面则以对于女性、少数民族或第三世界的研究代替了对于西方中心的肯定。经过多年的努力，“当代文化研究”已成为引人注目的学术流派。

第五节　建设有中国特色的社会主义媒介批评理论

中国大陆的媒介批评不能全盘照抄西方的批判学派理论，中国大陆的媒介批评要有社会主义中国的特色。怎样建设有中国特色社会主义媒介批评理论？试作以下构想：

（一）社会主义的媒介批评理论要以马克思主义作为指导思想。

① 转引自《文化研究与大众传播》张颐武《现代传播——北京广播学院学报》1996年第2期。

马克思主义既是世界观，也是方法论。马克思主义给我们提供了辩证唯物主义和历史唯物主义这一最高层次的科学的批评方法。社会主义的媒介批评理论，就是遵循辩证唯物主义和历史唯物主义的立场，观点和方法，对大众传播媒介和大众文化所作批评的理论概括。它不同于将早期的、尚处于人本主义思想、并受青年黑格尔派影响的马克思的思想当作马克思主义来加以研究阐释的现代西方马克思主义学派，也不同于大多数的传播批判学派将“意识形态对经济基础或社会结构的能动作用”加以夸大，甚至颠倒意识和存在，上层建筑与经济基础的关系的唯心主义观点。社会主义的媒介批评，应坚持“经济基础决定上层建筑，上层建筑反作用经济基础”这一基本原理，将大众传播这种社会意识形态置于一定的经济基础的背景下去加以考察与分析，透过不同经济制度下的大众文化的现象，去发现不同制度下的大众媒介的本质。

（二）社会主义媒介批评应根据不同社会制度下的批评对象，采取不同的批评态度。

这是辩证唯物主义和历史唯物主义的立场，观点和方法在开展社会主义媒介批评的具体体现和运用。当前我国大陆的媒介批评，面临着两种不同性质、不同类型的批评对象。一种是社会主义的大众传媒，一种是资本主义的大众传媒，社会主义的媒介批评，不能以简单的方式，不加区分的态度对待它们。例如，在引进和借鉴西方媒介批评理论时，我们应该谨慎地、有分析地看待西方传播学中的批判学派，有分析、有选择地介绍和借鉴批判学派中的不同流派，其目的，就是要“为我所用”。具体说，批判学派普遍表现的对资本主义的大众传播持激烈批判甚至否定的态度，以及它们对资本主义制度下大众文化作为一种异己的精神力量，对受众起麻痹和虚幻作用的无情揭露和控诉，已经触及到了资本主义制度下的大众传播的本质，这是我们应该认真学习并大力加以介绍的。尤其是近些年来，随着改革开放的扩大和深入，我们在引进西方先进科学技术的同时，也引进了西方的文化精神产品，包括大量涌进的西方媒介文化产品。我们对这些大量从海上、从空中漂来或飞来的西方媒介文化鲜有具体的、深刻的、严肃的批评。另外，我们还有相当一部分人对资本主义的媒介可以扮演和充当“第四种权力”的神话坚信不移，并为之崇拜和向往。在这样的形势面前，多介绍一点西方传播学中的批判学派理论，这无疑为我们提供了一面从理论上认识、揭露和批评资产阶级媒介制度及媒介文化的镜子，同时也为我们提供了一剂凉药，有助于为西方文化的崇拜热度降降温。但是，我们不可将批判学派，如法兰克福学派批判资本主义“文化工业”的方式来对待我们社会主义的大众传播媒介。对社会主义的大众传媒和它们的产品——大众文化也来一个彻底否定。这就迷失了我们社会主义媒介批评的根本宗旨和方向。两种制度下的大众传播所依赖的经济基础不同，因此，其性质、功能、任务和产生的社会效果也就有着本质上的区别。资本主义传播媒介的基本矛盾是传播对象的大众化和传播资源的私人垄断占有，社会主义传播媒介的基本矛盾是人民群众日益增长的文化精神需要和这种需要还暂时未能满足的矛盾。由于各自的基本矛盾不同，因而产生的后果也就不同。资本主义社会私人占有或垄断传播媒介的传播制度，带来了两个问题，一是私人占有大众媒介，必然就会将追求经济利益的最大化这一商品生产的目的用于精神产品的生产和传播，这种大众传播的商业化运作的结果是什么呢？资产阶级的一些有识之士对电视、电影中的色情、暴力、犯罪情节和镜头泛滥，给青少年带来极大危害的批评业已作了回答。二是私人占有或垄断传播资源，实质上就是占有或垄断宣传舆论工具，形成批判学派所说的资产阶级的“文化霸权”。这无疑在意识形态领域形成了与人民群众的根本对立。社会主义的生产资料公有制度规定了大众传播媒介既是党和政府，又是广大人民群众的信息文化舆论工具的性质。因而不存在大众传媒与大众在根本利益上的对抗的异化现象。因此，在对两种不同的传播媒介开展批评时，要分清各自不同的传媒性质，采取不同的态度和方法。当然，对当前我们的大众传播媒介的批评，也要加大力度。特别是对极少数媒介为了本部门的局部利益、眼前利益，置大众传播的社会责任于不顾，滥播乱发，将新闻当商品作交易，以一些低级、庸俗的东西迎合部分受众的不健康的心理，这种刚刚露出苗头的媒介商业化现象，应成为媒介批评的重点。

（三）社会主义媒介批评应具有建设性的意义。

社会主义大众传播媒介的性质，赋予了大众传播为社会主义服务和为人民服务的根本任务。对社会主义大众传播开展批评，就是对这两个根本任务完成情况的检查和监督。对完成得好的进行褒扬，对背离的进行批评，其目的，是鼓励先进、批评错误，以达到建设一个良好的社会主义舆论环境，创造一个健康的大众文化传播氛围。

社会主义媒介批评要有建设性，表现在对待批评对象的层次上，除了要注重宏观意义上的诸如媒介制度研究、媒介的社会功能分析外，还要注意继续保持和加强对中观意义和微观意义上的媒介批评。改革开放十几年来，我们系统地引进了西方传播学理论，而被引进介绍的传播学理论，恰好又是传播学中的传统学派，（西方亦称主流学派）大众传播学中的传统学派，运用实证主义的方法，和科学实验、统计量化的手段来测量和研究大众传播的效果，对我们有着直接的启发和帮助。这方面，我们投入了不少心智和心血，积累了不少的经验，这一层面的媒介批评传统应发扬光大，以保证我们的传播和宣传能取得较好的效果，而不是对传播资源的浪费。微观层次上的媒介批评方面，我们应该承认做得不好、不够。以生产、引进和播出的电视剧和电影为例，进入90年代以来，仅每年生产的电视剧就有六七千部（集），引进的海外电视剧、电影也为数不少，但对电视和电影的批评，特别是电视批评的现状，观众和学者们都是不满意的，电视剧、电影需要生产、需要引进，以满足受众日益增长的文化需求，但就目前现状来看，更需要对这些电影、电视剧等大众文化作品进行细致的、客观公正的、严肃的分析和批评，以引导受众正确地欣赏或者说消费，同时，也给生产制作者和传播者以监督和指导。

附录：媒介分析实例

中央六大新闻媒介新闻信息量分析报告

——关于《人民日报》、《光明日报》、《经济日报》、中央人民广播电台、中央电视台、《工人日报》1995年11月1～10日新闻信息量的调查分析

北京广播学院新闻系、新闻研究所
《新闻信息量对比分析》课题组

受中宣部新闻局委托，本课题组对《人民日报》、《光明日报》、《经济日报》、中央人民广播电台、中央电视台、《工人日报》六家新闻媒介的新闻信息量进行了抽样调查。

此项调查的样本抽取时间：1995年11月1日～1995年11月10日。

此项调查的样本抽取范围：《人民日报》等四家报纸的全部版面；中央电台的《新闻和报纸摘要》、《各地人民广播电台联播》节目；中央电视台的《新闻联播》、《新闻30′》节目。

这次调查除了以六大媒介的新闻信息量为主要内容外，还涉及了六大媒介的新闻信息总量、广告总量、新闻时效性的定量化分析、会议新闻和外事活动报道的情况，以及六大媒介对于国内外重大新闻事件的反应。调查采取了定量分析与定性分析，共时分析与历时分析相结合的方法，对六大媒介作了横向的对比分析。调查中还以《人民日报》为个案，选取了1993年11月1日～10日的《人民日报》与1995年同期的《人民日报》作同样调

查内容的历史对比分析。为保证调查分析的客观性，在撰写报告时我们注重提供统计分析后得出的结果，尽量不作主观结论。现将调查分析结果报告如下：

一、从各媒介刊播的新闻条数总量来看，《人民日报》位居四家报纸的榜首，中央电台高于中央电视台。

统计表明：按10天内各家新闻媒介刊播新闻报道条数总量计算，其排列次序为：《人民日报》（957条）、《光明日报》（651条）、《经济日报》（605条）、《工人日报》（531条）；中央人民广播电台（827条），中央电视台（516条）。

二、在“有效版面”和“有效时间”内，《人民日报》的新闻信息量居四家报纸之首，中央电台高于中央电视台。《新闻和报纸摘要》高于《各地人民广播电台联播》节目，《新闻联播》略高于《新闻30′》节目。

在进行调查统计时，为了更准确地计算出六大媒介刊播的新闻信息量，我们去掉了广告、股市行情、理论、家庭、读者来信等专版，并对广告专版之外的广告作了折合成整版、整时的处理，剩下只刊播新闻的版面、时间谓之“有效版面”、“有效时间”。按这一方法进行统计后得出的结果表明：《人民日报》：共108版，有效版面62版，平均每个有效版面刊登15条以上的新闻，居四家报纸之首。《光明日报》：共88版，有效版面57版，平均每个有效版面刊登11条以上的新闻。《经济日报》：共92版，有效版面53版，平均每个有效版面刊登11条以上的新闻。《光明日报》和《经济日报》并列第二位。《工人日报》：共68版，有效版面55版，平均每个有效版面刊登9条以上的新闻，居四家报纸末尾。中央电台，共10小时，有效时间10小时，平均每小时播发新闻82条以上。中央电视台：共10小时，有效时间8.7小时，平均每小时播发新闻59条以上。

从以上统计结果可以看出：在抽样的时间范围内，无论是在新闻信息的总量方面，还是在平均值方面，《人民日报》均处在四家报纸的领先地位。这说明《人民日报》作为全国第一大报，保持了“新闻总汇”的权威地位。中央人民广播电台在两个节目中的新闻数量，直追《人民日报》，遥遥领先于中央电视台。在一小时的节目时间中，平均每天报82.7条新闻。按照一般播报速度为每分钟200字计算，1小时的播报字数应为12000字，那么平均每条报道的篇幅为145.1个字。中央电台在两个新闻节目中新闻信息容量大，和他们提倡采编短新闻是分不开的。

在“有效时间”内，中央人民广播电台的《新闻和报纸摘要》节目播出新闻的条数多于《各地人民广播电台联播》节目。中央电台的《新闻和报纸摘要》节目10天共播报新闻461条，《各地人民广播电台联播》节目共播出363条。早报摘每条新闻长度约39秒，晚联播平均每条新闻长度为49秒33。由此可见，平均每条晚联播的新闻比早报摘的新闻长10秒33左右。按播报速度每分钟200字计算，晚联播的每条新闻较早报摘多35个字左右。在分析这一现象时，我们发现主要原因是：早报摘的“简讯”量多于晚联播，而且早报摘中“首都报纸内容”专栏，多为一句话新闻，这些都大大地增加了早报摘的新闻条数，缩短了早报摘每条新闻的平均字数。另外，中央电视台《新闻联播》节目播出新闻的条数略多于《新闻30′》节目。统计表明：《新闻30′》播出的“有效时间”为22分20秒。10天的《新闻30′》共播出新闻214条，平均每天21.4条，平均每条新闻的时间长度为62秒6。《新闻联播》新闻播出的“有效时间”平均每天约29分10秒。10天节目的总播出量为302条，平均每天30.2条，平均每条新闻的时间长度为58秒1，比《新闻30′》的新闻短4秒5。在分析这一现象时，我们发现主要原因是：《新闻联播》比较多地采用“简讯集纳”的编排方式，将同一主题和同类题材的新闻编辑成简讯作集纳式报道，节省了时间，增加了有效信息量。如11月7日《新闻联播》的一组反映“八五”计划成就的简讯，就是由9条简明新闻组成，时间2分16秒，平均每条15秒1。

三、四家报纸中，《人民日报》版面最多，《经济日报》广告量最大，《光明日报》广告量占总版面量的比例最低。

统计表明：10天内四家报纸各自的版数总量依次排列为：《人民日报》108版，《经济日报》92版，《光明日报》88版，《工人日报》68版。四家报纸的广告量（广告专版之外的广告按折合成版面统计）依次排列为：《经济日报》22版，共中广告专版9个，广告数量占总版面数的23.9%，《人民日报》17版，其中广告专版1个，广告数量占总版面数的15.74%，《光明日报》9版，其中广告专版7个，广告数量占总版面数的10.23%，《工人日报》8版，没设广告专版，广告数量占总版面数的11.76%。

四、在新闻报道具备明确时间要素方面，中央电视台所占比例最高，中央人民广播电台、《人民日报》超过刊播新闻总量的半数，其它三家报纸的比例较低。重视新闻报道的时效性，加强新闻从业人员的时间观念，应当成为当前新闻改革的侧重点。

统计中，我们将新闻报道中出现三天之内的时间要素称之为“明确时间要素”。统计结果表明：六家媒介刊播的具备明确时间要素的新闻数量与其新闻总数量的比例依次是：中央电视台77.9%、中央人民广播电台52.48%、《人民日报》51.8%、《光明日报》42.7%、《工人日报》19.2%、《经济日报》17.9%。造成“有明确时间要素”的新闻比例低的原因主要是：一、新闻报道的时效性较差；二、经验性、总结性等非事件性新闻多，且相当大比例的新闻时间要素含糊不清；三、重点报道、深度报道的时间要素不明确；四、相当部分新闻报道由“最近”、“日前”、“近日”等模糊的时间概念来代替明确的时间要素。例如：11月3日发生的“全国职业道德双十佳评选揭晓”这一事件，中央人民广播电台和中央电视台分别播发当天消息，《经济日报》到了11月7日才以“日前”的时间因素予以刊载。

值得注意的是：中央电视台两个节目的新闻在具有明确时间要素这方面虽然优于其他五家媒介，但在统计分析中，我们发现：《新闻30′》节目中，无明确时间要素的新闻大部分是社会新闻和非事件性新闻，而《新闻联播》中则主要是简讯和综合性报道、重点报道。这和国际新闻中事件性新闻及简讯具备明确时间要素形成了强烈的对照。

五、中央电视台的会议和外事新闻在六大媒介中比例最高，《人民日报》会议新闻的比例最低，《工人日报》会议新闻的条数最少。与1993年同期相比，《人民日报》会议新闻、外事活动报道有所减少。

统计结果表明：六家媒介在10天内刊播的会议新闻占新闻总数的比例依次为：中央电视台7.9%、中央人民广播电台6.7%、《光明日报》4.1%、《经济日报》3.8%、《工人日报》2.25%、《人民日报》1.99%。中央电视台10天内两个节目共播发的516条新闻，有41条会议新闻，其中《新闻30′》节目占7条，《新闻联播》占34条。10天的《新闻联播》播发的会议新闻情况是：11月1日/1条、2日/6条、3日/5条、4日/1条、5日/1条、6日/4条、7日/4条、8日/3条、9日/4条、10日/5条。34条会议新闻按会议内容划分，最多的是一般性的工作会议新闻：9条，其次是展览、表彰、颁奖类8条，纪念、比赛类7条。

中央电视台和中央人民广播电台关于外事新闻报道的数量也大大高于四家报纸。按比例其排列次序为：中央电视台73条，在两个节目中平均每天播发7.3条，占新闻播发总数的14.1；中央电台65条，平均每天在两个节目中播发6.5条，占总数的7.8；《人民日报》42条，占总数的4.4%；《光明日报》25条，占总数的3.8%；《经济日报》15条，占总数的2.5%；《工人日报》4条，占总数的0.75%。

中央电视台和中央人民广播电台在各自两个节目的20个头条报道中，国家领导人的纯事务性外事会见或出访活动分别占10条和7条。其中有些还是以滚动重复的方式播出的。值得提出的是：《人民日报》的会议新闻和国家领导人外事活动的报道数量与1993年同期相比，有所下降。1995年11月1日～10日的会议新闻为19条，占总数的1.99%，1993年同期为24条，占总数的2.7%，1995年11月1日至10日的外事新闻为42条，占总数的4.4%，1993年同期为48条，占总数的5.5%。

六、对六大媒介涉及当前重点宣传内容情况的调查分析。

本课题组着重围绕第四季度重点宣传报道意见，按下列宣传重点作了以信息量对比分析为主的调查研究。第四季度的宣传重点为：（一）关于党的十四届五中全会精神的宣传；（二）关于“八五”成就和“九五”计划的宣传；（三）关于社会主义精神文明建设的宣传（以张家港经验为主，包括“五个一工程”、城运会、少数民族运动会等有关宣传）；（四）关于加强民主与法制建设的宣传；（五）关于农田水利基本建设、减轻农民负担的宣传。现将调查分析结果报告如下（抽样时间及范围同上）：（一）统计分析结果表明：《光明日报》关于重点宣传内容的报道，在六家媒介中比例最高、份额最大、份量最重。统计分析结果表明：六家媒介有关重点宣传内容的信息量大小比例排列次序为：《光明日报》：重点宣传报道总条数为206条，占10天报道总数的31.6%；中央人民广播电台：209条，占报道总数的25.3%；《工人日报》：102条，占报道总数19.2%；《经济日报》：91条，占报道总数的15.04%；中央电视台：73条，占报道总数的14.1%；《人民日报》：127条，占报道总数的13.3%。从报道分量方面分析，六家媒介的排列次序为：《光明日报》重点宣传上头条数 8 条，对重点宣传采取的重点报道或设专栏目、或配发评论、或作系列报道等重点报道：69 个；《工人日报》头条 6 条，重点报道：28 个；《人民日报》头条 6 条，重点报道：25 个；中央电台头条 6 条，重点报道：24 个；《经济日报》头条 5 条，重点报道：21 个；中央电视台头条 6 条，重点报道：16 个。

通过对 10 天内六家媒介关于重点宣传内容报道的分析，我们发现，各家媒介都发挥了各自的媒介优势，以不同的形式，从不同的角度，按不同的重点，积极、主动、完整、充分、艺术地报道了重点宣传的内容，起到了"以正确的舆论引导人"的良好作用。

限于篇幅，我们仅对《光明日报》、《人民日报》、中央人民广播电台和中央电视台四家媒介在这方面的主要特点作简要介绍：(1)《光明日报》：在重点宣传方面，《光明日报》主要有以下几个特点：A. 报道数量充足、形式多样、富有创造性。在统计的 10 天报纸中，有关报道、图片、图表共 206 条，占报道总量的 31.6%，涉及重点宣传的各领域。如关于"八五"成就、"九五"计划的有 48 条，在头版头条位置设专栏《九州激扬》，重点报道了山西"依托煤电、五业共荣"、陕西"发挥科技优势，推动经济快速发展"、海南"转向大洋要财富"的发展规划。头版的特色栏目"万象"资料表也以一系列有说服力的数据反映各行各业在"八五"期间的发展变化。该报还发挥知识界的优势，在一系列重头文章反映各方面的成就与规划，显示出独家的优势。B. 突出重点，抓好深度报道和评论。据统计，10 天报纸中涉及重点宣传的深度报道有 69 篇，占报道总条数的 10%，显示了《光明日报》注重深度报道的特色。如关于加强社会主义精神文明建设方面，运用名牌专栏"每月聚焦"在头版就扫"黄"打"非"和公民意识的问题展开讨论，以每期 3 至 5 篇的容量从各方面进行深入的分析，引导并促成问题的解决，而且配合这些报道，发表了4条本报评论员文章，分别是3日的《坚持不懈地用邓小平建设有中国特色社会主义理论武装全党、教育人民》、5日的《坚持不懈地加强艰苦奋斗的优良传统教育倡导敬业创业精神》、7日的《坚持不懈地加强道德建设和爱国主义集体主义社会主义思想教育》、10日的《坚持不懈地加强党风廉政建设，深入持久地开展反腐败斗争》，以较强的频度和较重的份量连续从四个方面逐一评论，形成了较强的舆论态势，起到了很好的舆论引导作用。C. 发挥名牌优势，精心策划话题，搞好热点引导。《光明日报》的名牌栏目很多，“今日话题”还是中央新闻单位十大名牌栏目之一。针对宣传的重点主题，《光明日报》发挥名牌栏目的优势作用，精心策划，化解重大问题，以话题新闻的形式来抓各级领导和广大读者关注的热点难点疑点。他们往往从揭示问题入手，以引导舆论、宣传党的方针政策、稳定大局为目的来促成问题的解决。如在“每月聚焦”栏目中，针对扫“黄”打“非”的问题，《光明日报》接着10月份的报道在11月1日至4日的头版分别连续登出“⑦借鉴篇”、“⑧对策篇”、“⑨倡议篇”、“⑩行动篇”，既有对美、法等国“反黄”的经验介绍，也有关于国内制定打击措施的报道，还有清华、北大计算机系学生向全国学生提出的反对电子黄毒的倡议，最后以各地打击电子黄毒的实际行动结尾，显得很有气势和力度，体现了该报对热点问题的引导水平和精心策划意识。关于呼唤公民意识的报道，是从7日头版的《一次火灾引发一场议论：公民该怎样做?》入手，通过记者的访问《公民，你知道这些吗?》，展示了公众对公民意识的模糊认识，并配发《开栏的话》和《编辑点评》，指明讨论的内容和意义。在8日头版，刊出《本报呼唤公民意识引起强烈反响》等5篇文章，综合反映各界对这个问题的看法。在10日头版的专栏中，则开始深入分析民工的公民意识水平和因不理解公民的权利与义务而导致犯罪的情况，把话题引向纵深领域。D. 在外事和会议报道方面，经过精选精编外事报道压缩篇幅，提高版面利用率。10天的外事报道仅25篇，占报道总条数的4%。会议新闻则通过变换报道的角度，突出有价值的新闻要素，从重视读者心理出发来重写会议新闻，贴近基层群众，10天报纸中来自会议的新闻线索不少，但以会议为报道主体的仅27条，占总条数的4%，且多是重大会议和《光明日报》特有的学术会议报道。统计表明，这两方面的报道有了明显的改善，在贴近群众方面又前进了一步。关于重点宣传报道中存在的问题，主要有以下几个方面：A. 新闻缺乏时效性，时间概念不强。在10天的651条新闻中，有明确时间要素的278条，占42.7%，但涉及重点报道的206条中，有明确时间要素的仅43条，占20.8%。B. 重点宣传报道角度相对单调，从上级的、业务的角度贯彻的多，从基层和群众的角度反映的少，能够上下结合，以小见大的更少，在贴近群众、为群众所喜闻乐见方面还有改进的余地，特别是关于"八五"成就和"九五"计划的报道，尤为突出。C. 报纸扩版后，广告增多了，有时是整版整张的广告，有效的信息量并未因扩版而有相应的显著提高。

(2)《人民日报》：《人民日报》在10天的重点宣传中，在评论方面大显身手，扬报纸抽象思辨之优势，显示出《人民日报》浓厚而又权威的理论色彩，不惜版面推出多篇社论、评论。在此方面，比其它媒介更胜一筹。此间，共发表社论1篇，即《把理论学习引向深入》。本报评论4篇分别为《坚持物质文明和精神文明共同进步——论第九条方针)、《在改革中发展壮大公有制经济——四谈认真学习江泽民同志关于企业改革的重要讲话》、《论张家港经验》、《团结进步　共创辉煌——祝贺第五届民运会开幕》。还有一篇署名文章《实现两个根本转变，建立三个机制》。此外，重点报道还采用了经验介绍、座谈纪要、发言摘编、综述、纪实、消息、访谈录、理论专版等多种报道方式，使重点宣传不是简单机械的重复，而是多侧面、立体式的展开宣传，报道层次不断推进。

(3) 中央人民广播电台：中央人民广播电台十分重视有关“八五”成就和“九五”计划这一主题的宣传。10天内共播发报道75条，占总条数的9.07%，占整个重点宣传条数的35.89%，其条数和比例超过任何其它类报道。75条报道中有三条上了头条，设置了《“八五”成就、“九五”蓝图》专栏，还发挥媒介优势，对其中6条报道进行了滚动播出。报道内容涉及到经济和社会发展的方方面面，按出现频率大小依次有农业、铁路等重点工程建设、科技、工业、国防、通讯、扶贫、国有大中型企业改革、外资引进等十三个方面，这样就使得听众能够通过广播得到全国各条战线、各个领域的建设成就的信息。同时，在深度方面，中央人民广播电台针对大连十年来的建设成就安排了题为“跨海越洋看大连”的系列报道，分成上、中、下三篇，突出反映了大连十年来发生的深刻变化，整个报道做到了有点有面，点面结合。

(4) 中央电视台：统计结果表明：10天内，中央电视台两个节目涉及以上重点宣传内容的新闻共73条，占总播出条数的14.2%。中央人民广播电台的《新闻和报纸摘要》、《各地人民广播电台联播》两节目关于重点宣传内容的新闻共209条，占总播出条数的25.2%。中央电视台的《新闻30′》和《新闻联播》虽然在数量上低于中央人民广播电台，但宣传的力度和质量都并不亚于中央人民广播电台。例如在10天内各自两个节目的20个头条中，中央人民广播电台和中央电视台分别都是以6个头条的数量报道重点宣传内容的新闻。从设置专栏来看：中央人民广播电台设置了《“八五”成就、“九五”蓝图》专栏，中央电视台设置了《腾飞的八五》、《跨世纪的的蓝图》、《五个一工程传真》等三个专栏，并且还有一个专栏上了头条。在11月1日～10日这10

天时间里，《新闻30′》和《新闻联播》在重点宣传方面，侧重于“八五”成就和“九五”计划的报道。从数量上看，有关这方面的报道32条，占重点宣传内容总条数的43.8%。从宣传质量来看，《新闻30′》和《新闻联播》采取了设专栏、新闻特写、消息、现场报道与经验总结等多种形式并举的手法，立体地、丰富地报道了这一主题，并出现了佳作。如11月4日的《新闻30′》和《新闻联播》播出的新闻特写：“博览会办小了——第二届全国农业博览会侧记”，就是一篇反映“八五”农业成就这一主题报道的优秀电视新闻作品。记者在现场手持话筒向群众描述第二届全国农业博览会的盛况时，巧妙地从主办者按第一届博览会的规模来筹备第二届博览会，结果没料到办小了这一角度作为切入口，采访了西北、沿海、辽宁、大寨等地代表团成员，从他们抱怨参展的农副产品摆不下来反映“八五”农业的巨大成就，可谓匠心独运，蹊径独辟，由于事实充分，现场情景多，因而整篇新闻节奏明快，信息量较大。《新闻联播》在播这条新闻特写时，时间为2分43秒，画面为41幅。而且画面均不重复。这和国际新闻中事件性新闻每分钟约20幅画面大致相同。在重点宣传方面，中央电视台的《新闻30′》和《新闻联播》也存在不足之外。主要是缺乏深度报道，评论、述评性的新闻太少，理论色彩不浓。

本课题组组长是曹璐，副组长是雷跃捷、罗哲宇，组员有徐立军、张溶、王建平、何志新、李小游、初广志，执笔人是雷跃捷。

原载于《中国记者》1996年第3期

四家电子媒介十四届六中全会精神宣传质量调查报告

受中宣部新闻局委托，本课题组对中央人民广播电台、中央电视台、北京人民广播电台、北京电视台等四家电子新闻媒介进行了抽样调查。

①此项调查的样本抽取时间：

1996年10月15日～11月13日

②此项调查的样本抽取范围：

中央人民广播电台的《新闻和报纸摘要》、《新闻纵横》、《全国新闻联播》节目；中央电视台的《新闻30′》、《新闻联播》、《焦点访谈》节目；北京人民广播电台《北京新闻·广播实录·新闻大视野》、《新闻1996》节目；北京电视台《北京新闻》、《今日话题》、《北京晚间新闻》节目。

③此项调查的内容、目的及方法：

本项调查的主要任务是：调查在抽样的时间和范围内，上述四家电子新闻媒介对党的十四届六中全会精神宣传报道的质量及效果；同时了解受众对新闻媒介宣传十四届六中全会精神的印象和评价（此项内容另附调查报告），以期为主管部门和新闻媒介了解有关重大主题或重要会议宣传报道效果提供参考依据；为改进重大主题的宣传报道艺术、提高宣传质量提供建议。此项调查将有关十四届六中全会精神宣传和精神文明建设报道的质量评估体系分解为新闻宣传信息量、舆论导向、时效性、贴近性、宣传特色、宣传效果等子项目，采用定量和定性相结合的方法，综合考察四家电子媒介的宣传质量。

以下报告这次调查的主要发现和结论。

一、四家电子新闻媒介有关十四届六中全会精神的宣传报道成为当前宣传报道工作的“重中之重”。具体表现是：（1）四家媒介重视精神文明报道，报道数量占较大比例；（2）按照中宣部关于精神文明建设宣传第二战役的部署，认真安排报道计划；报道走势上，呈现出“前热后深”的良性运行态势；（3）在报道的形式上，集中优势兵力，推出了大量的重点报道，并宣传了一批有重大影响的典型。

一个月的抽样统计表明：中央电台有关精神文明建设的报道为659条，占总报道量2466条中的26.7%；中央电视台为437条，占总报道量1701条的25.7%；北京电台为616条，占总报道量2465条中的25%；北京电视台为391条，占总报道量1256条中的31%。

以上统计数据显示：在十四届六中全会闭幕之后，首都四家电子新闻媒介关于精神文明建设的宣传具有相当的份量，以1/4以上的报道分量迅速形成了有关精神文明建设宣传的舆论强势，发挥了新闻媒介在精神文明建设宣传报道中的主渠道作用。

在调研中，我们发现，四家电子新闻媒介对如何宣传好十四届六中全会精神作了较为周密的部署，制订了详细的报道计划。在抽样的一个月时间内，四家电子新闻媒介按照中宣部关于打好精神文明建设宣传第二战役的部署，分层次、有步骤地展开了对十四届六中全会精神的宣传，体现出宣传报道走势上的“前热后深”，即前期（前15天）出现了对十四届六中全会精神的学习贯彻等方面报道的高潮；后期（后15天）报道转向深入，四家媒介发挥了报道的主动性、创造性及媒介优势，较为集中地推出了一批具有重大社会影响的精神文明建设典型。其中，中央电台和中央电视台对天津市和平区精神文明建设典型的连续报道，北京电视台对先进人物李素丽的连续报道，北京电台开展的《让“窗口”展示文明》的序列化报道等，在社会上都引起了较大反响，起到了以典型带动一般、以正确的舆论引导人的作用。

为加大十四届六中全会精神和精神文明建设宣传的舆论引导力度，四家电子新闻媒介在报道的手段上，运用了多种报道形式和手法，以形成宣传报道的规模效应。调查中，我们将有关精神文明建设宣传内容的头条新闻、专栏报道、系列报道、深度报道、评论及述评性新闻总称为“重点报道”，并以此作为分析媒介对精神文明建设宣传的舆论引导力度和深度的重要指标。据调查统计，在30天时间内，各家媒介的重点报道占该媒介有关精神文明建设报道总量的比例，依次排序为：①中央电视台重点报道105条，占总报道量437条的24%；②北京电视台重点报道80条，占总报道量319条的20．5%；③中央电台重点报道119条，占总报道量659条的18．1；④北京电台重点报道101条，占总报道量616条的16．4%。这些重点报道在精神文明建设宣传中发挥了“重头戏”的作用。仅以言论为例：中央电台播出的《重要的是学习》、《高扬起团结奋斗的旗帜》、《社区文明的表率》、《把艰苦创业精神弘扬起来》等本台言论，把十四届六中全会《决议》的精神，从理性和报道深度上予以介绍和阐述，及时推动全社会学习、贯彻六中全会精神。北京电台的言论专栏“今日论坛”从全国数十家报纸中采撷以精神文明建设为主题的短评精论，把握社会脉搏，针对精神文明建设中存在的某些模糊认识进行剖析，强化了言论对社会舆论的引导作用。北京电视台的系列化评论节目《长征，穿越历史的不朽精神》（三辑）、球场文明系列、不良文化现象讨论系列、京味文化系列等，经过精心选题和策划，连续播出，从而造成舆论强势。中央电视台在对张家港市和天津和平区这两个全国精神文明建设重大典型的报道中，及时配发评论，深化了报道主题；其《焦点访谈》对精神文明建设中的热点、难点问题所作的评论性报道，评述结合，体现了国家级电视台对精神文明建设报道的舆论引导和舆论监督力度。

二、调查数据显示：有关精神文明建设宣传报道中来自基层报道数量和比例远远高于其他报道中来自基层报道的数量和比例。调查结果发现：四家电子媒介在开展精神文明建设宣传报道中，注意将话筒和镜头对准精神文明创建活动的主体——人民群众；注意反映人民群众普遍关注的热点问题。

在调查中，我们选择和确认来自基层一线有关精神文明建设的报道，主要依据有以下三点：一、报道对象的主体是群众；二、报道的场所或线索来源是基层；三、报道的内容是基层群众的活动，以此强调记者深入实际、调查研究的报道观念和实践。统计结果显示：四家电子媒介报道来自基层一线精神文明建设内容的报道量占有关精神文明建设总报道量的比例分别为：北京电台：35.2%，比抽样的一个月内其他报道中来自基层报道的比例7.8%高27个百分点；北京电视台：40.9%，比其他报道中基层报道的比例21.4%高19个百分点；中央电视台：38.0%，比其他报道中基层报道的比例9.8%高28个百分点；中央电台：21.1%，比其他报道中基层报道的比例7.9%高13个百分点。

这些来自基层一线有关精神文明建设的报道，体现了以下主要特点：

（一）在平凡人、寻常事中见精神文明，“讲述老百姓自己的文明故事”。如中央电视台新闻特写报道的27年甘作“人桥”的安玉通、太行山里的独轮车“电影院”、小镇上的“驴班车”；中央电台报道的天津和平区数年坚持义务为邻里服务的退休老人金大爷等。这些洋溢着浓郁生活气息的题材，进入到精神文明建设宣传内容中，不仅给人以清新、朴实之感，更让人看到了蕴藏在普通群众中的精神力量。

（二）注意将广大干部和群众所关注的“热点”问题朝建设性方面转化，使之成为有利于精神文明建设的宣传重点。调查数据显示：四家电子媒介有关“热点”、“难点”报道占精神文明建设宣传的比例分别为：中央电视台10.5%，中央电台20.8%，北京电台31%，北京电视台22.8%。它表明四家电子媒介对于人民群众普遍关心的实际问题均予以不同程度的深切关注。不仅如此，还注意在具体报道中把社会关注的“热点”问题朝建设性思路、朝有利于促进精神文明建设的方向引导。全国足球“甲A”大赛刚刚落幕，北京电视台就在《今日话题》节目中先后播出《谁是赛场外的冠军》、《绿茵赛场呼唤文明》，将市民关注的“甲A热点”、“足球热点”转换为“精神文明建设的热点”。北京电台的《广播实录》节目，运用新闻热线的形式，每日播出2条以上听众提供的热点、难点题材的新闻，大多反映住宅建设、商店、餐馆、邮局、出租车、学校等行业部门的不正之风等问题；对于这些首都建设化过程中存在的现象和问题，不作简单的“曝光”、指责或批评，而是将其置于精神文明建设的进程中，探索解决问题的思路；或借助舆论监督的力量，促进问题的解决。

三、调查结果发现：四家电子新闻媒介注意正确处理十四届六中全会精神的宣传与经济新闻及其它日常报道的关系；精神文明建设内容的报道量与经济报道量的比例结构较为合理。各媒介还在将重大主题的报道与日常报道相结合上努力探索，取得了较为成功的经验。

统计数据显示：四家电子新闻媒介关于精神文明建设内容的报道量与经济报道量之比例均在1:0.6以上，北京电视台达到了1:1。由于本次调查取样的对象和内容是以新闻台或主干新闻节目为主，而有关经济建设的报道在广播电视媒介中已有专业台或栏目承担主要任务，以上数据表明各媒介在把精神文明建设的宣传放在当前宣传工作中的“重中之重”的同时，始终围绕经济建设这一中心，正确把握两个文明宣传一起抓的基本原则。

这一数据同时表明：新闻台及主干新闻节目在精神文明建设的宣传与报道中正在担任“排头兵”的角色；精神文明作为社会主义现代化建设的长期目标需要深入、持久地开展下去，而四家媒介宣传已显示出一个良好开端。

调查中发现，各媒介注意将精神文明宣传与日常报道相结合，全面开发精神文明建设宣传的信息来源，扩大精神文明建设宣传的思路、题材和范围。北京电视台注意在精神文明建设宣传与经济报道的有机结合上下功夫，推出了《城乡恒万公司抓精神文明建设促企业发展》、《海淀区工商局推出“形象工程”》、《西单商场7项服务承诺既方便顾客又见经济效益》等社会经济新闻；北京电台则着眼于首都日常经济生活中的精神文明建设问题，把商贸、公交等“窗口”行业的文明建设摆在首都精神文明建设的重要地位上，以系列化的报道形式在众多栏目联合推出《让“窗口”展示文明》的重点报道；中央电视台在继续宣传精神文明建设的重大典型——张家港市的文明创建经验的同时，提出了“精神文明建设也是生产力”的新观念；中央电台在《新闻和报纸摘要》节目开头每天介绍二三则“历史上的今天”发生的重大事件或这一天诞生的重要历史人物，将爱国主义教育和国情教育渗透于日常的精神文明建设中。

四、在坚持“以正面宣传为主”的方针的同时，发挥电子媒介形象直观、手段多样、战斗力强的优势，精办批评报道节目，加强舆论监督。

中央人民广播电台在浓墨重彩进行有关精神文明建设正面报道的同时，在《新闻纵横》节目中聚焦种种假、丑、恶现象，激浊扬清，扶正祛邪，大胆展开批评报道。抽样调查的30天中，该栏目有关精神文明的报道35篇，其中批评报道占15篇。这些报道没有停留在简单的曝光层面上，而是深入挖寻症结，提出解决问题的思路和方法。如10月28日至30日连续3天对北京金桥国旅搞虚假承诺，欺骗游客事件的报道，记者一直进行跟踪采访，直到问题最后解决。报道由点及面，分析了目前我国旅游市场的现状，引导听众对承诺制的内涵和责任进行思考，产生了较大的社会反响。中央电视台在《新闻30′》和《焦点访谈》节目中的《公款游玩，警钟再次鸣响》、《蟋蟀价格为何这样高》、《严管枪支、维护治安》等报道，针贬时弊，揭露批评了腐败现象、“黄”“赌”“毒”等社会丑恶现象、行业不正之风及社会治安差等问题。

四家电子媒介在开展舆论监督的同时，还注意精办批评性节目。具体表现为选取和群众日常生活贴近的题材，批评风格鲜明尖锐，讲求报道艺术。如中央人民广播电台注意在“领导重视、群众关心、普遍存在”的重合点上抓热点，尤其注意选取那些直接关系群众日常生活的热点问题。如对济南、青岛医院医风，青海保安人员殴打小孩，广东增城“打假”队反被打等问题的报道，报道者不退缩、不隐恶，敢于指名道姓，解剖评析；在保持锐气的同时注意掌握分寸，在有利于保持大局稳定、有利于问题解决的前提下，实现反映舆论和引导舆论的有机统一。批评报道中重视运用典型音响（如现场音响、人物访谈录音），用事实和音响说话，融舆论监督的说理性和新闻报道的客观性于一体，增强了说服的力量，做到了事、理、情的统一。

北京人民广播电台在《广播实录》中的《新闻热线》、《新闻1996》的《时事对白》节目中，运用热线电话、录音访谈、现场直播等形式，开展批评报道。《新闻热线》播发由听众提供的热点难点，日报道均在2条以上，以热线直播的方式，就与群众生活息息相关的行业不正之风（如医院、邮局等）和社会环境中的问题（如公厕管理、早点摊卫生等）开展批评，细微而面广。对待批评性热线，记者注重核实，并精心编排。如在“海淀区某小学教师打人事件”的系列报道中，既有来自群众的“热线”反映事实，有记者自己核实及追踪报道，也有听众参与讨论及编辑部评论，造成了一定舆论监督力度，促进事件在第三日就得以处理。在抽样时间内，该《新闻热线》播发的批评性报道占该栏目精神文明建设宣传总播发量的72%。《广播实录》还运用录音报道，以深度报道等报道形式开展批评。通过记者深入采访和精心制作，针对首都精神文明建设进程中的问题，着力探索事件背后的成因，并积极探索解决问题的办法及思路。就城市垃圾管理问题连续播发的上下篇报道（11月8、9日），不仅展示了京城在垃圾重围下的困境，而且就垃圾收费制等解决办法开展探讨，提出走产业化回收处理之路的设想。《时事对白》以现场直播的方式，就外省市精神文明建设中存在的不良现象和问题展开讨论，以求为首都精神文明建设提供借鉴。在20分钟长的节目中，将主持人与事件当事人、采访对象及有关专家、学者的访谈相结合，融深入分析于事实报道中，给人以理性的思考。

五、综合运用广播电视传媒手段，继续精办名牌节目，开设“序列报道”、“栏目群”、新闻板块等广播电视节目形式，加强广播“热线电话节目”和电视新闻“滚动播出方式”在精神文明建设宣传报道方面的时效性和贴近性，让受众通过热线电话直接参与有关精神文明建设的宣传。

调查中发现：在进行精神文明建设宣传的过程中，四家电子媒介除了把《新闻纵横》、《焦点访谈》、《今日话题》、《广播实录·新闻大视野》等名牌节目作为宣传精神文明建设的骨干节目之外，还增设了新的栏目，运用新的报道形式。北京人民广播电台在各栏目联合推出序列化报道《让“窗口”展示文明》，以此作为宣传六中全会精神的重点和突破口。该序列报道围绕“市场经济呼唤精神文明”这一主题，深层次反映了商贸行业与精神文明建设的关系。北京电视台通过运用连续报道和系列报道，开设“栏目群”，开发精神文明建设宣传信息源，深化精神文明建设宣传信息内涵。如对李素丽的先进事迹、吸引数十万观众的“红岩魂”展览和北京市“群星璀璨”先进人物展，进行逐日滚动连续报道，使之成为荧屏的焦点。该台《北京新闻》开设精神文明宣传“栏目群”，以《文明花开满京城》专栏为主线，与《首都精神文明建设标兵单位系列报道》、《社区服务典型》、《首都文化发展战略》三个专栏相互配合，穿插交织，全方位、经常化地宣传精神文明。同时，精心策划、精心采编，推出精神文明宣传“新闻板块”。11 月 10 日，《北京新闻》头条播出《刮目相看北京人》、《民工读书活动蓬勃开展》、《京郊有个象棋村》、《青年大学生情系临终老人》等 5 条来自街头村巷、市民群众中的报道，如多棱镜般全面生动地折射首都精神文明建设新风尚、新气象。其中鲜活的采访、富于变化的电视编辑技巧、精心编缀的串连词、编后话，给人留下深刻印象，摆脱了电视新闻平面叠加或拼揍的图解模式。该形式得到观众积极肯定，编辑部决定每周推出一次精神文明宣传“新闻板块”。

中央电视台在节目编排上，为减少电视转瞬即逝的弱点，精心策划，加强报道的连续性，重大新闻实行滚动播出。如 10 月 24 日上午，铁路总医院发生了医护人员为一危重病人无偿献血的感人事件，当天中午的《新闻 30′》即以《“白衣天使”用鲜血谱写赞歌》进行报道，其后又在《新闻联播》、《新闻 30′》中滚动播出，直至该患者平安脱险。由于采取跟踪报道的形式，抢救工作以现场实况的方式同步播出，大大加强了新闻报道的时效性，引起了社会对这一事件的普遍关注。

六、中央两台对天津市和平区的典型报道，全面展示了天津市和平区干部和群众争创社区精神文明的群体风貌，深入探索和介绍了和平区进行精神文明建设的新思路、新经验，为今后如何

开展重大主题的典型宣传提供了可资借鉴的经验。

（一）运用唯物辩证法作为指导典型宣传的思想方法，既反映天津市和平区这一典型所具有的先进性和代表性，又突出这一典型的生活化、平民化色彩，使之可信、可亲、可学，加强了典型报道对受众的说服力。

如果说，家庭是社会的细胞，那么社区则是城市的缩影。作为城市基层组织——社区的精神文明建设，与城镇居民的日常生活是紧密相关的。将普通人民群众在平凡工作、生活中创造的精神文明建设业绩，加以集中、概括地反映，让典型具有浓郁的人情味和亲切感；同时又指出典型所具有的时代特征和前瞻性意义，这种典型宣传方式，是中央两台关于和平区典型宣传的重要方法。

中央人民广播电台的《干部——人民的仆人》、《志愿者在行动》、《千学万校入户来》等系列录音通讯，中央电视台的《公仆和志愿者》、《社区盛开文明花》、《教育在社区延伸》等专题报道，紧扣社区特点，以“公仆”和“志愿者”作为社区精神文明建设的实践主体，以“十佳公仆”评选、社区志愿者服务、社区管理、教育、文化、环境建设等一系列活动为社区精神文明建设的实践内容，全面而又集中地讴歌了人民群众在创建文明建设中所涌现的新人新事。《金大爷和他的 11 栋 1 门》报道了一个普通居民，从打扫楼道开始到带动整个楼道开展“文明邻里”的活动，这一典型并不具有惊天动地的业绩，但它却和当前城市高楼林立，楼群里人与人之间、邻里与邻里之间怎样相处联系在一起，进而从正面回答了市场经济新形势下，怎样开展互助友爱、团结协作的社会主义道德建设问题。两台所报道的楼区“金大爷”、居委会“石大妈”、“公仆马树昆”等典型人物，都是一些日常生活中普通平凡的人物，他们的事迹一经新闻媒介用典型的方式加以宣传，就会像一面镜子，让受众照照自身，也照一照周围的人们。

（二）站在时代的高度，把和平区这一典型置于市场经济的大背景下进行审视，通过对热点、难点问题的剖析和报道，把精神文明建设的典型宣传和人民群众有切身利益关系的问题结合起来，使典型报道言之有物，有的放矢，加强了典型报道对受众的吸引力。

对当前社会关注的“热点”和“难点”问题的宣传报道，一般采用两种方式，一种是正面引导，另一种是批评揭露。中央两台在和平区典型宣传中，对“热点”和“难点”的报道，采取了前一种方式。调查中发现：在天津市和平区精神文明建设的报道中，涉及到当前社会关注的“热点”和“难点”问题有：(1) 干部的勤政廉政、党风问题；(2) 社会治安问题；(3) 下岗职工的再就业及安置问题；(4) 市场经济体制下道德建设问题；(5) 市场经济形势下文化建设的问题；(6) 城市老龄化问题等等。对于这些“热点”和“难点”问题，中央人民广播电台和中央电视台在和平区的典型报道中，按照“以正面宣传为主”的报道方针，撷取了生动、形象、富有感染力的典型人物或事件予以解答引导。《干部——人民的仆人》中报道的和平区公安分局局长马树昆“为官一任，平安一方”、《公仆与志愿者》中的居委会主任石慧敏“上为政府分忧，下为群众解难”，他们职权不大，却都因在自己本职工作的范围内尽心尽力为群众办实事、办好事的事迹，赢得了当地居民的拥护和爱戴。人民群众自发开展的评选“十佳公仆”活动，就是对党风端正、干部勤政廉洁形象的最好表彰。

在《教育在社区延伸》、《千学万校入户来》专题或系列报道中，两台的记者选取了下岗女工经过工会、妇联等组织和当地政府举办的各种职业培训班的培训，重新就业的典型事例，并通过下岗女工的切身感受，突出强调应该正确地、积极地对待生活的挫折和挑战，转变旧有观念，顺应社会和时代的发展；而怨天忧人是无济于事的。其中突出地表现了下岗女工赵玉娟热泪盈眶、泣不成声地向记者表达她对党和政府的感激之情的情景。这种以真情动人，以活生生的事例感人的手法，从正面回答了解决这一社会难点问题的途径。

此外，对和平区办的“老人聊天站”、“和平区合唱团”等事迹的报道，都是从正面报道当前面临的城市人口老龄化问题、城镇居民业余文化生活问题。对这些容易成为社会舆论焦点的话题，以正面报道的形式予以集中引导，应该说，是中央人民广播电台和中央电视台关于和平区的典型宣传之所以引人注目的一个重要原因。

（三）采取广播电视联手呼应、优势互补的报道形式，突出电子媒介再现现场、声画并茂的特色，在黄金时间和名牌节目中迅速形成舆论宣传的强势；调动精兵强将，组成精干的报道队伍，在节目制作中贯穿精品意识，加强了典型宣传对受众的感染力。

中央电视台、中央电台在 11 月 3 日、4 日几乎同时推出对和平区的首期报道。随后的 10 天中，中央电台在《新闻和报纸摘要》、《全国新闻联播》，中央电视台在《新闻联播》和《焦点访谈》等名牌节目中共计播发有关和平区的报道 20 条，总时长分别为中央电视台 1 小时 10 分 15 秒，中央电台 39 分 40 秒（两台在抽样时间范围以外仍有后续报道）。在报道的形式上，两台采取“联手呼应，优势互补”的方法，中央人民广播电台在早晨《新闻和报纸摘要》节目和晚上 6:30 的《联播》节目中，以录音报道的形式率先推出，让听众先闻其声；中央电视台紧接着在《焦点访谈》节目中予以报道，让观众再见其形。许多受众反映：在广播里听到了“石大妈”、“金大爷”的声音后，在电视里又看到了他们的笑貌，感到十分亲切。

此外，无论是前期的采访，还是后期的制作；无论是现场音响的使用还是背景资料的调配，以及声画两条线的处理等等，都简洁精到，富于表现力和感染力。中央人民广播电台制作的录音报道《金大爷和他的11栋1门》，发挥了广播以声传情、长于用声音塑造形象的优势，运用金大爷的说话录音、楼道居民的谈话，加上播音员以唠嗑聊天的方式来加以解说；解说和录音水乳交融。整篇报道脉络清晰，韵味悠长，可以说是一篇宣传精神文明建设的广播精品。

七、纵观抽样调查的30天节目，我们发现，四家电子媒介有关精神文明建设的宣传也存在一些有待解决的问题，结合这些问题，我们提出以下建议供参考：

（一）注意言论对精神文明建设的舆论引导，加大电子媒介自身言论的数量和质量。

调查发现，四家电子媒介自身言论普遍偏少，抽样的30天时间中，中央电视台仅有述评、言论21条，占有关精神文明建设报道总量4.81%；中央电台87条，占总量的13.2%（其中包括援引报摘的言论）；北京电视台35条，占总量的8.95%；北京电台52条，占总量的8.44%。评论是新闻媒介表明其立场和观点的重要舆论形式，广播电视自身言论的不足，势必影响报道的深度和权威性。建议四家电子媒介在今后的报道中，特别是在把精神文明建设宣传当作长期不懈的工作的情况下，下大力气提高言论的数量和质量，以和当前广播越来越成为传播新闻的主渠道之职能相符合。

（二）建议栏目内部加强标识规范，开设专栏后能统一到专栏内的有关报道，尽量少以其他标识出现，以增强栏目的整体性和连续性。

（三）在推出重大典型报道之前，最好有足够的铺垫的造势，以避免受众在接受时产生突兀感。

中央人民广播电台和中央电视台在名牌节目《新闻和报纸摘要》、《全国新闻联播》及《焦点访谈》中，以录音通讯和述评新闻等重点报道形式推出天津市和平区精神文明建设的典型报道之前，中央电台未播发有关这一典型的动态性消息，中央电视台在《新闻联播》节目仅播发了两条相关信息，因此有人反映有关天津市和平区这一典型来得比较突然。

（四）加强精神文明建设宣传报道的精品意识，注意选题的新鲜性和报道角度的新颖。

30天的抽样调查发现：大量有关精神文明建设内容的新闻报道，选材流于一般化，报道流于程式化，会议新闻、表态性新闻、动态新闻等占有很大比例。

（五）由于精神文明建设多在思想、道德、文化领域进行，以非事件性新闻为主，经验报道、总结报道所占比例较大，因此，如何改进报道的思路和方法，探索将精神文明宣传由虚到实，把非事件性报道转化为事件性报道，使之更贴近生活、贴近群众、贴近实际，提高精神文明宣传报道的时效性，仍是摆在各媒介面前的重要课题。

江泽民同志在《正确处理社会主义现代化建设中的若干重大关系》一文中指出："要积极探索在社会主义市场经济条件下，搞好精神文明建设的新思路、新办法，逐步形成有利于社会主义现代化建设的舆论力量、价值观念、道德规范和文化条件。"这一讲话对今后持久、深入开展精神文明建设的报道有着重要的现实意义和针对性，值得我们认真思考和领会。

北京广播学院新闻传播学院课题组
组长：曹璐　副组长：雷跃捷
组员：张舒　金梦玉　初广志　罗哲宇　袁军　陈峰
易红　李向东　朱海峰　项远　孙玲莉　梁波　洪滨